中国矿产资源产业发展报告
(2020)

成金华　汤尚颖　主编

图书在版编目(CIP)数据

中国矿产资源产业发展报告.2020/成金华,汤尚颖主编.—武汉:中国地质大学出版社,2021.5

ISBN 978-7-5625-4988-8

Ⅰ.①中…
Ⅱ.①成… ②汤…
Ⅲ.①矿产资源-产业发展-研究报告-中国-2020
Ⅳ.①F426.1

中国版本图书馆 CIP 数据核字(2021)第 080976 号

中国矿产资源产业发展报告(2020)	成金华　汤尚颖	主编
责任编辑:龙昭月	责任校对:张咏梅	
出版发行:中国地质大学出版社(武汉市洪山区鲁磨路388号)	邮政编码:430074	
电　　话:(027)67883511　　传　　真:(027)67883580	E-mail:cbb@cug.edu.cn	
经　　销:全国新华书店	http://cugp.cug.edu.cn	
开本:787毫米×1092毫米 1/16	字数:381千字	印张:15.25
版次:2021年5月第1版	印次:2021年5月第1次印刷	
印刷:武汉市籍缘印刷厂		
ISBN 978-7-5625-4988-8	定价:198.00元	

如有印装质量问题请与印刷厂联系调换

前　言

中国是一个矿产资源种类丰富、地域分布广泛、开发利用程度较高和开发利用活动比较活跃的国家，也是一个矿产资源开发与利用历史悠久、矿产资源产业（简称矿业）发展基础较好、配套产业相对完善的国家。

矿业是以矿产资源开发利用为主要内容的产业。它是国民经济和社会发展的基础和重要组成部分，也是我国走新型工业化道路的重要支撑产业。

伴随着改革开放的不断深入，在矿产资源需求日益旺盛的进程中，按照国家的总体部署和战略要求，我国矿业积极应对国内外市场形势的变化，科学谋划，主动适应市场经济体制的要求。通过调整产业结构和产品结构，转变发展方式，建立和完善现代企业制度，着力引进国外技术、人才、企业和资金，大力开展创新发展、协调发展、绿色发展、开放发展、共享发展，转换新、旧发展动能，调整空间布局，我国矿业得到了快速的发展，并进入了新的发展时期，成为中国经济社会协调发展和可持续发展的重要力量，也对世界矿业的发展产生着重要的影响。同时，随着中国工业化进程的不断加快，中国对矿产资源的需求也越来越旺盛，现已成为重要矿产资源和能源的消费与进口大国，而重要矿产资源和能源矿产供给能力严重不足、矿产资源供需矛盾突出、产业集中度不高、资源环境约束明显、部分产业产能过剩、区域发展不平衡不充分等问题也十分突出，已成为制约中国矿业健康发展、绿色发展和高质量发展的重要障碍，并影响了我国可持续发展战略的进一步实施。因此，我们必须清醒地认识到中国矿业要适应新时代发展的需要、实现绿色发展和高质量发展，其道路并不平坦。

面对复杂的国际形势和发展环境，在中国经济社会发展进入以结构优化、区域协调和高质量发展为主要特征的新时代，我国矿业发展面临的主要任务和重要课题有：认真贯彻和落实中共"十八大""十九大"精神和"五大发展理念"，紧紧抓住国家实施"一带一路"倡议等重要战略机遇，突出生态优先、绿色发展理念，积极转变发展方式，调整产业结构和产品结构，培育新动能，着力处理好人口、资源、环境与经济社会发展的关系，实施可持续发展战略，大力开展绿色矿山建设，走新型工业化道路，充分利用好国内外两个市场、两种资源，发挥矿业在以国内经济大循环为主体、国内国际经济双循环相互促进新发展格局中的重要作用；通过开放，积极引进先进的技术、人才、管理、资金,全面提高"三率"水平和矿产资源开发利用效率,着力调整和优化矿业空间布局,加强产业治理体系和治理能力现代化建设,积极变革矿业经营模式,转变发展方式,优化区域空间布局,探索集约、节约利用矿产资源和走绿色发展道路的实现路径,实现高质量发展。

本书共分为绪论、中国黑色金属矿业、中国有色金属矿业、中国稀土矿业、中国建材产业、中国化工矿业和中国绿色矿山建设7章。全书主要以习近平新时代中国特色社会主义理论和党的"十八大""十九大"精神为指导,按照新时代的要求,结合我国矿业发展的实际和发展战略的需求,通过对我国矿业发展现状、产业空间布局、产业绩效、产业发展指数、发展态势和发展环境等的深入分析,提出促进我国矿业高质量、绿色和可持续发展的政策建议。

本书的出版得到了中国地质大学(武汉)资源环境经济研究中心(湖北省高等学校人文与社会科学重点研究基地)、中国地质大学(武汉)中国矿产资源战略与政策研究中心[中国地质大学(武汉)学术创新基地]2020年度开放基金重点项目"中国矿业发展报告(2020)"的资助。全书由成金华负责统稿工作,由汤尚颖负责协调、写作分工和修改工作。初稿的撰写分工情况如下:第一章,刘江宜;第二章,洪水峰;第三章,刘赟鏊、张蕊、李志敏;第四章,易杏花、何苗、洪宸;第五章,徐翔、杨文璨;第六章,倪琳、郭小雨;第七章,齐睿、孙莉。资料整理:刘亚君、楼怡江、柯友清、石志宇、袁紫璇、郭瑛洁、车佩娟、张钺、张欣竹。

"中国矿业发展报告"课题组
2020年11月

目 录

第一章 绪 论 …………………………………………………………………………… (1)
    第一节 中国矿业发展现状 …………………………………………………………… (1)
    第二节 中国矿业发展的支撑作用 …………………………………………………… (8)
    第三节 新时代影响中国矿业发展环境分析 ………………………………………… (11)
    第四节 中国矿业改革的主要进展 …………………………………………………… (14)
    第五节 中国矿业发展潜力分析 ……………………………………………………… (17)
    第六节 新时代中国矿业发展方向 …………………………………………………… (20)

第二章 中国黑色金属矿业 …………………………………………………………… (24)
    第一节 中国黑色金属矿业发展现状 ………………………………………………… (24)
    第二节 中国黑色金属矿业空间布局现状 …………………………………………… (33)
    第三节 中国黑色金属矿业绩效分析 ………………………………………………… (38)
    第四节 中国黑色金属矿业未来发展趋势 …………………………………………… (44)
    第五节 中国黑色金属矿业发展环境分析 …………………………………………… (45)
    第六节 促进中国黑色金属矿业发展的政策建议 …………………………………… (50)

第三章 中国有色金属矿业 …………………………………………………………… (53)
    第一节 中国有色金属矿业发展现状 ………………………………………………… (53)
    第二节 中国有色金属矿业空间布局现状 …………………………………………… (66)
    第三节 中国有色金属矿业绩效分析 ………………………………………………… (71)
    第四节 中国有色金属矿业发展指数分析 …………………………………………… (82)
    第五节 促进中国有色金属矿业发展的政策建议 …………………………………… (89)

第四章 中国稀土矿业 ………………………………………………………………… (94)
    第一节 稀土矿概况 …………………………………………………………………… (94)
    第二节 中国稀土矿业发展现状 ……………………………………………………… (101)
    第三节 中国稀土矿业绩效分析 ……………………………………………………… (111)
    第四节 中国稀土矿业发展指数分析 ………………………………………………… (118)

第五节　促进中国稀土矿业健康发展的对策与建议 ………………………………（124）
第五章　中国建材产业 ……………………………………………………………………（130）
　　第一节　中国建材产业发展现状 ………………………………………………………（130）
　　第二节　中国建材产业空间布局现状 …………………………………………………（137）
　　第三节　中国建材产业绩效分析 ………………………………………………………（142）
　　第四节　中国建材矿产资源产业发展环境分析 ………………………………………（149）
　　第五节　促进中国建材产业发展的政策建议 …………………………………………（151）
第六章　中国化工矿业 ……………………………………………………………………（155）
　　第一节　中国化工矿业发展现状 ………………………………………………………（155）
　　第二节　中国化工矿业空间布局现状 …………………………………………………（162）
　　第三节　中国化工矿业绩效分析 ………………………………………………………（169）
　　第四节　中国化工矿业发展指数分析 …………………………………………………（178）
　　第五节　中国化工矿业发展环境分析 …………………………………………………（186）
　　第六节　促进中国化工矿业发展的政策建议 …………………………………………（190）
第七章　中国绿色矿山建设 ………………………………………………………………（196）
　　第一节　中国绿色矿山建设现状 ………………………………………………………（196）
　　第二节　中国绿色矿山建设政策机理 …………………………………………………（201）
　　第三节　中国绿色矿山建设的主要障碍——以煤矿为例 ……………………………（216）
　　第四节　促进中国绿色矿山建设的政策建议 …………………………………………（227）
主要参考文献 ………………………………………………………………………………（230）

第一章 绪 论

中国是一个矿产资源开发与利用历史悠久的国家,也是矿产品消费大国。中国矿业在改革开放不断深入的进程中得到了快速的成长和发展,现已成为支撑国民经济和社会快速发展的基础性产业。在以结构优化、区域协调和高质量发展为主要特征的新时代,中国矿业将全面贯彻和落实中共"十八大""十九大"精神和"五大发展理念",通过转变经济发展方式、调整产业结构和区域布局结构,着力在质量、效率和规模上形成发展的新优势,为国民经济和社会发展做出新的贡献。为此,本章将从中国矿业发展现状出发,重点分析中国矿业发展的支撑作用、新时代对中国矿业发展环境的影响、中国矿业改革的主要进展和中国矿业发展潜力,深入探讨新时代中国矿业发展方向,为中国矿业在新的发展时期实现健康、可持续发展提供理论支撑。

第一节 中国矿业发展现状

矿业是将矿产资源作为国民经济中生产和劳动的目标,以勘探、开发、保护和再生利用包括能源、金属、非金属和所有其余的矿产资源为目的的生产工作。矿业在中国国民经济和社会发展中具有重要的作用和地位。在人类近现代社会和经济发展中,由于处于从农业分化的最前沿,矿业逐步发展成为一个单独的产业,为工业现代化奠定了物质基础。

一、中国矿业发展的阶段性分析

纵观中国矿业的发展历史,不难发现,中国矿业发展具有明显的阶段性特征。

(一)基础发展阶段:中华人民共和国成立到改革开放之前

1949年,中华人民共和国成立,中国矿业发展也进入了新纪元。1949年,中国矿产产量如下:原煤仅3243万t,天然气700万m^3,原油12万t,黄金4.073t,铁矿石59万t,磷矿石1.3万t,十种有色金属[①]仅1.3万t,矿产资源的基础十分薄弱。为了尽快恢复发展国民经济生产,当时国家对矿业生产任务的要求主要体现在两个方面:一是加快恢复和改善因战争

---

① 十种有色金属为铜、铝、铅、锌、镍、锡、锑、汞、镁、钛。

破坏的矿山生产条件;二是组织地质调查队伍对现有矿山的资源情况进行勘查摸底,为扩大生产和整合重塑矿山资源形成条件。

到1952年,我国矿业发展得到显著恢复,其中,在煤矿方面,1952年全国83%的国有煤矿矿山完成了恢复工作,全国煤炭生产能力增长到7000万t,原煤产量达6149万t,约为1949年的两倍;在铁矿方面,1949—1952年中国一共生产铁矿石达千万吨,特别是1952年铁矿石产量达429万t。

1953年,"一五"计划开始,中国矿业发展迈入了计划经济时代,我国主要矿产品产量大幅增长。在1953—1978年这25年间,我国累计发现并探明储量的矿产达131种(其中,能源矿产6种,金属矿产53种,非金属矿产70种,水气矿产2种),为我国建设新矿山、发展矿业生产提供了资源保障。

1978年,我国原煤产量达6.17亿t,为1949年的19倍;十种有色金属产量95.24万t;原油产量10 405万t;铁矿石产量11 779万t;黄金产量达19.673t,为1949年的4.8倍;化肥产量达869.3万t;原盐产量达1 952.5t。

几十年间,基础薄弱的中国矿业迅速发展起来。

(二)深耕发展阶段:改革开放之后到十八大之前

改革开放以来,随着经济全球化趋势不断深化,我国与世界经济的联系也越来越密切,对矿产资源的需求量不断加大。虽然我国矿产资源总量较大,矿种较齐全,但是优劣矿并存的情况也很明显,既有品质优良的矿石,也有品位低、组分复杂的矿石。人口较多的基本国情导致我国人均矿产资源拥有量在世界上排名处于低位,大宗支柱性矿产资源供应不足,部分矿产资源存在供需不平衡的现象。

同时,我国也是世界上第一大能源生产和消费国。在矿产品生产方面,2012年,一次能源生产总量为33.2亿t标准煤,同比增长4.4%。能源生产结构为原煤占76.5%,原油占8.9%,天然气占4.3%,水电、核电、风电等占10.3%。金属矿产品产量稳步上升,生产铁矿石13.1亿t,粗钢7.2亿t,钢材9.6亿t,十种有色金属3697万t,黄金403t。生产能力明显提高。在矿产品消费方面,2012年能源消费总量36.2亿t标准煤,其中,煤炭35.15亿t,原油4.66亿t,天然气1 438.44亿m³。能源消费结构为煤炭占66.6%,石油占18.8%,天然气占5.2%,水电、核电、风电等占9.4%。近年来,能源消费结构呈现出煤炭和石油等化石能源占比下降而天然气等清洁能源占比上升的趋势。

这一时期,绿色矿业持续发展,绿色矿山试点工作积极推进,遴选出国家级绿色矿山试点单位239家。同时,科技进步带动资源利用水平提高,环境保护力度加大,矿山地质环境恢复治理推进。另外,矿产资源法律法规体系也逐步完善,国土资源部发布多部涉及矿产资源管理的部门规章,如《矿产资源规划编制实施办法》《国土资源行政复议决定履行与监督规定》《土地复垦条例实施办法》等。

(三)矿业发展新阶段:党的十八大以来

党的十八大为我国经济社会发展指明了新方向,体现在矿业发展领域,主要有以下几方面。

一是矿业政策法规经过调整和修改更加符合发展要求,也能更好地服务宏观调控的目的。调整经济增长的模式,促进供给方面的结构改革,提高自然保护区建设水平,建立国家公园体系等是矿业转型和升级的必由之路。同时,矿产资源管理更加优化,国家加强了市场在资源配置中的基础作用,简化行政审批,权力下放,取消和下放政府行政审批材料的比例达到了56%,完全取消了非行政许可要求,审查和完善了十多个有关地质和矿产资源管理的政府和部门法规,并且已经开始对《矿产资源法》进行修订。六省(市区)先行部署试点,探索矿业权出让制度改革,推进油气体制改革,在油气勘探开发、生产加工、产品定价等竞争环节中充分发挥市场作用,提高资源配置效率。改革矿产资源权益金以形成新的体系。

二是坚持绿色发展,以资源节约推动生态文明建设,以保护生态环境、促进人与自然和谐发展为目的。2017年,国土资源部、财政部等发布了《关于加快建设绿色矿山的实施意见》,设立了绿色矿山建设的三个主要目标:①基本创建绿色矿山建设新局面,所有新建的矿山都将满足绿色矿山的要求,加速升级改造。②探索改变矿业发展方式的新途径,使转型与稳增互相促进。探索资源保护、集约利用的新型发展模式,挖掘经济增长的新方法,促进中国矿业实现中高速增长,并达到中高端水平。③建立绿色矿业发展的新机制,研究建立绿色矿山建设促进体系,扶持激励政策体系,维护绿色矿业发展长期有效。相对于矿产资源的开发和利用,要更加专注矿山地质环境的恢复和治理。

三是继续通过科学创新为资源开发创造空间。2016年,国土资源部发布了《国土资源"十三五"科技创新发展规划》,提出了全方位实施深地探测、深海探测、深空对地观测和地面工程技术的"四合一"技术战略。这表明中国将加快"深部矿产"的勘探开发。当中国的固体矿产勘探深度超过2000m时,已探明的资源量就会翻倍。此外,太平洋深部沉积物中的稀土含量为880亿t,海床上的多金属核资源总量约为30 000亿t,估计有750亿t具有商业开发潜力;海底富钴结壳中钴的资源量约为10亿t[1]。

2012—2019年,一次能源产量从33.2亿t标准煤增长至39.7亿t标准煤(图1-1),消费量从36.2亿t标准煤增长至48.6亿t标准煤。

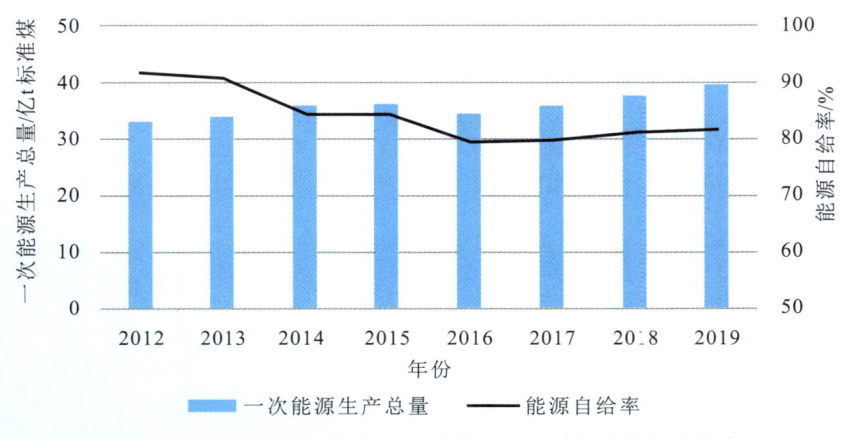

图1-1 2012—2019年全国一次能源生产总量及能源自给率

同时,新能源的开发利用程度增加,能源消费结构不断改善,能源中的煤炭比例不断降低。2012—2019年,煤炭占能源消费结构比重从66.6%降至57.7%(图1-2),天然气占比从5.2%增加到8.1%,石油占比从18.8%增加到18.9%,水电、核电、风电等其他再生能源占比从9.4%增至15.3%。

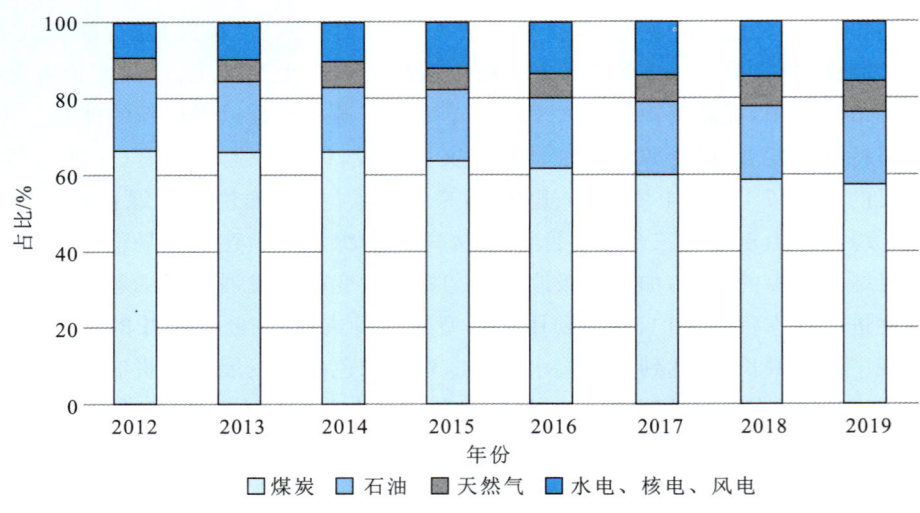

图1-2 2012—2019年全国一次能源消费结构

近年来,国家相关部门出台了一系列有关矿业发展的政策文件(表1-1),在制度层面推进矿产资源政策法规修改和行政审批制度改革,积极推动矿产资源管理体制和资产产权制度改革。2019年3月,《国务院关于取消和下放一批行政许可事项的决定》(国发〔2019〕6号)将天然气和石油对外合作项目总体发展规划由审批改为备案;2020年9月1日《中华人民共和国资源税法》正式施行,《矿产资源法》推进修订,矿产资源制度改革仍在继续。

表1-1 近年来出台的与矿业有关的政策

时间	政策文件	部门
2019年	《自然资源部办公厅 生态环境部办公厅关于加快推进露天矿山综合整治工作实施意见的函》(自然资办函〔2019〕819号)	自然资源部、生态环境部
2019年	《关于进一步明确矿业权出让收益征收管理有关问题的通知》(财综〔2019〕11号)	财政部、自然资源部
2019年	《自然资源部办公厅关于做好2019年度绿色矿山遴选工作的通知》(自然资办函〔2019〕965号)	自然资源部
2018年	《自然资源部关于调整〈矿业权交易规则〉有关规定的通知》(自然资发〔2018〕175号)	自然资源部

续表 1-1

时间	政策文件	部门
2018 年	《非金属矿行业绿色矿山建设规范》	自然资源部
2017 年	《国土资源部关于印发〈矿业权交易规则〉的通知》(国土资规〔2017〕7 号)	国土资源部
2017 年	《国土资源部关于进一步规范矿业权申请资料的通知》(国土资规〔2017〕15 号)	国土资源部
2017 年	《国土资源部关于进一步规范矿产资源勘查审批登记管理的通知》(国土资规〔2017〕14 号)	国土资源部
2017 年	《国土资源部关于完善矿产资源开采审批登记管理有关事项的通知》(国土资规〔2017〕16 号)	国土资源部
2017 年	《国土资源部关于做好矿业权价款评估备案核准取消后有关工作的通知》(国土资规〔2017〕5 号)	国土资源部
2017 年	《财政部 国土资源部关于印发〈矿业权出让收益征收管理暂行办法〉的通知》(财综〔2017〕35 号)	财政部、国土资源部
2017 年	《国土资源部关于印发〈自然保护区内矿业权清理工作方案〉的通知》(国土资发〔2017〕77 号)	国土资源部
2017 年	《关于加快建设绿色矿山的实施意见》(国土资规〔2017〕4 号)	国土资源部等六部委
2017 年	《国务院关于印发矿产资源权益金制度改革方案的通知》(国发〔2017〕29 号)	国务院

二、中国矿业发展基本情况

改革开放以来,随着经济的发展,中国矿业也得到了快速的发展,并成为支撑国民经济的重要基础性产业。

(一)中国矿业发展的总体情况

近年来,中国矿业发展形势整体向好,稳中有升,不仅能源生产总量和消费总量逐年上升,而且能源消费结构也在不断改善,但不可否认的是仍然存在一些问题需要解决。

1. 总体情况

资料表明,2016—2018 年能源矿产品生产及消费总量逐年增长,能源自给率稳步上升(表 1-2)。

表 1-2 能源矿产品有关数据

能源矿产品参数	2016 年	2017 年	2018 年
一次能源生产总量/亿 t 标准煤	34.6	35.9	37.7
一次能源消费总量/亿 t 标准煤	43.6	44.9	46.4
能源自给率/%	79.4	80.0	81.3

同时,2016—2018 年能源消费结构持续改善,煤炭占比不断下降,天然气等清洁能源占比不断上升(表 1-3)。

表 1-3 能源消费结构

能源类型	占比/%		
	2016 年	2017 年	2018 年
石油	18.3	18.8	18.9
煤炭	62.0	60.4	59.0
天然气、水电、风电、核电等清洁能源	19.7	20.8	22.1

从表 1-2 和表 1-3 可以看出,随着社会经济的发展和人们生活水平的提高,加上私家车逐渐普及等原因,能源矿产品生产总量和消费总量逐年上升,能源自给率突破 80%,基本实现一次能源的自给自足。同时,科技进步使得能源利用效率大大提高,中国能源消费结构不断改善优化,煤炭占比不断下降,天然气等清洁能源占比不断上升。

金属矿产品方面,2016—2018 年中国的黄金、粗钢、十种有色金属的生产量和消费量均居世界首位,其中精炼铜和电解铝产量连续三年均上涨。从表 1-4 不难看出,粗钢产量和十种有色金属产量逐年上升,这保障了我国工业化和城镇化工作的有序开展;有色金属产量的提高也能够有效地满足基础建设和制造业日益增长的需求,对国民经济发展起到了重要的支撑作用。

表 1-4 部分金属矿产品产量

金属矿产品	产量/亿 t		
	2016 年	2017 年	2018 年
铁矿石	12.8	12.3	7.6
粗钢	8.1	8.3	9.3
十种有色金属	0.528	0.538	0.570

2. 区域分布情况

中国矿产资源丰富,分布广泛。煤炭大多分布在西北和华北,天然气、石油等大多分布在西北、东北、华北,铁矿大多分布在西南、东北、华北,铜矿主要分布在西南、西北、华东,铅锌矿遍布全国,钼、钨、锑、锡、稀土矿大多分布在华北、华南,金银矿分布在全国(台湾有重要产地),磷矿以华南为主。总的来说,金属矿产资源分布广泛,却又相对集中在几个地区;而非金属矿产资源分布较为不平衡,特别是沿海地区和经济发达地区,其探明储量并不能满足本地区经济发展和出口创汇的需求。

东部地区资本、技术密集,矿产资源加工利用程度较高,具有一定规模和优势的矿产品加工业,专业化深加工矿产品的技术非常成熟,这些产业优势使得东部地区矿业的总产值和利润总额在全国都具有主导地位[2]。同时,东部地区拥有现代化建设的先发优势,经过改革开放以来的多年发展,城市化和工业化水平很高,生态文明建设发展层次高,拥有良好的解决资源环境问题的物质文明基础。另外,强大的资本和激励政策也能够帮助培养专门人才,促进科学技术的进步,提高创新能力,进而发展循环经济和规模经济,节约集约利用矿产资源,提高矿产资源利用效率,走多元化可持续发展道路。加上沿海地区的区位优势,加强国际合作交流,借鉴有百年矿产资源勘探开发历史的发达国家的先进经验,以合作谋发展,积极走出国门,多元化、多层次、多渠道地参与全球矿产资源开发利用和跨国经营。

中部地区的矿产资源种类和储量也是比较丰富的,矿产资源的种类大体以能源和有色金属为主,非能源、非有色金属则储量较少,且大多不具备经济开发价值,内部矿产资源也呈现出不均衡分布的特征,种类、储量分布差异较大[3]。随着国家"中部崛起战略"的提出,中部地区经济发展进入快车道,工业化和城镇化快速推进,并且中部地区自身经济基础较为坚实,有一定的工业底蕴。在此推动下,矿产资源开发利用程度和加工制造水平进一步提高。加上中部地区连接东西的区位优势和辐射全国的交通网络,市场前景广阔,矿产资源需求量将逐年攀升。未来中部地区要充分发挥自身煤炭资源优势,并优化产业结构,逐渐清退高耗能、高污染产业,升级能源利用技术,以清洁利用和循环利用为重点,提高能源利用效率,坚持走矿业可持续发展的道路。

西部地区是我国矿产资源较为富集的地区,勘探发现了一系列大型的油田、天然气田和煤矿等矿产资源,资源储量潜力大,资源禀赋较好;同时,作为我国矿产资源的主要供应区,其资源储备战略地位突出。因为经济发展相对其他区域较为滞后,工业基础薄弱,城市化水平低,加工制造能力比不上其他区域,很难充分开发利用区域内的有效资源和对丰富的矿产资源进行深度加工,所以产品较为低端,技术在总产值中发挥的加成作用不大。因此,西部地区虽然资源富集,矿业总产值却不高。同时资源型城市数量较多,区域经济发展很大程度依赖矿业,生态文明建设层次较低,容易陷入矿产资源开发、生态环境恶化、经济增长乏力的恶性循环。

(二)中国矿业发展过程中主要存在的问题

近年来,虽然我国矿业发展势头整体上稳中向好,但其发展过程中仍然存在着一些问题。

1. 矿产资源储备难以满足经济发展所需的消耗量

一些矿产资源供需缺口问题突出,部分主要矿种面临贫矿多、选矿难的困难,东部地区勘探难度增加,探明储量增幅减缓。中西部地区也面临着有经济价值的矿山几乎都已经被开发利用完的境地,矿产资源濒临枯竭,资源储量和开采产量逐年降低。

2. 生态破坏和环境污染现象仍较为严重

很多小矿场对开采作业没有进行合理规划和统筹安排,矿山开发布局不够合理,没有形成规模化的发展,落后的技术、设施和管理造成矿产资源的大量浪费,资源消耗量大,产出却不高,缺乏矿产资源可持续发展的意识,废弃了大量可用的共生伴生矿产资源,导致矿产资源综合利用效率不高[4]。更严重的是,工业废弃物污染了河流、土壤和地下水,破坏生态系统原有功能,导致土壤沙化、水土流失,引发泥石流等地质危害[5]。

3. 矿产资源深度加工专业化水平有待进一步提高

原始矿产资源的深加工是产业链条上最重要的一个方面,我国矿产资源品位和禀赋本不占优势,综合利用率和平均回收率也远低于发达国家,如果对矿产资源精炼提纯等高技术含量的深加工不到位,不仅输出产品低端,利润空间薄弱,甚至高端装备制造等战略意义层面也会因为依赖国外进口而受到威胁,例如我国铁矿石的平均品位比较低,比全球铁矿石的平均品位(43%)要低10%,这就使得中国在高精尖仪器设备的研发生产中需要从国外进口大批高品质的铁矿石。

4. 不同区域之间矿产资源勘查开发利用不平衡

西部地区和中部地区矿产资源较为丰富,但自然条件差,生态环境脆弱,资源环境承载力低,地质调查评价工作开展程度不高,限制了矿产资源的开发利用[6]。同样,东部地区地质勘查工作程度不高,资源潜力尚未完全发掘出来,很多异常区和矿化点也未做评价工作。

5. 矿产资源利用的市场化水平低

探矿权、采矿权市场制度还不完善,矿产资源产权规制和审批程序还存在不合理的地方,矿产资源市场运行秩序还要整顿,中国矿产资源市场的国际化水平还需要进一步提高。

第二节 中国矿业发展的支撑作用

在工业化和城镇化战略进程中,中国矿业对国民经济发展的支撑作用得到了明显的加强。

一、中国矿业发展对国民经济和社会发展的影响及作用

中国矿业作为支撑国民经济的基础性产业,在改革开放不断深入的进程中得到了快速发展,也对国民经济和社会发展产生了深远的影响。

1. 矿业发展对国民经济和社会发展的贡献

矿业对社会进步和经济发展有着重大意义。消耗矿产资源产出的矿产品是初始的原材料,后续产业链一般很长。矿业推动了后续产业的发展,形成乘数效应,能促进当地乃至一个地区、一个国家的国内生产总值的超量增长。矿业形成的效益辐射能够覆盖很多行业,如电力工业、冶金工业、有色金属工业、轻工业、核工业、建材工业等行业的生产,或是以矿产品为原材料或燃料,或是以矿产品为产出品。矿产资源也是交通建设布局的因素之一,其他如医疗保健、旅游、美术工艺甚至考古等行业都与矿业有着直接或间接联系。

矿业对社会就业的促进作用也非常明显。2018年,全国地质勘查单位在职人员数量为39万,一旦社会对初级矿产品的需求强烈,矿山发现有开发利用价值的矿产资源,就会产生大量施工人员岗位,就能解决一定数量的人员就业。同时,就业可以扩大社会的实际需求及增加国家的税收。

2. 矿业发展对区域经济和社会发展的影响

矿产资源是经济发展的物质基础。矿产资源条件优越,可以为当地带来巨大的经济利益,促进地区经济的增长。

一方面,矿业的发展有助于促进区域经济的分工合作,不同区域的自然条件和环境条件不同,矿产资源分布、储量、禀赋也不同。地区矿产资源的丰裕程度会影响区域分工,这也是矿产资源区域分布的差异性和空间分布的不均衡性造成的。对于以矿业为支柱产业的区域,区域经济发展对地区的矿产资源有较强的依赖性,矿业会集中建立在矿产资源丰富的地区以降低生产营运成本,地区矿产资源的存在会有效提高地区经济发展的效率,很大程度上降低区域发展的难度,给区域经济的发展带来更多便利。

另一方面,矿产资源对于工业进步不可或缺,发展矿业有利于促进当地产业健康运作,优化地区产业结构,稳定地区经济生产。矿业作为基础性产业,优先发展矿业有助于其他产业更快进行原始资本的积累,为下游产业的发展蓄势。同时,由于矿业结构具有良好的覆盖性和渗透性,能够带动其他产业如区域矿产资源开采业、交通运输业、机械制造业、投资业等的同步发展,也就为人们提供了更多就业机会。值得一提的是,条件适宜的地区可以根据自身发展规划拓展对外进出口贸易,加强与外界的合作,对周边地区的发展产生连带影响。发展矿产资源出口不仅可以减缓其他地区矿产资源紧张压力,同时还可以提高地区经济效益,增强地区产业的竞争力和影响力,为地区带来可观的经济收入。在取得一定经济收入之后,就可以将部分收入用来扩大各方面的产业规模,将区域的矿产资源优势转化为经济优势,推动区域快速发展。当然,矿业在发展过程中也会对环境造成很多负面影响,比如环境污染、资源浪费、危害人体健康等。工业废品倒进江河湖海中会影响水生生物生存,同时也会污染水资源,影响人们用水安全。排放有毒气体也会给空气造成严重污染[7]。因此,我们在发展矿业的同时更要加强环境治理和有效管理,才能持续推动区域经济健康发展;否则,区域经济繁荣过后,支柱产业也只会变成空中楼阁。

3. 中国矿业发展对其他产业的影响

在工业体系中,从最初的原材料到加工过程中的在产品直到最后得到产成品要经过一整个产业链。产业链是指在一种最终产品的加工过程中,从最初的原材料或矿产资源一直成为最终的产品到达消费者手中所包含的各个环节构成的整个纵向链条,在基于资源供需关系所形成的跨产业链条中,上、下游行业之间的关系往往相当密切[8]。

从钢铁产业链的视角来看,以煤炭、铁矿石为代表的矿产资源行业是钢铁行业的资源供应方,同时钢铁行业也是汽车、房地产、机械制造业等行业的资源供应方。因此,整条产业链生产加工的过程很明确,煤炭、铁矿石等矿产资源是原材料,钢铁是在产品或者半成品,最终的产成品就是汽车、房地产、机械设备等资产。矿业的发展会带动钢铁产业的发展,进而影响到汽车、房地产、机械制造业等行业的发展。

以铁矿石为例,2016年铁矿石产量为12.8亿t,2017年铁矿石产量为12.3亿t,2018年铁矿石产量为7.6亿t。从图1-3可以看出,2016—2018年的铁矿石产量呈逐年下降趋势,一方面是由于现有矿山的开发利用价值已经接近挖掘殆尽;另一方面是由于国家节能环保措施的出台大力推行矿山治理和绿色矿业的发展,一部分不符合规范的生产企业关停退出,矿业结构转型升级,由原先粗放式的发展模式转变为集约式的发展模式,导致矿业的行业规模有所收缩。2017年4月,黑色金属矿采选业规模以上企业数量减少了20.03%,煤炭开采和洗选业规模以上企业数量减少了9.59%。这一方面是因为矿业去产能工作起到了成效;另一方面是由于铁矿石价格上涨增加了生产成本,进口铁矿石也形成了一定冲击。钢铁产业也受到上游矿业行业规模变小的影响,2017年4月,黑色金属冶炼及压延加工业的规模以上企业数量为8527家,较2016年下降了7.56%。下游制造业规模扩大,汽车制造业扩张最快,汽车产量为0.29亿辆,并且2017年企业总数比2012年增加了37.18%;通用设备制造业增加了12.74%;专用设备制造业增加了22.58%;金属制品业增加了13.86%;电机制造业增加了16.12%。这意味着下游制造业表现出稳中趋升的迹象,对钢铁的需求也保持着稳中趋升的可能性,同时也表明中国制造业依然处于向高端路线发展、组织结构不断优化的进程中。

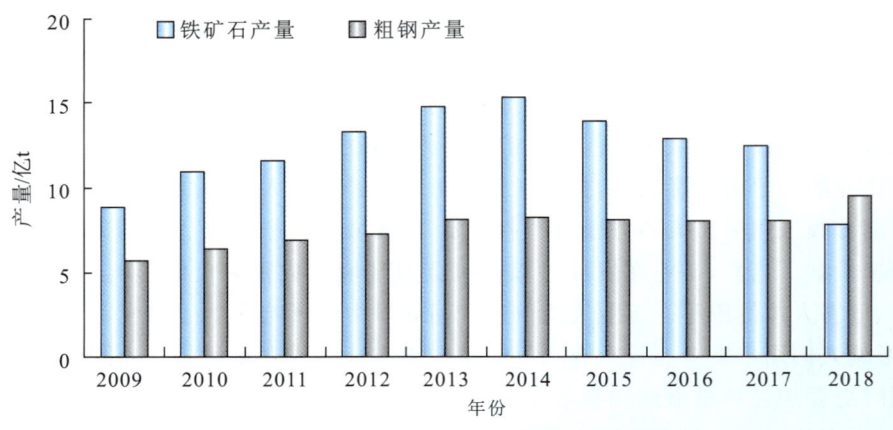

图1-3 全国近年来铁矿石与粗钢产量变化

二、中国矿业发展对世界经济的影响

中国是世界上最大的矿产资源生产和消费国,其矿产资源行业的发展将对全球经济发展产生重大影响。2018年,中国能源生产量在世界上占比19%,能源消费量在世界上占比24%,天然气进口量占13%、石油占16%,铜矿、铝土矿、铁矿石进口量都占到了一半以上。中国矿业的发展与世界矿业格局的变化相辅相成,目前,世界主要经济体贸易摩擦不断升级,世界经济复苏疲软,对全球各个国家而言,一边是亚非拉发展中国家在强化矿业支撑工业化进程,另一边是欧美发达国家在加强矿业对高端制造业的支撑,矿产资源生产、消费格局正在加速重塑。

矿业高质量发展不仅不会降低矿产资源消费量,反而会增加矿产资源消费量,飞机、手机、3C产品80%以上的材料都来自矿产资源。同时,在未来10年,亚洲实现工业化区域的人口将达到17亿,处于发展中的工业化区域人口会有20亿,高端装备制造市场的前途无与伦比,对矿产资源的需要程度也将是不可预测的。中国的矿业公司必须跟上国际经济的步伐,不仅要做大,更要做强做优,这样才能在国际贸易中占有一席之地。同时,中国要加强与"一带一路"沿线国家在矿产资源方面的合作,这些国家有富足的矿产资源、强烈的消费倾向和积极的交易市场,在全球矿业中具有举足轻重的地位。

当前,世界上矿产资源丰富的国家和地区包括俄罗斯、澳大利亚、美国、加拿大、中国、中东国家、南非、巴西和委内瑞拉。中国是世界上最大的矿业国之一,可以说资源最为富饶,对矿产资源的需求量也最大。因此,矿业对于中国的战略发展具有非凡的意义。

对世界矿业而言,中国矿业的发展一是会引导全球矿业持续分化和调整,促进全球矿产资源市场良性发展,变革全球能源供需格局,自身发展带来的强需求同时带动世界矿业持续发展;二是从自身做起,不仅更加重视环保问题,积极治理污染、修复环境,更要发挥科技进步和人才力量,使矿业发展迎合高端制造等新兴产业的要求,由内而外推动产业转型升级;三是提高中国矿业竞争力和影响力,提升在世界矿产资源市场上的议价权,优化国际矿产资源贸易定价机制,让价格回归正常。以铁矿石为例,中国钢铁企业合并重组、交易所引入境外交易者、在世界范围内并购矿山,就是为了扭转与澳大利亚进口贸易中的不利地位,防止下游钢铁制造行业利润被挤压及报复性威胁。

第三节 新时代影响中国矿业发展环境分析

党的十八大以来,中国社会和经济发展在习近平新时代中国特色社会主义思想指导下进入了新纪元。新的时代给中国矿业的发展带来的既是机遇也是挑战。本部分重点分析新时代对中国矿业发展环境的影响。

一、生态文明和绿色发展对中国矿业发展的要求

生态文明是人类社会文明发展的新阶段,我们要在自然界客观规律的要求下和保护生态系统的前提下,节约利用资源,打造循环工业,发展经济,维持社会良性运转,最终形成社会、自然和人三者之间的和谐统一。绿色发展是一种新的发展模式,将保护生态环境作为可持续发展的关键纽带来连接经济增长,进而步入一个致力于效率发展的社会。生态文明和绿色发展对矿业发展的要求体现在以下三个方面。

第一,要大力推进生态文明建设,处理好经济发展和环境保护的关系。矿业企业不仅要能提供高质量的产品和服务,还要积极遵循生态文明和绿色发展的要求,自觉节能减排,清洁生产,发展循环经济,实现经济效益和生态效益的统一。同时,环保部门要加强宏观调控力度,积极发挥政策扶持作用,对于发展绿色矿业模式成效突出的矿业企业,在资源配置上予以一定倾斜,在税收政策上给予一定优惠,在投融资方面给到一定支持,激活矿业绿色发展的内生动力,构建有利于绿色矿业发展的政策环境和市场环境。另外,还要加强对污染企业的监管力度和治理力度,不给它们钻制度空子的机会,取缔高耗能、高污染企业和非法采集资源企业。

第二,要加快建设绿色矿山和发展绿色矿业,在保护中开发,在开发中保护,要做好绿色矿山的遴选工作和统一绿色矿山的评估标准,要将绿色矿山建设纳入矿业权出让合同中,从根本上摈弃高消耗、高污染、低能效的传统型粗放式矿业发展方式,转为清洁、高效、可持续的绿色矿业发展模式[9]。

第三,要提高公众参与生态文明建设的积极性,发动人民群众的力量,公众在享受良好环境的同时要履行保护环境的义务,充分行使自己的知情权、参与权与监督权,检举揭发各种污染环境的行为。奉行节约资源与保护环境的基本国策,鼓励矿产资源绿色消费,形成全民节约和循环利用矿产资源的社会风气和发展模式,杜绝浪费资源、破坏环境的行为,形成良好的社会风尚[10]。

二、高质量发展对中国矿业发展的要求

我国目前的经济发展已从快速增长阶段转为高质量发展阶段。为了实现高质量的发展,必须调整经济发展模式,加强供给侧结构性改革。高质量发展对中国矿业发展的要求主要体现在以下几点。

第一,坚持资源节约集约利用。加强矿产资源的勘探、保护和合理开发,提高矿产资源的开发回收率、选矿回收率、综合利用率,加强难熔伴生矿产资源的综合开发利用。鼓励矿山固体废物和尾矿资源的利用,提高循环利用水平,发展循环经济,提高矿产资源的开采和综合利用合理化水平。大力推进绿色开采和清洁利用,加强低碳清洁、安全高效的能源矿产供应体系的建设,将矿业发展与大数据、云计算、人工智能、移动互联网等信息技术结合起来,智能勘探、智能矿山、精细化采矿技术的应用甚至可能实现矿业生产"零排放"。

第二,加快技术创新。这是推动中国矿业实现高质量发展的一个重要驱动力量,要充分发动政府、企业、高校、科研机构等社会力量,建立"产学研"一体化的创新平台,着力提高技术水平和资源利用效能,有效降低生产运行成本,为矿业发展注入新动能,要形成不拘一格的技术创新体系,大力推广应用先进技术,实现矿产资源开采、转化与终端消费等环节的清洁化,既要加强研发采矿、选矿、综合利用、循环利用的新技术、新工艺、新装备,也要加强研发数字化、自动化、信息化、智能化矿山的新技术、新装备,还要加强研发物探、化探、遥感、钻探、岩矿测试等的新技术、新方法、新装备。

第三,坚持扩大开放。高质量经济发展的必要条件一定包括提高对外开放的程度。矿业要在互利共赢和公平交易的基础上,深化矿产资源领域的国际合作,积极参与海内外资源、技术、信息、市场、资本的交流和合作。既要在海外加大矿产资源勘探力度,扩大产业格局,也要在国内引入外资参与矿产资源勘探开发。国内矿业公司可以通过与国外矿业公司的合作,借鉴先进经验,引入前沿技术,以国际化管理方式运作,逐步提高中国矿业的开放水平。

三、结构调整和优化对中国矿业发展的要求

结构调整和优化要求经济体系内部各产业部门之间资源分配合理,协同运作得当,最终实现高效发展。结构调整和优化对中国矿业发展的要求在于以下几个方面。

第一,调整开采规模结构。小型矿山过量和不合理的矿山布局是限制中国矿业发展的一个重要原因。要提高矿业集中度,适度集中,优化区域布局,减少过剩产能,限制最小采矿规模,指导矿企进行规模采矿和集约化经营管理,加强核心采矿企业的作用并避免滥采。

第二,调整技术结构。除了要及时借鉴前沿科技外,也要增强自主研发的创造性,跟上世界科学技术研究的潮流。内部要做到协调发展,企业之间通过合并重组做大做强,形成以大型矿业集团为主体的产业格局,汇聚技术力量,推动矿产资源的规模开发和集约利用,培育区域辐射性强、资源利用效率高的矿业企业,淘汰产能落后低效、污染严重的矿业企业,进一步延伸产业链,提高企业经营管理水平和综合实力,推动区域经济有序发展,促进社会效益、经济效益和生态效益的有机统一[11]。

第三,调整产品结构。以市场为引导,根据市场经济规律,最大限度地体现市场在资源分配中的基本作用。矿产品是将资源优势转化为经济优势的桥梁和纽带。要加工高品质、高品位、高用途的矿产,进一步拉长矿产品产业链条,做好深加工。要加强与上、下游服务业的融合发展,做好顶层设计,建立健全机制,创造融合发展的良好氛围,建立一体化的产业政策体系,降低交易成本,完善交易体系。

四、区域协调对中国矿业发展的要求

区域协调的含义是在国民经济的发展过程中,不同区域通过分工合作,确保区域内部有序、协调、互促发展,最终形成一种各区域优势互补、共同繁荣的区域经济融合发展模式。要

具体区域具体分析,因地制宜地开展经济活动和制定发展策略,缩小各区域经济发展差距,消除区域间的不平衡,最终实现统筹发展。例如西部大开发、振兴东北老工业基地、中部崛起等国家战略都具有促进区域协调的重大意义。区域协调对中国矿业发展的要求主要体现在以下三个方面。

第一,完善空间布局。统筹规划,充分合理地利用各区域的优势资源,将东部地区的资本和技术优势与中西部地区的土地和劳动力资源结合,形成跨区域的矿业布局,这对创新驱动发展、延长产业链条和提高深加工技术力有着重大意义。增强使用区域矿产资源的有效性,严格遵循自然规律,对区域的矿产资源开发利用做好科学规划。集约开发利用矿产资源,技术的力量能够在尽可能少耗用资源的基础上创造出更大的开发价值,降低产值中资源消耗的比重,增加资本和技术的比重。提高开发技术含量既有利于培养人才和提升科技水平,又降低了劳动力等要素在矿业与下游制造业之间流动的难度,促进了区域和产业的协调发展。

第二,建立健全区域政策。做好区域法治建设,建立健全保护区域合作的政策法律和规章制度;创新区域内的税收分配制度,保障公平合理的利益分配;成立区域合作管理机构,统一规划安排区域合作问题;完善区域间补偿机制,由发展超前的区域给予发展落后的区域一定补偿。统筹兼顾,建立健全保障区域协调机制正常运作的监督机制、激励机制及相关惩罚机制,制定并细化专门法律法规,确保在各项规划和方案上的执行力,为区域协调发展提供相应的政策依据和协调沟通的权威性平台。

第三,拓展协调发展模式。要将区域内的不同产业链条加以整合,互相补充,实现矿业向制造业、服务业的转变升级,推进区域产业结构的多样化、融合化、高端化发展。着力寻找和挖掘区域的各种发展优势,提高服务经济社会发展的能力,增强区域经济发展活力。

第四节　中国矿业改革的主要进展

为适应时代要求,中国矿业积极开展各项改革,取得了明显成效。

一、中国矿业改革的历程

中国矿业改革经过了一个长期的发展历程。

1. 矿产资源无偿开采与使用阶段(1949—1978年)

中华人民共和国成立后,工业发展成为了我国的首要战略目标。1951年,中央人民政府政务院颁布了《中华人民共和国矿业暂行条例》,在内容上规定:国家拥有全国矿床所有权,未分离所有权与使用权。这一时期,矿产资源归国家所有,由政府出资勘查,组织地质勘查单位勘探找矿,并将找矿成果提交给国家;再由国家向矿山企业分配勘探成熟的矿山,企业可以无偿开采和使用。我国矿产资源产权制度在这一时期主要具有国有化、勘探开采无偿化等特点。在这个阶段,政府分配是矿产资源的唯一归属形式,任何人和企业在未获政府许可的情况下,都无权占有或利用我国矿产资源。在当时,这种产权制度适用于我国国情,为中华人民共和国的战后经济恢复和后续工业化发展做出了积极贡献。

2. 矿产资源有偿使用制度初步确立阶段(1978—1995年)

改革开放后,在我国社会生产力迅速发展的同时,矿产资源的开发与保护在国内居于越来越重要的地位。我国于1986年颁布《矿产资源法》,其中明确规定:"国家实行探矿权、采矿权有偿取得制度。"这一规定标志着采矿权和探矿权分离,改变了以往矿产资源的无偿开采与使用体系。随后,我国又陆续出台《矿产资源监督管理暂行办法》《矿产资源补偿费征收管理规定》,这些政策和规定完善了国家矿产资源勘探开采许可证、有偿开采、税费等相关制度,为我国建立矿产资源有偿使用和矿业权有偿取得制度奠定了坚实的基础。

在这一发展时期,我国的矿产资源产权制度呈现出三个特点:一是在行政许可的情况下,允许使用权的流转交易;二是国家不再对矿业权人的生产经营活动进行管控,仅以所有权主体身份征收资源税和使用费用;三是明令禁止哄抬或做空矿业权市场价格的行为,以法律手段严格限制对矿产资源的市场交易。由无偿使用制度向有偿使用制度的改革减少了当时普遍存在的企业低效生产行为,也对矿产资源市场发展和矿山企业健康发展起着重要作用,是我国资源合理利用的必要手段。在当时,由于改革的步伐刚刚兴起,而且征税品种少、比例低,该时期制定的税制并不足以改变矿产资源开采低效的局面;同时,矿业权两权分离的监管混乱导致了严重的私挖滥采现象,这对我国矿产资源的合理分配与利用而言是一种严峻的考验。

3. 矿产资源有偿使用制度逐步健全阶段(1996年—至今)

1996年颁布的《矿产资源法》(修正案),调整了矿业权的审批权限,强化了矿业权的排他性,完善了矿业权的管理制度,并明确规定国家行使矿产资源所有权的主体是国务院,国务院授权地质矿产主管部门对全国的矿产资源进行统一分配管理。1998年先后出台的《矿产资源勘查区块登记管理办法》《矿产资源开采登记管理办法》和《探矿权、采矿权转让管理办法》明确了矿产资源勘查、开采等方面内容,标志着我国正式开放矿业权市场。探矿权的出让、转让方式在于2000年颁布的《矿业权出让转让管理暂行规定》中被明确规定。矿业权出让、竞价和监管方式在2003年发布的《探矿权采矿权招标拍卖挂牌管理办法(试行)》中也得到进一步规范。《关于进一步规范矿业权出让管理的通知》(2006年)等规范文件明确了矿业权市场的组成(包括矿业权一级出让市场和二级转让市场),这不仅打破了禁止矿产资源流通转让的封闭局面,还使得矿产资源配置进一步优化,进一步提高矿产资源开采利用效率。2017年2月,国土资源部发布的《矿业权出让制度改革方案》完善了矿业权的出让制度,降低了政府在资源配置中的绝对地位,为矿产资源分配的公平、公正和公开提供了有效的支持,加快了市场竞争,矿产资源利用效率也得以提高。

二、中国矿业改革的主要举措与主要成效

为了适应经济社会发展的需要,中国矿业积极应对发展环境的变化,开展了一系列改革,取得了明显成效。

1. 矿业权出让制度改革及成效

矿业权,即矿产资源的使用权,分为探矿权和采矿权两部分。进行矿产资源勘查、开采等活动的先决条件即取得矿业权,因此,矿业权的交易是矿产资源分配的外在形式。落实市场在配置矿产资源中决定性作用的重要举措之一就是健全矿业权出让制度。2017年2月,国务院办公厅发布实施国土资源部起草的《矿业权出让制度改革方案》。相关改革措施主要包括三个方面:一是建立完善的矿业权竞争出让制度,重点以"招拍挂"的方式进行出让,深入推动矿业权的竞争性出让;二是对协议出让方式进行限制,将协议出让范围严格控制在国务院确定的勘查开采主体及批准建设的重点项目内;三是逐步下放行政审批权限,加强在事前、交易各个环节的配套监管服务。

2017年,山西、福建和湖北等六省(市区)正式开展试点改革,以委托的方式下放了矿业权审批权限,并全面实行矿业权的竞争性出让。2018年,国土资源部研究起草了《矿业权出让管理办法》,并广泛征集意见。自然资源部于2019年12月印发《自然资源部关于推进矿产资源管理改革若干事项的意见》,开始向全国推广矿业权出让制度改革的核心成果,并于2020年5月起正式实施。改革实施以来,矿业权市场的竞争程度充分加强,矿业权竞争出让比例不断加强,促进了矿产资源配置效率的有效提升,矿产资源的市场配置机制显著提高了矿产资源的配置效率和政府的监管服务效能。

2. 矿产资源权益金制度改革及成效

2017年4月,国务院审议通过了《矿产资源权益金制度改革方案》,对矿产资源税费制度进行完善。它具体有以下四点改革措施:一是在矿业权的出让环节,将探矿权、采矿权价款调整为矿业权出让收益,中央和地方按4:6分成;二是在矿业权占有环节,以矿产权占用费取缔原有的探矿权采矿权使用费,中央和地方按2:8分成;三是组织在矿产开采环节进行资源税改革;四是在矿山环境治理恢复环节,取消征收矿山环境治理恢复保证金,设置矿山环境治理恢复基金,从矿产企业销售收入中计提并由企业自主使用来安排矿山环境的恢复治理工作。

2017年6月,为了明确如何征收、分配矿业权出让时的收益,以及具体征收范围等问题,国土资源部和财政部联合印发了《矿业权出让收益征收管理暂行办法》;2017年11月印发的《关于取消矿山地质环境治理恢复保证金建立矿山地质环境治理恢复基金的指导意见》提出了落实企业治理恢复矿山环境责任、建立动态监管机制等具体措施,并且明确取消保证金制度。改革的一步步推进,完善了矿产资源有偿使用制度,促进了国家对矿产资源所有权益的维护,保障了企业合法权益;营造出更加公平的竞争性市场环境,加强了资源集约节约利用和高效利用,也有利于落实企业对矿山环境的治理恢复责任;合理确定了中央和地方的矿产资源收入分配方式,维护了中央和地方财力格局的稳定。

3. 矿产资源有偿使用制度改革及成效

在"六五"规划正式实施之前,我国的矿产资源一直处于无偿使用状态,矿产资源的国家所有权益一直不能很好地实现。1982年,国务院在《对外合作开采海洋石油投资案例》中才规定:参与开采海洋石油资源的有关企业,应依法缴纳矿区使用费及相关税款。此后,《中华人民共和国资源税条例》《中华人民共和国矿产资源法》等多个法律法规先后颁布,初步建立了有偿使用制度,但是国家无偿划拨和企业有偿使用"双轨并存"的问题仍亟待解决。2006年,为了推进非煤矿种的有偿使用制度改革,改变"双轨并存"的不公平现象,国务院联合有关机构制定一系列规章制度,全面推行探矿权、采矿权的有偿取得和使用。随后,国务院于2017年颁布了《关于全民所有自然资源资产有偿使用制度改革的指导意见》,矿产资源与水、森林等六种自然资源共同成为国家推进全民所有自然资源资产有偿使用制度改革重点,并就改革提出了完善矿产资源税费制度、矿业权有偿出让和占用制度、矿业权分级分类出让制度等具体要求。

全面推进矿产资源有偿使用制度的改革,对促进矿产资源的合理开发利用、推进矿区生态环境建设起着重要作用。这主要体现在以下四个方面:一是矿产资源的有偿使用得到了规范,矿产资源的国家所有权益得以充分实现;二是矿产资源的税费征收管理体系逐步建立,合理分配了矿产收益,矿产资源的不合理开采、利用现象逐步减少,推动了矿业经济向高质量发展方向发展;三是制度改革不仅能够带来专项收入,还能增加国家加大战略性矿产勘查工作经费、基础性和公益性地质调查经费;四是明确了矿山环境治理恢复基金的提取和相应的监管措施,落实了矿山企业环境治理责任,有效推动了矿山地质环境治理和恢复。

第五节 中国矿业发展潜力分析

一、新、旧动能转换对中国矿业发展潜力的影响

新、旧动能转换需要对以下三个方面加以明确:一是新动能是指以"新技术、新产业、新业态、新模式"为代表的四新经济;二是旧动能主要指需求侧的"三驾马车"、要素的粗放投入和GDP导向的考核体系;三是新、旧动能转换更严格的说法是新、旧动能的接续转换,因为,新动能和旧动能的平稳接替并不是一蹴而就的,旧动能不可能立即割舍,而新动能也无法立即形成。

矿业作为国民经济的传统支柱产业,在我国经济发展进程中起到了极为重要的作用。2017年,矿业经济占全国GDP的比重超过了30%;在促进就业方面,矿业及相关产业贡献同样巨大,2017年国内采矿业从业人员年平均人数达到527.94万人,占全国从业人员年平均人数总量的5.9%。矿业为我国社会稳定和经济发展做出了积极贡献。

在新、旧动能转换背景下,矿业迎来了新一轮的发展机遇。从新技术来看,近几年来,随着矿业技术的不断创新,我国自主研发的很多矿业设备,如大型破碎研磨机、综采设备、地浸采铀及输送设备、伴生萤石选矿设备等,已达到较高的水平,大大提高了我国矿产资源开发利用水平;在新模式上,信息化技术广泛应用于矿山设计、施工、开采、安全管理和环境保护等矿业生产全流程中,很多现代矿业企业都达成了矿山监测"智慧化"目标,建成了智能矿

山,智能高效的营运管理模式有效提高了矿山企业的作业和营运效率。此外,我国也将战略新兴产业放在重要战略位置,这为相关的矿物材料开辟了巨大的需求市场,一些稀有金属如镓、铌、锂等在新能源、电子工业、半导体等重要产业上应用广泛,但我国的重要矿物供给能力仍满足不了需求,大部分需要进口,这给矿业发展提出了新的要求,同时也带来了巨大的发展潜力。

二、市场条件变化对中国矿业发展潜力的影响

近年来,由于市场条件和发展环境的显著变化,中国矿业的发展也受到了明显的冲击和影响。

1. 矿业资本市场格局变化

矿业资本市场为各类矿业市场活动(如矿业为企业上市融资、对外贸易、股权交易等)提供了融资场所,是金融市场的一个特定组分。矿业兼具高风险、高投入和营运周期长等特征,要求较强的专业技术,因此,资本在矿产勘查、矿山设计与建设、矿山生产等矿业发展全过程中都起着重要作用。近几年来,我国金融体系在改革中不断完善,特别是适时推出创业板、股指期货、融资融券,丰富了市场功能,提升了矿产资源配置效率,矿业资本市场服务于矿业实体经济的能力不断提高[12],这给矿业发展带来了巨大机遇。

首先,随着国际矿业资本流向的变化和我国矿业资本市场的发展,可供我国矿业公司选择的融资方式和工具逐渐变得多样化。例如:企业可通过证券市场获得权益资本的融资,通过银行进行长期负债融资等,这给矿业资本市场发展带来了多元化选择,有助于矿业企业解决资本结构风险大、资金不足、融资方式单一化等问题,为我国矿业发展提供了充足的资金保障。其次,我国在矿产资源领域主要是与发达国家竞争,中国庞大的矿产资源需求只能依靠全球资源配置来解决,一个发达的投融资市场,既能更好地支撑中国矿业"走出去",又能吸引更多海外的优质矿业项目和资金进入国内,促进我国矿业发展,保障我国矿业安全;第三,建立一个完善的现代化矿业资本市场,及时披露企业信息、规范管理流程等强制性要求有助于提升我国矿业行政管理水平、增强矿政治理能力、促进矿业的市场化改革。

2. 矿业权市场化改革深入

矿业权市场是指由于矿业权的流转、交易所产生和形成的经济关系、经济行为的总和。矿业权市场的改革进程,主要是从矿业权的市场化角度深入,重点在于矿业权配置的市场化,致力于发挥市场在矿产资源配置过程中的决定性作用。国务院办公厅在2017年发布的《矿业权出让制度改革方案》对矿业权市场发展提出了新的要求:一要以招标拍卖挂牌为主要出让方式,对协议出让进行严格限制,并且下放审批权限,加强监管服务;二要完善矿业权出让管理体系,使得矿业权市场有更加全面的竞争出让体系、更加完善的有偿使用制度、更加合理的事权划分及更加到位的监管服务。

矿业权的市场化能激活矿业市场。自1998年开始建设矿业权市场以来,到2012年,全国地质勘查总投入达1 296.8亿元,比之前增加了8倍;同时,矿业权可转让使商业性地勘工

作为各类地勘单位带来了工作经费,解决了地勘单位工作经费主要依靠中央财政和地质工作经费不足的问题。矿业市场化改革的推进还将促进矿产资源的合理配置,充分发挥市场配置资源的决定性作用,督促矿业权人更加珍惜和节约利用资源,防止"圈而不探"等现象的发生,有利于社会投资更加公平地参与到矿业市场中,提高矿产资源配置效率。

3. 经济全球化进程持续推进

虽然当前贸易保护主义有所抬头,但是经济全球化依然是世界各国实现经济发展和繁荣的必然选择,作为一种明确的世界经济常态特征,对确定经济主体战略决策方向具有重要意义[13]。在我国矿业"走出去"和"请进来"战略实施的过程中,经济全球化对矿业发展也有着重要影响。经济全球化给矿业发展所带来的积极影响表现在以下三个方面。

首先,矿产资源全球化配置是经济全球化的重要内容,作为一国和世界经济发展的主要推动力,矿产资源在各个国家间流通时,全球化的一体经济会加快流通速度和效率,减少运作成本。随着我国后工业化时期的开始,经济快速增长,对矿产资源的需求急剧上升,矿产资源安全面临挑战。在经济全球化背景下,一方面,我国矿业企业可以通过海外并购的方式,基于海外投资来获取矿产资源,典型的如国内最大的黄金公司紫金矿业在多个国家和地区进行投资、参股,在十个国家都拥有矿产资源项目;另一方面,也可利用国际资源市场,依托矿产品的进口,改善国家矿产安全状况。

其次,经济全球化持续发展也为我国优势矿产品出口提供了更加广阔的国际市场,目前我国矿产品贸易总额已经超过了全国所有商品进出口贸易总额的25%,年均增长率达到两位数,矿产品进出口贸易已成为我国对外贸易的重要组成部分。其中,一些优势矿产资源(如稀土),充分利用国外市场,目前在美国、日本等发达国家达到了较高的市场占有份额[14]。

最后,经济全球化浪潮改变了我国矿业的发展环境,从而引起我国对矿业发展战略规划的调整,更加强调矿产资源的可持续发展意识。通过主动融入全球矿产资源市场,在国际贸易、交流、合作等过程中,我国可以充分吸收其他国家先进的矿产资源发展方式和管理经验、开发利用技术等,从而提高矿产资源开发利用水平和效率,增强我国矿业可持续发展能力。

三、结构调整和优化对中国矿业发展潜力的影响

结构调整和优化是新时代的重要特征,也是高质量发展的内在要求,更是中国矿业发展面临的重要任务。结构调整和优化将会进一步释放中国矿业发展的潜力,并形成发展的新优势。

1. 宏观产业结构调整

产业结构优化是一项复杂的社会体系工程,其目的在于提高某一区域的资源配置效率,形成国民经济持续增长的强大内在驱动力。在产业结构不断优化过程中,需要资源配置与其相适配,适应于具有比较优势和重点发展的产业。在新一轮产业变革背景下,战略新兴产业已经成为各国产业结构调整、优化的重点。我国也顺应趋势,大力发展战略新兴产业,推

动我国产业结构不断优化。《"十三五"国家战略新兴产业发展规划的通知》明确提出,到2020年,战略新兴产业的总产值增加到国内生产总值的15%以上,形成新一代信息技术、生物、绿色低碳、高端制造、数字创意五个产值规模10万亿元级的新支柱,并提出到2030年战略新兴产业发展将成为推动我国经济持续健康发展的主导力量。

矿产资源作为国民经济发展的重要支撑,在新一轮产业变革背景下,战略新兴产业的发展将为矿业发展带来新的机遇。近年来,西方很多发达国家都发布了一系列适应于发展本国新兴产业的战略性矿产目录,其中很多都包括了"三稀"矿产和非金属矿产。比如欧盟委员会在研究全球46种矿产后,确定的14种关键性矿产原材料中有9种矿产主要产自中国;《关键和战略性矿产威胁美国制造业的报告》(由美国兰德公司发布)定义了14种必不可少的战略性矿产原材料为难以获取的战略性矿产,包括稀土、钨、锗等,而这14种矿产中有11种矿产资源的主要产地也在中国。同时,随着"中国制造2025"战略深入实施、制造业结构调整及产品升级换代的持续推进,战略性新兴产业对于锂、稀土、钴、钒、钛等战略性矿产原材料的需求也将不断增加。

2. 矿业结构调整与优化

"十三五"时期是推进供给侧结构性改革的关键时期,重点是把推动经济社会发展的立足点转到高质量和效益上去。而对矿业来说,在经济进入结构调整优化阶段,多种能源和资源需求减少,煤炭、钢铁等产能出现结构性过剩问题,矿产品价格不断下跌;与此同时,矿产品开采过程中的污染问题在生态文明建设背景下也越来越突出。为了解决矿业发展的结构性问题和协调矿业经济发展与环境保护之间的关系,近年来,政府一方面采取了如环境税、排污权交易等多项环境规制措施,另一方面也在积极推进矿业结构的生态转型,在矿业生产的各个环节间,通过物质的多级利用和各生产系统的耦合,实现生产的高效率、高效益和资源环境的可持续发展。在矿业内部,传统的矿业,如煤炭开采洗选业、石油和天然气开采业等,也在按照环保标准逐步调整产业结构,淘汰技术水平低、单位能耗高、经济效益差的企业。同时,绿色矿业建设也在稳步推进,逐步实现了从矿山建设到矿产资源开发利用直至矿山关闭后的全产业链、全生命周期的绿色发展。在矿业结构性调整过程中产生的新需求,是助推矿业转型发展并带来发展新潜力的最好途径。这些新需求主要包括矿业供给侧结构性改革过程中所涌现出的新领域、新业态、新的营运模式和新的服务需求等。

第六节 新时代中国矿业发展方向

新的时代,新的机遇,也赋予了中国矿业更大的使命,提出了更高的要求。把握时代的脉搏,紧扣时代的旋律,充分挖掘其发展潜力,拓展其发展空间,将使中国矿业进入快速发展的新时期。

一、中国矿业组织发展方向

矿山企业、矿业协会等都是我国主要的矿业组织，都对推动我国矿业发展起到了积极作用。为推动矿业在新形势下的稳步发展，各类矿业组织的治理目标、职能架构、治理方式等都需要与矿业发展的整体方向相适应，才能在我国矿业发展过程中起到相应的保障作用。

1. 矿山企业

我国大部分矿山企业采用直线职能型组织结构形式，这种结构形式将企业管理机构划分为两大类：一类是职能科室管理机构和管理人员，另一类是坑口（车间）的生产机构和管理人员。采用该种组织架构的矿山企业可以保证矿长拥有决策指挥权，各坑口（车间）、各科室拥有部分管理权。虽然这种管理方式可以充分发挥管理层和执行层的积极性，但是也可能会影响各部门间沟通、处理问题的及时性。近年来，国内矿产品价格持续走低、市场竞争激烈程度不断加强，国内矿山企业想在新形势下更好地生存与发展，就必须从组织上寻求变革，提升矿山企业营运水平和效率。

矿山企业当前和未来的组织变革方向沿以下几个方向深入：一是实现企业内部的资源整合，减少企业运作过程中的附加成本；二是以效益增长为目标，梳理工艺、作业、管理各个流程，找出影响企业组织效率的梗阻所在，以进行后续的组织优化改造；三是打破组织边界制约进行企业内部人力、财力、物力的有效整合，发挥共享优势，解决管理层次多、冗余人员多、机构臃肿等问题，提升矿山企业治理能力和营运效率。

2. 矿业协会

我国矿业协会的代表性组织是中国矿业联合会。中国矿业联合会（简称中国矿联）是由国务院批准成立的社团法人组织，覆盖矿业全行业，目前共有1200余家会员单位。中国矿联在矿业企业和政府之间起到了桥梁纽带作用，在遵循行业发展规律的基础上，在行业监管、行业标准制定、行业发展战略等多个方面做出了积极贡献，在我国矿业发展进程中发挥了重要作用。矿业是社会发展和国民经济的基础，矿业协会要努力适应经济发展新常态下新的工作要求。第一，在经济转型的背景下，矿业协会也要以推动矿业经济转型为目标，积极探索矿业发展新路径，破解矿业发展在新形势下的发展难题，在行业监管方面要起到积极作用，协调好资源行业发展与生态环境保护的关系。第二，矿业协会需要继续发挥好桥梁纽带作用，宣传好政府工作精神，将国家对矿业行业所提出的新要求、新理念贯彻到矿业行业的发展中去，尤其是在政府寻求职能转变的环境下，矿业协会可能需要承担更多的责任，未来矿业协会需要深刻领会政府职能转变的要求，明确定位，提升行业服务能力，推动矿业持续发展。第三，行业协会也要完善自身的组织机制，加快行业协会的规范化，提质增效，加强行业治理规范，不断创新服务方式，丰富服务内容，开拓行业协会的发展新空间。

二、中国矿业经营模式发展方向

新时代的中国进入了产业结构升级、经济增长动力优化的新时期，新产业的兴起对传统行业影响巨大。伴随着资源产业所面临的生态环境约束不断加强,矿山企业在大投入、高消耗、重资产的传统经营模式下很难生存下来,且面对严峻的考验。矿业企业急需在经营模式上寻求变革,降低投入和消耗、提高矿产资源的利用率、降低经营风险成为矿山企业转变经营发展模式过程的重要方向。

1. 建立合伙人制度

建立合伙人制度代替职业经理人制度,将矿业企业职业经理人以事业合伙人的新形式参与矿业企业经营可以解决经营模式固化、效率不高等问题,并通过建立科学的制度,合理分配股权,形成债务共担、利益共享的共同体。

2. 建立经营共同体模式

通过科学的制度设计,将矿山建设、生产营运、产品销售等多个相关方紧密联系起来,使他们共同参与矿山的投资、建设和生产,使得矿山的投资方与合作方形成风险共担、利益共享的营运模式,降低系统性的经营风险。

3. 全球化视野的经营模式

在全球经济联系更加紧密的大背景下,首先,必须要树立全球化经营理念,积极参与到国际矿业项目投资中去,我国的矿业企业不仅要扩大发展规模,还要在做大的基础之上做优做强,打造具有全球竞争力的矿业企业;其次,创新所带来的优势是立足国际市场的关键,不仅是技术创新,更要创新经营管理模式,让企业的经营模式在各地不同文化背景、不同法规要求和不同的消费需求模式下得到认可。

三、中国矿业管理模式发展方向

在新的发展时期,矿山企业需要使用新的管理方法,用以实现企业生产经营活动的高效有序。

1. 精细化制定企业规章制度

企业的管理离不开企业规章制度的建立,矿山企业要想成功转型离不开更加精细化的管理模式。中华人民共和国发展初期的矿山企业基本上都是国企,由于国家对矿山管理的政策制度较为严格,因此,矿山企业的企业管理相对宽松。随着国有企业改革的推进,矿山企业的管理应该愈来愈严格,因此,我们引入精细化管理,从企业管理的各个层面来细化制定企业规章制度,实现员工价值的最大化,降低企业的控制成本。

2. 走绿色发展理念的管理模式

绿色发展是推进生态文明建设的必然要求。传统的矿产资源开发利用模式对生态环境的影响较大,企业应借鉴经济发展与环境保护共存的新模式,加强生态理念,制定出不同阶段所需要完成的目标和任务,坚持走和谐的绿色发展之路。

3. 融入信息化管理方法

在现代化的矿山企业管理过程中,利用信息化的管理方式,融入物联网的人工智能高新产业技术,为企业构建出一个多层次的服务平台,如矿产企业的矿产资源信息管理、采购平台,矿山企业矿产品销售平台,矿山安全平台及财务信息化平台等,提升管理效率。按此进行业务流程重组,信息化管理模式的推行可以为企业打造现代化营运管理模式提供有力支撑。

四、中国矿业结构调整和优化发展的方向

结合经济社会发展趋势和中国矿业发展实际,未来中国矿业结构调整和优化发展的方向主要集中在以下几个方面。

1. 大力发展新技术,优化矿业结构

新技术在矿业的广泛应用提升不仅能提升矿业企业生产效率,而且通过高新技术形成的新产业模式会成为我国矿业经济增长的重要驱动力。此外,新技术的产生也能进一步优化矿产业资源的配置模式,大数据等互联网技术运用于矿业企业管理中对提高矿产资源配置效率意义深远,更能催生出一批矿业与高新科技产业融合发展的新兴产业,对促进矿业结构优化起到重要作用。

2. 以绿色矿业发展为目标,助力生态补偿和环境保护

为加快矿业绿色发展进程,必须改变资源利用方式,将矿业发展对资源环境和生态的负面影响降到最低。大多数发展中国家为了满足工业化发展需要,环境污染和生态破坏问题严峻。因此,需要对矿业的发展提出绿色环保的要求,对已经遭受污染和破坏的矿产资源进行生态补偿,对尚未遭受过度开采的矿产资源进行有效的保护,大幅度地降低矿产开采对生态环境的负面影响。同时,大力推动科技创新,新动能替代旧动能,为绿色发展提供有力的支持。

3. 充分发挥政府作用,促进矿业结构升级

在产业结构调整过程中,政府需要充分发挥作用,运用政府职能做好传统产业的改造规划工作。政府应充分考虑市场环境、行业发展形势,合理制定相应的税收、金融扶持政策,促进矿产资源行业发展。政府需要建立技术进步的创新机制,建立完善的现代企业制度并把制度创新与技术创新结合起来,对矿山企业进行战略性调整,帮助中国矿业更好地融入市场经济改革。政府需要出台相应的扶持政策,帮助矿山企业更好地落实新、旧动能转换战略,加快传统产业的改造、调整与升级,推动高新科技与传统产业的结合,为中国矿业高质量发展提供更大的动力。

第二章　中国黑色金属矿业

黑色金属包括铁、锰和铬三种金属。作为炼钢的主要原料,其重要性是不言而喻的。黑色金属的产量在世界金属总产量中占比达到95%。黑色金属矿业主要分为铁矿石行业和锰矿石行业。2018年,中国铁矿石行业市场规模为76 337.4万t,相比2014年的151 424.0万t下降了49.6%,下降态势明显;中国锰矿石行业的市场规模与冶金工业、汽车生产等领域的发展情况高度关联。

围绕我国黑色金属矿业的发展问题,本章主要从中国黑色金属矿业发展现状、中国黑色金属矿业空间布局现状、中国黑色金属矿业绩效分析、中国黑色金属矿业未来发展趋势、中国黑色金属矿业发展环境分析和促进中国黑色金属矿业发展的政策建议六个方面对中国黑色金属矿业发展情况进行全面分析。本研究主要是想提高我国黑色金属资源安全保障能力,促进中国黑色金属矿业走上高质量和可持续发展的道路。

第一节　中国黑色金属矿业发展现状

中华人民共和国成立以来,钢铁工业的发展成就创造了世界奇迹,促进了国民经济的提升和社会的进步。其中,黑色金属矿产资源勘查开发在保障中国钢铁工业发展上功不可没。中国黑色金属矿业及后续冶炼加工业得到了全面、快速和持续的发展,从而有力支撑了国家经济建设。

本节将从中国黑色金属矿业发展历程、中国黑色金属矿业发展总体情况、中国黑色金属矿业发展存在的主要问题三个角度对我国黑色金属矿业发展现状进行具体的分析,以促进黑色金属矿业的良性发展。

一、中国黑色金属矿业发展历程

黑色金属矿业在中国的发展具有重要的地位,经历了一个较长的发展历程。

(一)中国铁矿石行业发展历程[15]

中国对铁矿石的开采利用历史悠久,最早可追溯至公元前770年。据《山海经·五藏山经》记载,春秋战国时期,中国铁矿山共开采37处。17世纪前期,中国铁矿产地发展至134处。

1952年，中国第一个五年计划开始实施，中国正式开始探索铁矿石的大规模开采利用。发展至今，中国铁矿石行业主要经历了探索发展阶段、快速发展阶段、高速发展阶段和稳定发展阶段（表2-1）。

表2-1 中国铁矿石行业发展历程

发展阶段	主要内容
探索发展阶段 （1949—1977年）	第一个五年计划开始； 对铁矿石大规模开采利用进行探索
快速发展阶段 （1978—2002年）	铁矿石行业引入市场机制； 下游钢铁需求扩大，铁矿石行业快速发展
高速发展阶段 （2003—2014年）	2003年起，中国超越日本成为全球第一大铁矿石进口国； 铁矿石缺口持续扩大，行业进入高速发展阶段
稳定发展阶段 （2015年至今）	全球铁矿石市场产能过剩，中国铁矿石价格受国际铁矿石价格冲击，行业进入稳定发展阶段

1. 探索发展阶段（1949—1977年）

中华人民共和国成立后，中国社会恢复稳定发展状态。自1952年起，中国政府相继制订了多个五年发展计划，对铁矿石开采工艺、利用技术开展了广泛研究，工业炸药也开始应用于铁矿石开采环节。受开采技术提升驱动，中国铁矿石得到大规模开采，铁矿石行业进入探索发展阶段。

此阶段，中国铁矿石行业整体呈现计划性生产特征，政府统一制订铁矿开采计划，铁矿石产运需三方关系较为稳定，一定程度上满足了当时社会经济发展的需要。

2. 快速发展阶段（1978—2002年）

1978年12月起，中国实施"对内改革、对外开放"政策，宏观经济快速发展，中国钢铁需求持续增长，铁矿石行业由此进入快速发展阶段。这一时期，中国铁矿石行业引入市场竞争机制，部分企业获得自主经营权，企业可按当年承包指标，自主安排季度、月度生产计划，企业自销铁矿石部分可自行定价。中国铁矿石行业随市场调节机制的引入迎来快速发展。

3. 高速发展阶段（2003—2014年）

中国宏观经济持续高速增长造就了基础设施建设、房地产行业的极大发展，钢铁需求迅速扩大，拉动上游铁矿石行业进入高速发展阶段。自2003年起，中国超越日本，跻身世界第一大铁矿石进口国。这一时期，中国铁矿石供应难以契合本土产需，供需缺口大使得中国开始从全球铁矿石市场进口铁矿石，进口贸易量持续攀升。受下游需求扩大影响，中国铁矿石开采量持续攀升，除大型国营铁矿石企业外，涌现出众多中小型民营铁矿石企业，民营资本投资活跃，中国铁矿石行业进入高速发展阶段。

4. 稳定发展阶段(2015年至今)

中国宏观经济增速放缓,加之淡水河谷、力拓、必和必拓、FMG国际四大矿企持续扩产,全球铁矿石市场产能过剩,国际铁矿石价格随之降低。中国铁矿石受品位低、成本高等因素的影响,与国际低成本矿山相比缺乏竞争优势。中国铁矿石价格受国际铁矿石市场冲击较大,企业生产营运受到限制。此外,受下游钢铁行业产能过剩影响,铁矿石需求下降,行业进入稳定发展阶段。未来随着中国宏观经济回暖,基础设施建设力度加大,本土铁矿石产量将逐步回升。

(二)中国锰矿石行业发展历程[16]

锰矿石作为一种矿物集合体,在冶金工业、化学工业中皆具有极高的经济价值。自2014年起,受到国家相关环保政策的限制,部分中小型锰矿企业开始整顿甚至停产,中国锰矿石产量呈现缓慢下降的趋势。

从产量上看,2014年国家进行环保整顿使得部分中小型锰矿停产,2018年中国锰矿石产量减至120.0万t。后期锰矿石行业整顿措施执行效果凸显,生产显示复苏迹象。2019年中国锰矿产量130.0万t,相比2015年下降18.9%,但为过去五年来的首次增长。

近五年来,受中国锰矿石供需结构持续偏紧的影响,中国锰矿石市场价格长期保持高位运行。如前文所述,2014年起中国锰矿石市场供应量持续紧张,市场价格自2015年12月起开始进入上涨阶段。中国锰矿石价格由2016年2月的500元/t快速上升至2018年8月的925元/t。此后,中国锰矿石价格小幅回落,但始终以高于900元/t的价格高位运行。中国锰矿石产业链中的锰矿企业盈利水平较好。

未来五年,受产业结构调整、行业环境治理形势趋好等因素的影响,中国锰矿石行业的市场规模有望进入量价齐升的阶段,预计未来中国锰矿石行业市场规模增速将维持在5.0%左右。

二、中国黑色金属矿业发展总体情况

为了更深入地了解我国黑色金属矿业现阶段的总体发展情况,本小节主要从行业市场规模、生产、消费、进出口等方面简要分析和介绍中国铁矿石、锰矿石的市场状况。

(一)中国铁矿石行业市场综述[15]

铁矿石行业市场规模与国民经济、工业生产高度关联。过去五年,受全球铁矿石价格冲击,中国铁矿石行业产量持续下滑。2018年中国铁矿石行业市场规模为76 337.4万t,相比2014年的151 424.0万t,下降了49.6%。其中,2018年受全球铁矿石供应过剩,铁矿石价格下降及河北省对省内铁矿石开采企业环保整顿的影响,中国高成本铁矿企业利润压缩,国内铁矿石产量大幅下降(图2-1)。

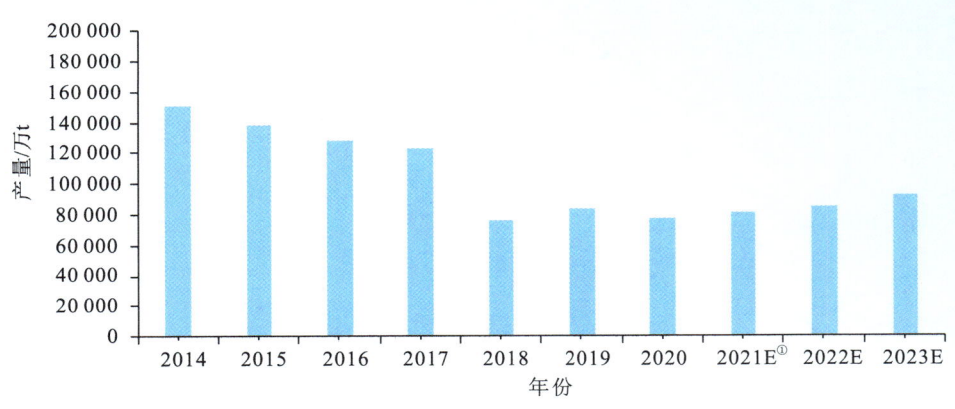

图 2-1 中国铁矿石行业市场规模(产量)

钢铁行业是铁矿石的主要消耗领域,其发展状况对铁矿石需求产生直接影响。作为全球最大的钢铁生产国和消费国,2018 年中国钢铁的表观消耗量约占全球产量的 45%。中国生铁及粗钢约占全球产量的 61% 及 48%。从经济体量上分析,中国钢材产品消费地区主要集中在华东、华中、华南、华北。近五年,中国钢铁行业保持稳定发展态势。受钢铁需求及铁矿石供应结构影响,中国钢铁企业区域分化程度较大。受运输成本等因素影响,外地钢铁产品进入西北地区难度较大,本地企业呈现区域垄断现状。东北、西南、华中地区钢铁企业发展时间早,产量集中度较高,鞍钢、前武钢、攀钢等头部企业的市场地位突出。华东地区钢铁企业产量集中度低、市场活跃度最高,从而加剧了市场竞争。整体来看,中国钢铁企业两极分化较为严重,且缺少具有国际竞争力的优势企业。受进口铁矿石价格冲击,下游钢铁企业相对于中游铁矿石开采企业具有较高的议价能力。

1. 中国、日本、欧盟、韩国是铁矿石主要进口方

2000 年以来,中国、日本、欧盟、韩国成为世界铁矿石主要进口方,其进口量持续上升。过去四年,中国铁矿石进口量一直处于 10 亿 t 以上的高水平状态,进口量增量居首位。其中,中国 2019 年铁矿石进口量高达 10.69 亿 t,对外依存度 83%(图 2-2),占世界总进口量的 69%;其余依次为日本(1.3 亿 t,同比下降 400 万 t)、欧盟(1.1 亿 t,同比下降 200 万 t)和韩国(0.7 亿 t,同比增长 1000 万 t)。

2. 中国进口量小幅增长,进口集中度进一步加大

2019 年,中国铁矿石原矿产量 84 435.6 万 t,同比增长 4.9%。中国具有比较丰富的铁矿资源,亦是世界上最大的铁矿石需求国,但由于品位较低(中国平均品位约 31.3%,世界平均品位约 45.3%)和生产成本较高,需要大量进口国外优质铁矿。澳大利亚和巴西是中国铁矿石主要供应国,其合计进口量占总进口量的比例超过 80%。

---

① "E"指预测产量。

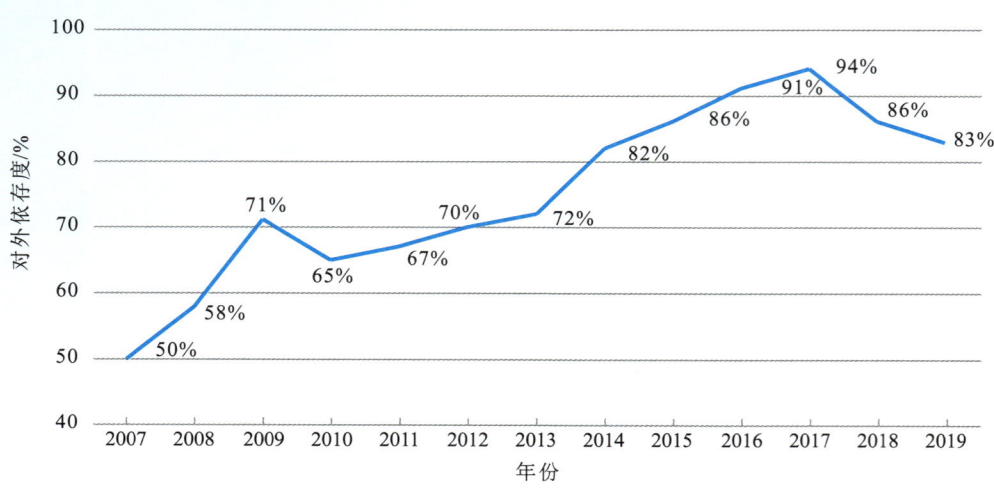

图2-2 中国铁矿石对外依存度

（二）中国锰矿石行业市场综述[16]

中国锰矿石资源储量丰富，当前中国共有29个省（市区）勘查并发现有锰矿资源。截至2017年底，我国锰矿探明储量18.47亿t，主要集中在西南、西北地区。其中，广西、湖南、云南、湖北、新疆五个省（市区）锰矿资源储量合计占全国锰矿总储量的70.0%。上述五省（市区）中，又以广西壮族自治区锰矿石资源最为丰富，约占全国锰矿总储量的56.0%。受这一分布情况的影响，中国锰矿石供应结构高度集中。除湖北、湖南、四川等地外，其余锰矿石主产地受运输、基础设施发展水平等的限制，锰矿石开采能力提升速度有限。

我国锰矿整体已探明储量中仍呈现出贫矿多、富矿少的特征，平均品位在20%左右，远不及世界平均水平，且矿石多高磷高铁，粒度细，硅质成分高。因此，我国锰矿进口贸易量一直维持高位（图2-3）。

整体而言，近年来我国锰矿进口量有所上升，南非、澳大利亚、加纳、加蓬、马来西亚、巴西等国为我国锰矿的主要出口国。

三、中国黑色金属矿业发展存在的主要问题

根据对中国黑色金属矿业发展现状的分析，我们认为中国黑色金属矿业发展主要存在以下几个方面的问题。

1. 对外依存度高

2018年，全球铁矿石总进口量为16.56亿t，中国10.64亿t，日本1.24亿t，欧盟1.49亿t，上述三个国家和地区进口总量占比80.74%。2008—2018年，全球铁矿石进口总量一直呈现出上升趋势，10年间增长了62.5%。

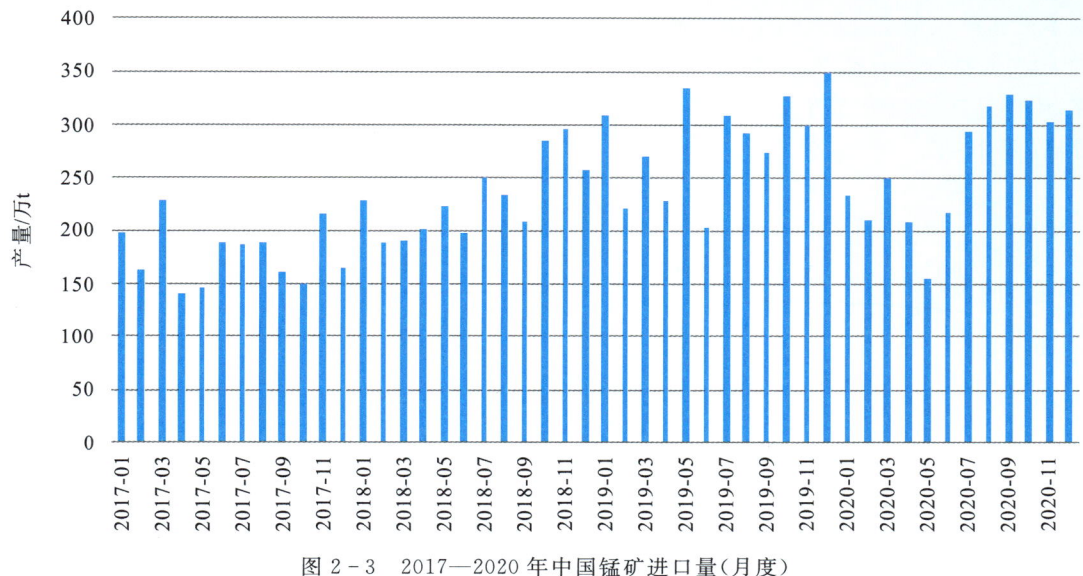

图 2-3 2017—2020 年中国锰矿进口量(月度)

中国主要从澳大利亚、巴西、南非、印度等国进口铁矿石,且澳大利亚和巴西占比之和达到 83.5%。其中,2019 年中国自澳大利亚和巴西进口铁矿石数量分别为 6.65 亿 t(占比 62.1%)、2.29 亿 t(21.4%)。中国铁矿石资源对外依存度高,处于寡头地位的四大矿山在全球具有较高的垄断地位,定价权强。因此,海外市场的波动必然会对国内铁矿石企业产生较大影响(表 2-2)。

表 2-2 2019 年我国铁矿石主要进口国家

国家	进口数量/亿 t	占比/%
澳大利亚	6.65	62.1
巴西	2.29	21.4
南非	0.43	4.0
印度	0.24	2.2
其他	1.10	10.3
合计	10.71	100.0

资料来源:海关总署

资料表明,经过长期的高强度开发,中国锰矿资源静态可开采年限不足 20 年,未来对外依存度将保持扩大趋势,市场总体上易受海外锰矿供应情况影响,锰矿价格波动风险较大。

中国锰矿石行业市场需求量大,受本土锰矿资源开采难度大、运输成本高等因素影响,本土锰矿石供给缺口大,对外依存度高。近十年来,中国锰矿石市场需求呈上升趋势。受中国本土锰矿供应情况影响,中国锰矿石进口量持续扩大。中国锰矿石对外依存度由2009年的80.0%持续上升至2018年的95.8%。以当前中国本土锰矿资源储量及锰矿产量进行核算,中国锰矿资源静态可开采年限不足20年。未来十年,中国锰矿石对外依存度将会继续提高(图2-4)。

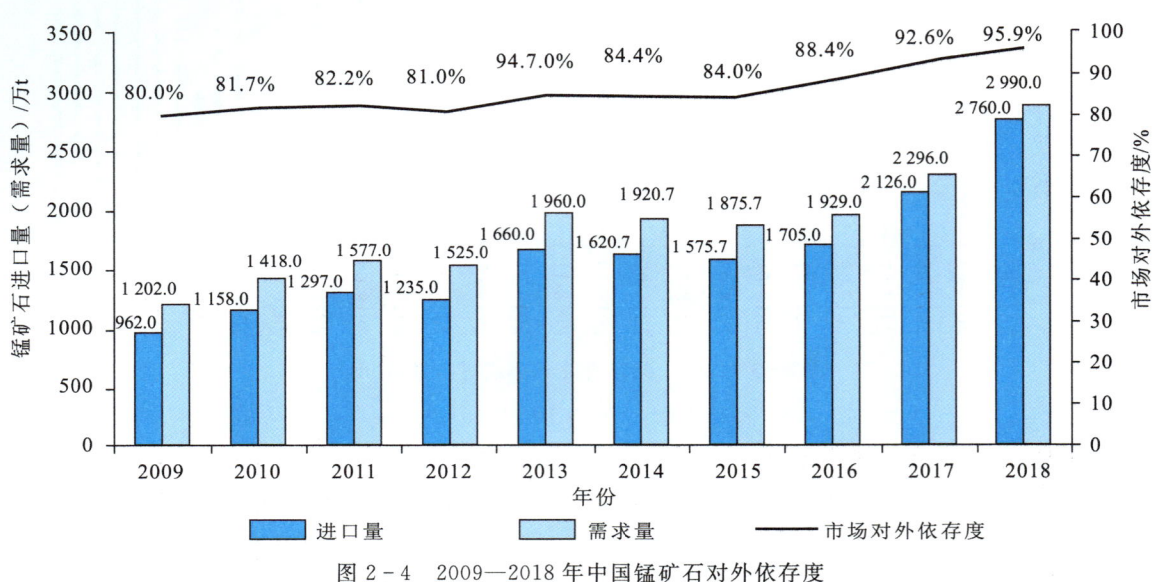

图2-4　2009—2018年中国锰矿石对外依存度

2. 全球供应价格波动风险大

近几年来,铁矿石价格的波动表现出了明显的金融化特征,已无法仅以商品供求端的变化来阐释。资料表明,2005年至今,我国进口铁矿石价格共发生六次较大的波动(图2-5)。

图2-5　2015年6月—2019年6月进口铁矿石价格波动

2005—2008年上半年(第一次波动),铁矿石价格上涨幅度超过90%。主要是因为2003年以后中国经济飞速发展,钢材需求急速攀升,中国成为世界第一大铁矿石进口国;伴随着需求上涨,矿石海运价格三年间提高了两倍以上,从而推动了全球铁矿石价格的上涨。

2008年下半年—2009年上半年(第二次波动),铁矿石价格跌幅接近90%。2008年全球金融危机爆发导致铁矿石价格大幅下跌,一度跌回2006年最低水平。

2009年下半年—2011年上半年(第三次波动),铁矿石价格涨幅最高达250%。2009年下半年"四万亿"刺激政策效果开始显现,钢材需求受到基建和地产大发展的拉动大幅增加,短期内显著拉升了铁矿石需求,进口铁矿石价格因而急剧上涨,临近2008年的高点。

2011年下半年—2016年(第四次波动),铁矿石价格的下降幅度一度超过300%。钢铁需求受中国经济结构调整及货币紧缩政策的影响持续下滑;此外,四大矿企利用低成本优势大幅提高全球铁矿石产量,导致全球铁矿石市场供应严重过剩,铁矿石价格经历了近四年半的连续下跌。

2015—2017年(第五次波动),铁矿石价格达到近130%的最高涨幅。这主要是由于2015年中国放松了货币政策,房地产需求升温加上受到去产能和环保限产的影响,2016年钢材价格得以上涨,同时带动铁矿石价格的直线上升。

2017年至今(第六次波动),铁矿石价格最高上涨70%。2017年中国彻底取缔"地条钢"的政策使得大量废钢资源得以释放,废钢价格迅速下降,企业对铁矿石利用的积极性随之降低,其价格保持在2017—2018年的较低水平;而2019年初铁矿石价格受巴西矿难事件的炒作触底反弹,回升至2017—2018年的最高水平。

受锰矿石对外依存度高这一供需结构影响,中国锰矿石市场对国际政治环境及全球锰矿石供应量的变化比较敏感,具有较低的议价能力。自2017年以来,全球锰矿石供应紧缩推动了全球锰矿石价格大幅上涨,进一步刺激部分海外矿山增产复产。全球锰矿石资源主要集中在非洲、南美洲等经济欠发达地区。未来,国内锰矿石市场缺乏稳定性的形势仍将不会改变(表2-3)。

表2-3 全球锰矿石供应变化(2018—2019年)

日期	影响事件
2018年6月4日	格鲁吉亚锰矿石公司旗下Chiatura矿山的工人发起全面罢工,造成该公司短期内的产量下滑
2018年10月	澳大利亚第三大矿业公司South32受锰矿石价格上涨驱动,三季度锰矿石产量为140万湿吨,同比上涨11%,环比上涨8%
2019年9月2日	南非卡车司机全国大罢工,造成南非约300万t锰矿石出口运输阻塞,进一步引起全球锰矿石价格上涨

3. 环保及安全监管压力日益增强

当前,针对锰矿石行业存在的生态破坏及环境污染问题,中国政府相继出台多项监管政策。未来,中国锰矿石行业环保及安全监管问题将进入常态化。

为促进锰矿石行业持续、健康、有序、稳定发展,自 2016 年以来,中国政府相继出台多项政策,明确中国锰矿石行业现阶段首要任务为加强矿山环境建设,针对存在废水、废气及废固等开采污染物处理不合格问题的锰矿企业进行限产、停产并进行整改,要求下游钢铁冶炼领域淘汰落后产能、提高市场集中度。未来,中国锰矿石行业环保及安全监管问题将进入常态化、制度化(表 2-4)。

表 2-4　中国锰矿石行业相关政策(2017—2019 年)

政策名称	颁布日期	颁布主体	政策要点
《自然保护区内矿业权清理工作方案》	2017-07	国土资源部	全面开展国家自然保护区内矿业权清理工作,对各类保护区禁止矿产资源勘查开采范围的矿业权进行调查摸底、分类梳理、系统分析,为保护区内矿业分类处置工作奠定基础
《国土资源部关于开展绿色矿业发展示范区建设的函》	2017-09	国土资源部	以政策引导、地方主体、一区一案、突出特色,创新驱动、示范引领为原则;以优化矿山布局、调整矿业产业结构、全域推进绿色矿山建设、创新绿色发展管理等为主要任务
《有色金属行业绿色矿山建设规范》	2018-06	自然资源部	该规范要求锰矿石等有色金属矿产开采行业加强自律,促使矿山企业高效利用资源、保护环境,促进矿地和谐,自觉承担起节约集约利用资源、节能减排、环境重建、土地复垦等责任
《长江经济带废弃露天矿山生态修复工作方案》	2019-04	自然资源部	统筹落实露天矿山综合整治各项工作任务,全面摸底排查露天矿山情况;依法关闭违反资源环境法律法规、规划的矿山,整治污染治理不规范的露天矿山;引导矿山按照绿色矿山建设行业标准,以环境影响报告书及批复、矿山地质环境保护与土地复垦方案等为要求,开展生态修复;严格控制新建露天矿山建设项目
《矿山地质环境保护规定》	2019-09	自然资源部	此次修改的主要出发点是落实地质灾害恢复治理方案和土地复垦方案的合并,切实为矿山企业减轻负担
《自然资源部关于探索利用市场化方式推进矿山生态修复的意见》	2019-12	自然资源部	通过政策激励吸引各方投入,推行市场化运作、科学化治理的模式,加快推进矿山生态修复

第二节 中国黑色金属矿业空间布局现状

黑色金属矿业是依赖于黑色金属采选、生产再到终端消费的产业,中国黑色金属矿业的发展与黑色金属矿产资源的空间格局密切相关。本节以铁矿石、废钢、锰矿石为依据,分析我国黑色金属矿业空间布局现状。首先,从矿企规模、省份分布及废钢来源的视角分析黑色金属矿业主要矿种和企业的空间布局情况;其次,从区域视角分析我国黑色金属矿业发展存在的空间差异;最后,从区域配置、产业配置、资源配置及市场配置四个方面,分析我国黑色金属矿业配置情况和存在的关键性问题,并结合相关学者研究成果,有针对性地提出优化配置的建议。

一、中国黑色金属矿业空间布局情况

随着经济社会的发展,在改革开放不断深入的进程中,中国黑色金属矿业的空间布局也发生了重大改变。

1. 铁矿石行业空间布局变化情况

中国铁矿石资源分布较为分散,规模以上铁矿生产区共 1898 处。其中,储量大于 1 亿 t 的大型矿区 101 处,合计储量占比 68.2%;储量在 0.1 亿~1 亿 t 之间的中型矿区 470 处,合计储量占比 27.2%;剩余 1327 处小型矿区的合计储量占比 4.6%。受铁矿石资源分布格局影响,中国铁矿石行业呈现以大型矿山为主、地方中小型矿山为辅的铁矿石生产结构(图 2-6)。与此同时,中国铁矿石资源在全国 31 个省(市区)中基本呈现均衡分布态势。其中,按照各省占全国铁矿查明资源储量百分比,铁矿资源比较丰富的省(市区)分别是辽宁、四川、河北、山东、安徽、内蒙古(图 2-7)。

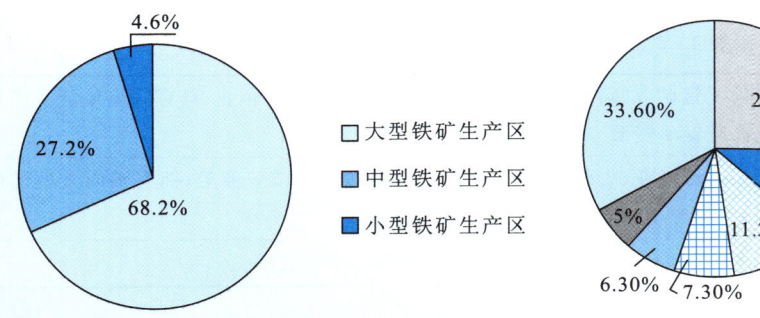

图 2-6 中国铁矿规模统计(储量占比)

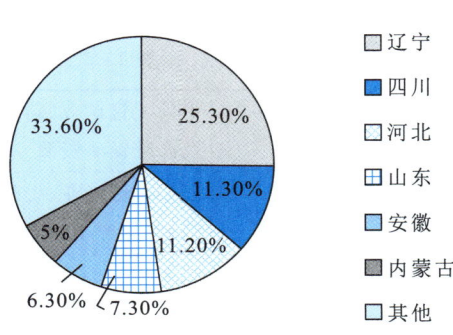

图 2-7 中国铁矿省(市区)分布(储量占比)

据中国冶金矿山企业协会数据显示,截至2017年,中国共有1523家规模以上的铁矿企业。其中,鞍钢矿业、华夏建龙、河钢矿业、攀钢矿业、太钢矿业、本钢集团、前武钢集团、马钢矿业、首钢矿业和邯郸矿业为前十家铁矿企业,铁矿石平均年产量约占全国平均年产量的23.6%。与全球铁矿石巨头相比,中国铁矿企业存在着主体地位不明确、市场集中度低、竞争差异化明显等不足。

2. 废钢空间布局变化情况

2005年以来,中国废钢进口情况一直不稳定。2008年美国金融危机致使废钢市场受到很大冲击,但随着钢铁市场的率先稳步复苏,废钢进口迎来了良好的发展机遇,所以进口量达到顶点(1 369.3万t)。

目前,钢厂自产废钢、社会回收废钢和进口废钢为中国获取废钢资源的三大来源。2019年中国废钢消费量从1.877亿t飙升至2.16亿t,同比增长15%。我国的废钢资源主要靠钢厂自产废钢和社会回收废钢,而进口量仅占2.7%。

2017年中国彻底取缔"地条钢"政策,使得大量废钢资源得以释放,2017年和2018年废钢回流产量分别达到1.1亿t和1.7亿t。进口方面,自2018年12月31日起,按照生态环境部等机构要求,废五金类等16个品种固体废物被调入《禁止进口固体废物目录》。2017—2019年,中国废钢总进口量分别为232万t、134万t、18万t,同比增速为7.41%、−42.24%和−86.57%。

3. 中国锰矿石行业空间布局变化情况

中国锰矿石行业历经长时间的发展已形成较为稳定的竞争格局,同行企业间的竞争压力较小,市场规模两极分化情况较为明显。当前,100余家规模以上企业从事锰矿石开采、洗选等相关业务(表2-5)。其中,部分头部企业通过并购、自建方式已实现锰矿石采选冶一体化经营模式,中信大锰矿业、新疆科邦锰业等头部企业占据市场份额超过50%。中国锰矿石行业存在较高的准入壁垒,属于资本密集型、资源依赖型及下游驱动型行业。近三年来,受中国环保整顿政策的影响,一些小型企业由于开采作业不规范、能耗高且污染严重而被迫停产整顿。

表2-5 中国锰矿石行业竞争格局概况

大型企业(头部企业)	中信大锰矿业、新疆科邦锰业等年产100万t以上企业;具有国际化营运优势及海外锰矿资源
中型企业	长阳古城锰业、贵州松桃三和锰业、湖南花垣钰洋矿业等;拥有国内大型锰矿资源(年产10万t以上,50万t以下)
小型企业	年产10万t以下的小型锰矿企业;市场竞争力较弱

当前,中国锰矿头部企业垄断了主要的产矿区采矿权,中小型冶炼企业利润空间有限。未来,该行业锰矿生产巨头可联合中小型企业进行战略化整合重组以助推其向一体化经营模式转型,提高开采效能,实现共赢(表2-6)。

表 2-6 2019年中国锰矿企业排名(按年采矿量计)

排名	矿企名称	采矿量/万 t	所属地区
1	中信大锰矿业有限责任公司大新锰矿	179.9	广西
2	新疆科邦锰业	120	新疆
3	长阳古城锰业有限责任公司古城锰矿	44.6	湖北
4	中信大锰矿业有限责任公司天等锰矿	40	广西
5	贵州松业桃三和锰业	32	贵州
6	湖南花垣钰沣矿业	30.7	湖南
7	云南斗南锰矿	30	云南
8	重庆秀山嘉源矿业	30	重庆
9	贵州遵义天磁锰业	28.6	贵州
10	中信大锰矿业有限责任公司遵义长沟锰矿	21.3	贵州

从省(市区)分布来看,中国锰矿石分布相对集中,广西、湖南、云南和湖北等地拥有的锰矿资源相对丰富。其中,广西储量达到 17 388.59 万 t,约占全国锰矿总储量的 56.0%(图 2-8),是我国锰矿石比较集中的地区之一。

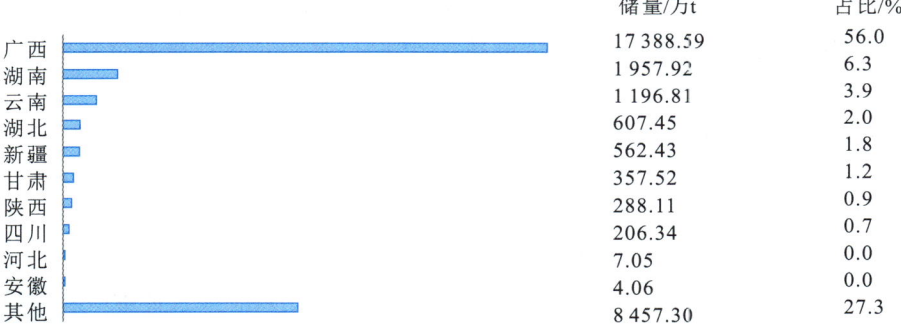

图 2-8 中国锰矿资源分省(市区)储量排名(2018 年)

(资料来源:WIND)

二、中国黑色金属矿业发展空间差异分析

经过改革开放的洗礼和产业结构的不断调整、优化,中国黑色金属矿业在发展壮大的过程中呈现为具有明显区域差异的产业发展空间。

1. 产量比较集中、矿山发展各异

中国铁矿石产量主要集中于华北、东北和西南地区,且历年铁矿石产量华北地区区域份额变动不明显。

中国华北地区铁矿石产量位居首位。资料表明,2019 年 1—10 月中国铁矿石产量共计 33 889.95 万 t,占同期国内铁矿石总产量的 47.63%;东北地区和西南地区铁矿石产能相当,同期水平分别为 10 970.71 万 t(15.42%)、10 867.91 万 t(15.27%)。此外,河北、辽宁和四川铁矿石生产大省的产量分别为 24 567.05 万 t(34.52%)、10 321.62 万 t(14.50%)、9 107.20 万 t(12.80%)。

从铁矿石开采分布来看,东北的鞍山矿区、本溪大台沟铁矿,华北的迁安铁矿,西南地区的攀枝花铁矿,华东地区的马鞍山铁矿成为中国铁矿石开采的五大矿山,开采比较活跃。

尽管各矿山在铁矿石资源储量上都比较丰富,但其矿体埋藏深度、矿床类型、品位和开采难易度等都存在一定差异,这就决定了各矿山的发展具有各自的特色。应该注意的是,在积极利用国内主要大型铁矿山的同时,还应该加大中小型铁矿山的开采技术投入以增大其铁矿石产量,寻找其他地区的铁矿找矿潜力,促进中国黑色金属矿业的发展,从而提高国内铁矿石的自我供给能力。

2. 资源分布或集中或分散、均衡程度亦不同

从资源分布来看,中国铁矿资源在全国 31 个省(市区)(不包括港澳台地区)均有分布,铁矿资源比较丰富的省(市区)有辽宁(占全国铁矿查明资源储量的 25.3%)、四川(11.3%)、河北(11.2%)、山东(7.3%)、安徽(6.3%)、内蒙古(5.0%)、云南(4.8%)、山西(4.6%)、湖北(3.8%)、新疆(3.3%)。中国铁矿石资源分布较为分散,各省份资源储量相差不大。铁矿石行业不存在巨头企业,各地均衡发展,市场竞争性强,这与全球铁矿石行业的寡头垄断竞争格局有所不同。

中国锰矿资源主要集中在西南、西北地区。其中,广西、湖南、云南、湖北、新疆五个省(市区)锰矿资源储量合计占中国全国锰矿总储量的 70.0%。上述五省(市区)中,又以广西壮族自治区锰矿石资源最为丰富,约占全国锰矿总储量的 56.0%。受这一分布情况影响,中国锰矿石供应结构高度集中,各地发展不均衡。

中国铬铁矿资源集中在西藏(占全国铬铁矿保有储量的 31.0%)、甘肃(18.4%)、内蒙古(13.1%)、新疆(12.7%)、青海(6.6%),形成了与锰矿石同样集中且不均衡的空间分布和发展格局。

三、中国黑色金属矿业配置分析

以下将从区域配置、产业配置、资源配置及市场配置四个方面分析我国黑色金属矿业的配置情况。

1. 区域配置

中国铁矿床广泛分布在全国 31 个省(市区),辽宁、四川、河北三省的总储量占比 52%,

所以又相对集中。国内七个大型矿区分别位于华北、东北、华中、华东、西南和海南。中国锰矿资源分布在全国 24 个省（市区），锰矿资源较丰富省（市区）为广西、湖南、云南、湖北和新疆。这五省（市区）锰矿资源储量合计占比 70%，主要集中在西南、西北地区，区域配置不太均匀，具有明显的地域特征。中国锰矿石行业集中度较高，锰矿资源富足的地区可以充分利用本地的资源优势进一步加大锰矿石的勘查开发，从而有利于带动区域经济的发展。

2. 产业配置

中国黑色金属行业产业链由三个环节构成，发展相对成熟。产业链上游参与主体为铁矿石、锰矿石开采设备供应方；中游参与主体是负责铁矿石、锰矿石开采工作的开采企业，具备专业开采技术；下游参与者为黑色金属的主要消耗端的钢铁冶炼企业。以开采设备为支撑的地质勘查工作是黑色金属矿业发展的前提，而钢铁行业是黑色金属的主要消耗领域，其发展状况对其需求产生直接影响，因此，三个主体是相互促进发展的。在上游企业中，中小型民用爆破企业占据相当的比例，该行业准入门槛高、行业监管严格、市场开放程度有限、竞争相对温和、行业存在区域性垄断；矿山机械设备行业市场集中度高，三一重工、徐工集团等头部企业的市场占有率超过 70%。整体而言，上游企业具有较高议价能力，下游钢铁冶炼商具有生产工艺成熟、产品同质化严重、市场集中度较低等特点。

资料表明，2019 年中国钢铁行业规模以上企业数量达到 5055 家，占比约为 33.7%。头部钢铁企业通过国内整合、国外买矿等方式已实现一体化经营。中小型钢铁企业由于缺乏自有锰矿供应能力，与中游锰矿企业相比，议价能力较弱。另外，由于中国铁矿石对外依存度极高，易受国际铁矿石进口价格冲击，钢铁企业具有较低议价能力。

总体来看，我国黑色金属矿业上游开采设备制造行业运行良好，下游钢铁企业两极分化较为严重，未来需进一步加强对中小型钢铁冶炼商的培养扶植力度，同时还应提高国内铁矿石企业的资源供给能力。

3. 资源配置

对于黑色金属矿业而言，合理的资源配置对于新时代中国矿业高质量发展意义重大，从而影响到国家矿业经济发展的进程。中国矿产资源管理工作经历了从以资源保障为主到资源环境并举的发展路线。"绿色矿山"理念加深了中国对环境生态的保护，对矿业发展是一个不利因素，导致很多铁矿石企业面临亏损、破产乃至停产。预计中国铁矿业将处于一个低谷期。

从资源优化配置角度来看，我国铁矿石行业在发展过程中存在着铁矿石对外依存度大的问题，这与对外依存度同样很高的铬铁矿有所不同，中国铬铁矿资源本来就一直处于极度短缺状态，而铁矿是中国资源比较丰富的矿产，资源储量位居世界前列且在逐年递增，其产量却在 2014 年后一直急速下降。还应注意的是，中国铁矿资源多而不富，以贫矿为主，富矿很少，所以在这方面应积极开展深地铁矿资源勘查开采的科学实验和技术储备研究，充分开发利用本国的矿产资源。另外，中国在铁矿石资源管理中存在铁矿石矿业权市场不规范、铁矿石资源税费制度不合理与相关补偿机制不完善的问题，对此应建立起适应市场经济规则的铁矿石资源管理机制，在国家宏观调控下更好地发挥市场配置资源的基础性作用，加强铁矿石的矿山生态环境保护，做到合理开发利用铁矿石资源，以实现黑色金属矿产资源的合理配置，从而提高该行业的经济效益。

4. 市场配置

当前，中国钢铁工业已经进入了一个以高质量发展为主要内容的发展阶段，产业水平达到世界一流。2019年中国钢产量同比增长8.3%至历史新高的9.96亿t。

当前，正是中国铁矿资源消费的高峰阶段，而近年来国内铁矿石产量持续下降，这对保障中国钢铁工业发展对铁矿资源需求的安全供给、稳定国际铁矿石市场显然是不利的。因此，中国应增加对铁矿石资源地质调查和勘查工作的投入，深入开展深部找矿工作，给予铁矿石产业更大的发展空间，提高安全供给水平和能力。在保持国内必要铁矿石产量的前提下，制定合理的铁矿石资源政策可以降低铁矿石国际价格剧烈震荡所带来的风险。相比之下，中国锰矿生产在锰矿消费中发挥了重要的作用。与进口锰矿资源相比，中国的锰矿资源也有一定的市场竞争力，在满足中国钢铁工业发展需求上是可以有所作为的。

未来应积极勘查开发利用国内锰矿资源，为钢铁工业稳步发展创造条件。从铬铁矿消费增长趋势看，未来随着中国不锈钢产量和消费的增长，铬铁矿的消费量有望提升。但国内铬铁矿资源潜力有限，几乎全部依赖进口。优化黑色金属的市场配置，一方面中国应积极寻求勘查开发国外铬铁矿资源的合作，以解决钢铁工业发展中铬铁矿供应不足的问题；另一方面还应高度重视中国铬铁矿的安全供应问题。

第三节　中国黑色金属矿业绩效分析

本节利用中国A股36家钢铁行业上市公司2008—2017年的年报，运用因子分析和聚类分析方法对其财务数据进行处理后构建了15项财务指标的绩效评价体系，综合评估各企业的经营绩效并得出相应的评价结论。

一、评价指标体系的构建

本部分研究以企业绩效评价理论和综合评价理论为基础，遵循全面性、系统性、科学性、可操作性、可比性及动态与静态相结合等原则，结合相关研究成果和中国黑色金属矿业发展的实际，从企业的偿债能力、盈利能力、营运能力和成长能力四个方面构建中国黑色金属矿业绩效综合评价指标体系[17-22]（表2-7）。

表 2-7 矿业上市公司绩效综合评价指标体系

指标类别	财务指标		
	名称	符号	定义
偿债能力	流动比率	CR	流动资产/流动负债
	速动比率	QR	(流动资产－存货)/流动负债
	资产负债率	DAR	负债合计/资产合计
	权益乘数	EM	资产合计/所有者权益合计
	现金比率	CAR	现金及现金等价物期末余额/流动负债
盈利能力	资产报酬率	ROA	(利润总额＋财务费用)/[(资产合计期末余额＋资产合计期初余额)/2]
	净资产收益率	ROE	净利润/股东权益平均总额
	营业利润率	OPR	净利润/营业收入
	每股收益	EPR	净利润/流通在外的普通股数
营运能力	营运资金周转率	WCT	营业收入/平均营业资金
	应收账款周转率	RT	主营业务收入/平均应收账款
	总资产周转率	AT	主营业务收入/平均资产
成长能力	总资产增长率	TAG	(资产合计期末余额－资产合计期初余额)/资产合计期初余额
	营业利润增长率	YLR	(本年营业利润－上年营业利润)/上年营业利润
	净利润增长率	NPG	(净利润本期发生额－净利润上期发生额)/净利润上期发生额

二、中国黑色金属矿业绩效综合评价模型

在构建中国黑色金属矿业绩效综合评价指标体系的基础上,本部分将利用主成分分析的方法对中国黑色金属矿业的绩效进行评价。

1. 样本公司选择

本书选取了 36 家钢铁行业上市公司(其样本依据是中国证监会 2012 年版的《上市公司行业分类指引》),利用 2008—2017 年的财务数据对这些黑色金属冶炼及压延加工业样本公司的经营绩效进行了评价,并分析了样本公司在这一期间经营绩效的变化情况。

2. 数据的初始处理

描述性检验的结果显示,除代表企业营运能力的营运资金周转率(WCT)、应收账款周转率(RT)及代表企业成长能力的净利润增长率(NPG)变动较大,其他财务指标无明显变动

(表2-8)。这主要是由于近几年部分企业无法适应瞬息万变的市场导致其销售业绩恶化，周转困难，目前钢铁行业已开始探索转型之路。因此，国家应积极引导钢铁行业良性发展，促进企业恢复正常营运和发展水平。

表2-8 描述性统计

财务指标	极小值	极大值	均值	标准差
CR	0.24	4.69	1.06	0.98
QR	0.08	4.00	0.76	0.78
DAR	0.15	1.12	0.60	0.22
EM	−8.49	7.49	2.73	2.64
CAR	0.02	0.88	0.22	0.23
ROA	−0.09	0.34	0.09	0.09
ROE	−0.31	2.92	0.36	0.64
OPR	−0.27	0.18	0.05	0.07
EPR	−1.03	2.90	0.70	0.71
WCT	−579.72	47.85	−18.45	104.72
RT	3.69	6 661.48	302.45	1 188.87
AT	0.29	2.46	1.05	0.51
TAG	−0.31	0.69	0.06	0.17
NPG	−179.38	9.38	−5.98	32.28
YLR	−0.51	1.00	0.27	0.43

在本书中，KMO测试和Bartlett球体测试用于判断是否可以进行因子分析。检验得到K值为0.690（>0.6），Sig.值为0.00（表2-9）。这表明选取的15个财务指标具有相关性，因子分析有效。

表2-9 KMO和Bartlett的检验

取样足够度的Kaiser-Meyer-Olkin度（K值)	0.69
Bartlett的球形度检验近似卡方	2 136.47
df	105.00
Sig.值	0.00

3. 主成分分析

运用主成分分析后，前六个因子的累积解释总方差达到了83.693%（表2-10），再选取前六个因子进行旋转成分矩阵分析。

表 2-10 解释总方差

成分	初始特征值			提取平方和载入			旋转平方和载入		
	合计	方差/%	累积方差/%	合计	方差/%	累积方差/%	合计	方差/%	累积方差/%
F_1	3.736	24.907	24.907	3.736	24.907	24.907	3.125	22.831	22.831
F_2	1.854	16.359	41.266	1.854	16.359	41.266	2.38	18.864	41.695
F_3	1.577	14.513	55.779	1.577	14.513	55.779	1.598	14.650	56.345
F_4	1.250	11.332	67.111	1.250	11.332	67.111	1.186	11.905	68.250
F_5	1.035	9.902	77.013	1.035	9.902	77.013	1.154	8.692	76.942
F_6	1.002	6.680	83.693	1.002	6.630	83.693	1.013	6.750	83.693
F_7	0.983	4.556	88.249						
F_8	0.942	3.281	91.529						
F_9	0.713	2.755	94.284						
F_{10}	0.631	2.210	96.495						
F_{11}	0.489	1.258	97.753						
F_{12}	0.383	1.551	99.304						
F_{13}	0.206	0.376	99.680						
F_{14}	0.178	0.187	99.867						
F_{15}	0.020	0.133	100.000						

每个因子的得分可于公共因子变量确定后根据相应的数据组获取,然后基于此构建经营绩效综合评价体系(表 2-11)。

表 2-11 黑色金属矿业绩效评价的成分得分系数矩阵

财务指标	主成分得分系数					
	F_1	F_2	F_3	F_4	F_5	F_6
CR	0.334	−0.083	−0.007	0.004	0.034	0.021
QR	0.344	−0.116	−0.012	0.017	0.004	0.036
DAR	−0.149	−0.142	0.026	0.042	−0.017	0.048
EM	−0.042	0.068	0.032	0.517	0.308	0.232
CAR	0.301	−0.052	0.037	−0.023	−0.022	−0.008
ROA	−0.072	0.383	−0.008	0.008	−0.107	−0.049
ROE	0.032	−0.048	0.003	0.675	9.068	−0.184

续表 2-11

财务指标	主成分得分系数					
	F_1	F_2	F_3	F_4	F_5	F_6
OPR	−0.082	0.313	0.038	0.008	0.104	0.203
EPR	−0.032	0.347	−0.027	−0.007	−0.488	−0.062
WCT	0.003	0.039	0.003	−0.048	−0.067	0.887
RT	−0.014	−0.012	−0.008	0.008	0.557	−0.186
AT	−0.033	0.232	0.058	−0.323	0.403	−0.044
TAG	−0.054	0.138	0.047	−0.167	−0.482	−0.162
NPG	0.003	0.013	−0.553	−0.042	0.037	0.006
YLR	0.002	0.032	0.556	−0.023	−0.011	0.004

根据因子得分系数矩阵可列出六个主成分与原财务指标的线性组合关系如下：

$$F_1 = 0.334X_1 + 0.344X_2 - 0.149X_3 \cdots + 0.002X_{15}$$
$$F_2 = -0.083X_1 - 0.116X_2 - 0.142X_3 \cdots + 0.032X_{15}$$
$$F_3 = -0.007X_1 - 0.012X_2 + 0.026X_3 \cdots + 0.556X_{15}$$
$$F_4 = 0.004X_1 + 0.017X_2 + 0.042X_3 \cdots - 0.023X_{15}$$
$$F_5 = 0.034X_1 + 0.004X_2 - 0.017X_3 \cdots - 0.011X_{15}$$
$$F_6 = 0.021X_1 + 0.036X_2 + 0.048X_3 \cdots + 0.004X_{15}$$

根据公共因子得分和旋转平方和，综合考虑各公司的平均值后将每个主成分的方差贡献率作为权数进行线性加权平均处理，然后按照评分进行排名。评分排名前十位的公司情况见表 2-12。

表 2-12 综合排名前 10 位的公司

公司名称	得分	公司名称	得分
三钢闽光	4 499.08	八一钢铁	171.15
韶钢松山	51.99	方大特钢	25.46
前宝钢股份	22.18	安阳钢铁	21.35
杭钢股份	20.71	莱钢股份	20.39
柳钢股份	16.11	凌钢股份	13.72

三、评价结果

利用上述因子分析结果对 36 家样本公司进行聚类分析后,可以更具针对性地评估其综合经营绩效(表 2-13)。

表 2-13 聚类分类

类别	公司
第一类	抚顺特钢
第二类	永兴待钢、武进不锈
第三类	三钢闽光、方大特钢
第四类	西宁特钢、安泰集团
第五类	河北钢铁、酒钢宏兴、首钢股份、本钢板材、华菱钢铁、八一钢铁、韶钢松山
第六类	其他

如表 2-13 所示,第一类公司综合排名靠后,各种财务指标尤其是周转性指标表现不佳,存在较高的资金链断裂风险;第二类公司具有更强的偿债能力,其他一般;第三类公司各方面特别是总资产利用效率高,营运能力突出,给企业创造了极好的经营绩效;第四、五类公司综合排名均不具优势,各种指标较差,其短板分别是偿债能力和成长能力;第六类公司,各财务指标均处于平均值水平,企业综合绩效一般。整体来看,分层聚类的结果近似于因子得分的排名情况。

通过以上分析,我们得到如下结果。

1. 两极分化明显

本书利用因子分析的方法综合评价了我国钢铁行业上市公司 2008—2017 年的经营绩效,结果表明:绝大多数钢铁行业上市公司的经营业绩表现不佳,少数经营绩效较好的企业与经营绩效较差的企业差距较大,两极分化明显。

2. 营运能力在企业经营绩效中影响较大

公共因子得分情况表明,对我国 36 家钢铁行业上市公司经营绩效而言,营运能力是最关键因素。改善企业资金循环可从提高应收账款周转率与总资产周转率着手。从聚类分析结果来看,首先,表现最差的第一类钢铁企业可以通过提高管理科学水平、调整融资、销售策略、减少举债和加大应收账款催收力度等方面提升其综合经营绩效;其次,大部分钢铁企业财务指标一般,受宏观环境和外部市场影响,盈利能力和发展能力较弱,企业结构面临转型;最后,第三类企业(三钢闽光和方大特钢)应积极发挥带动作用,引导我国钢铁行业全面健康发展。

第四节 中国黑色金属矿业未来发展趋势

全球经济发展的不稳定性、难以预测性导致国际矿产品需求增长缺乏动力,全球矿业呈现出下行态势,本节主要对我国黑色金属矿业的发展趋势进行分析。

一、"一带一路"倡议,扩大海外资源布局

"一带一路"成功构建了中国对世界的开放新格局,中国企业境外投资步伐明显加快,规模和效益显著提升,带动了相关产品、技术、服务"走出去"。通过"一带一路",中国铁矿开采企业能够与中亚、东南亚、南亚、西亚、非洲乃至欧洲部分国家和地区相连从而获得较多合作机会,有力地扩大了中国海外铁矿石市场份额,如"一带一路"沿线俄罗斯、蒙古、印度尼西亚等国是全球重要铁矿石生产及出口国家,为中国铁矿石企业开发国际铁矿石资源提供了有利条件。

中国政府支持本土企业开展国际化经营,鼓励企业开启全球战略合作。现阶段,已进军全球铁矿石资源市场的本土企业包括中国铁路物资总公司、宝武钢铁集团、山东钢铁集团和中国冶金科工股份有限公司等。2010年1月,中国铁路物资总公司以1.5亿英镑的收购价获得非洲矿业公司唐克里里铁矿20年开采权。2010年3月,武钢集团出资6850万美元收购利比里亚邦矿铁矿项目60%股权,年产铁矿石1000万t。2015年4月,唐克里里铁矿又被山东钢铁集团收购,铁矿石储量资源约137亿t。2018年7月,中国冶金科工集团有限公司获得印度尼西亚塔里阿布岛铁矿开采权,预计可开采铁矿石资源储量达2亿t。

未来,中国锰矿石对外依存度必然跟随其市场需求不断提升,海外锰矿资源布局将在"一带一路"倡议的深入实施中成为中国锰矿企业未来发展重点。除了中亚地区,非洲、澳大利亚等地区也将逐渐成为中国锰矿企业资源布局中的核心投资领域。

二、智能化开采,打造"智能矿山"

当前,以人工智能为代表的智能科技产业迅速发展,并驱动着新一代智能矿山模式搭建框架。智能矿山是以云计算、大数据、物联网等为主要载体的现代矿山建设的总称,旨在通过新一代信息技术的应用,经主动感知、分析、快速处理从而实现与矿山生产过程深度融合的矿山模式。现阶段,比较流行的智能矿山建设框架主要由设备作业层、过程控制层、生产执行层、企业管理层和决策支持层五个层次构成。企业通过综合利用空间信息、数据处理、虚拟现实、智能开采、云网融合等技术将不同矿山条件形成的三维空间动态图像与智能化采掘设备联网,实现采掘工作面无人化操作及远程操控。未来,伴随着5G技术、工业机器人技术的快速发展,智能矿山将成为中国黑色金属矿产开采的主要形式。

"智能化矿山""无人化矿山"等发展规划是由美国、加拿大、芬兰、瑞典等发达国家在

20 世纪 90 年代后相继提出的,其出发点是为获取采矿行业国际竞争优势,如今已取得部分商业化成果。

2010 年,瑞典 LKAB 公司旗下基律纳铁矿采场凿岩、装运等环节成功采用无人智能化开采。预计到 2021 年,力拓集团位于西澳大利亚皮尔巴拉地区的铁矿可实现智能化开采,该项目总投资达 26 亿美元,设计铁矿石产能达 4300 万 t/年。中国智能矿山建设与发达国家相比起步较晚,但近 10 年来,由于中国政府的高度重视和大力扶持,一些大中型矿山企业数字化设计工具普及率、关键工艺流程数控化率及智能化水平都在不断提升。中国立项实施的多项智能化采矿相关项目为智能矿山建设奠定了良好基础,如"数字化采矿关键技术与软件开发""千米深井地压与高温灾害监控技术与装备"和"智能化无人操纵铲运机的模型技术研究"等。

第五节 中国黑色金属矿业发展环境分析

钢铁行业在供给侧结构性改革下("三去一降一补")完成了阶段性去产能任务,经济效益得到了明显提高。作为上游的黑色金属矿业不断面临新的发展机遇和挑战,发展环境仍有待进一步改善。

一、中国黑色金属矿业发展面临的机遇

1. 企业亏损严重、倒逼转型升级

由于国外低价进口矿抢占了越来越多的市场份额,国内退出市场的高成本矿企业数量逐年增多。2016 年 1—5 月退出 793 个,是 2015 年全年的两倍多。截至 2015 年 10 月,锰矿企业已有 39 家倒闭,生存下来的矿企也在持续亏损。中国铁矿采选业主营收入在 2014 年和 2015 年同比下滑率分别为 4.3%、20.7%,相应地,利润总额分别下降了 23.9%、43.9%;锰矿行业销售利润率自 2014 年 12 月起持续下跌,由最高点的 6.1% 跌至 3.0%,下跌幅度达到 51.0%。行业利润的大面积亏损,倒逼国内铁锰企业转型升级。

国内矿山转型升级,要向高效化、信息化、智能化、绿色化方向发展;要加快采掘装备和开采工艺的改造升级,有效提高矿山生产效率,推进绿色矿山发展和生态文明建设。

2. 把握低价时机,加快海外投资

在全球矿业商品市场低迷的背景之下,境内外初级勘查公司市值缩水率高达 80%~90%,这正是中国企业收购海外优质矿的机遇。资料表明,自 2015 年起,国外一些优质矿业公司纷纷出售资产以改善财务状况。2015 年 6 月,力拓将它所持布干维尔岛铜矿的 53.8% 股权转移给了一家独立受托机构;与此同时,2016 年上半年中国企业及相关基金收购的海外矿业资产达 45 亿美元,同比增加 18.2%,并且私人企业及省级企业交易数额逐渐显现出超越国有企业的趋势(表 2-14)。

表 2-14　2015—2016 年中国企业海外并购案例

收购方	时间	价格	被收购方
山东钢铁集团	2015 年 4 月	1.7 亿美元	非洲塞拉利昂的唐克里里铁矿项目 75% 的股权
中国洛阳钼业	2016 年 5 月	26.5 亿美元	Freeport-McMoRan 公司于刚果 Tenke Fungurume 矿之权益
中国洛阳钼业	2016 年 6 月	15 亿美元	英美资源（LON:AAL）于巴西的铌、磷资产
江西赣锋锂业	2015 年 12 月	4.3 亿美元	西澳 Mount Marion 锂项目 43% 的股权
四川铁路投资集团	2016 年 6 月	3.3 亿澳元	Alton 矿业公司于澳大利亚昆士兰铜金矿 60% 股权

资料来源：中华人民共和国自然资源部

唐克里里拥有非常丰富的铁矿储量，是非洲规模最大的铁矿石矿藏之一，也是世界上最大的单体磁铁矿。2015 年，山东钢铁于全球铁矿石价格低迷之际仅以 1.7 亿美元收购了其 3/4 的股权，而在 2011 年铁矿石价格回升时，获得该项目 1/4 的股权就需支付 15 亿美元。山东钢铁抓住了低价时机，实现了低价收购海外矿山。由此可见，中国企业应抓住国际铁、锰矿石价格不断走低的最佳时机，积极参与海外矿业投资并购。

二、中国黑色金属矿业发展面临的挑战

1. 国内开采成本高，降本增效困难

国内矿企开采成本偏高，通过降低成本等措施来应对价格低迷的局面，其困难重重。以国内露天采选一体的矿山为例，开采成本中超过 60% 的成本是相对固定的，包括国内政府定价的燃料费、固定支出及折旧，以及电力和管理费；其余 40% 的成本属于变化有限的成本，包括与工业品价格挂钩的物料消耗（钢球、备品备件等）、税费（与盈利挂钩）等（表 2-15）。

表 2-15　国内铁矿山开采成本占比

项目	占比/%
燃料费	11
税费	17
物料消耗	18
管理费	6
固定支出及折旧	11
电力	13
原料	24

2. 中国企业投资海外矿山困难重重

目前,中国企业投资海外铁矿的项目进展情况往往不尽人意,面临诸多难题。总体来看,主要表现在以下三个方面。

1)投资时机把握不准、整体质量欠佳

20 世纪八九十年代,中国丧失了与国际矿业公司合作开发海外铁矿资源的良机,于 2005 年才开始对海外铁矿进行大规模开发,但此时的收购成本早已不再低如往日。此外,由于西方跨国矿业公司抢先掌控了境外大多数低成本大型铁矿山,可供中国企业选择的铁矿山普遍都存在基础设施较差(非洲西部)、品位较低、采选难度大(加拿大和澳大利亚等地)的问题,而品位较高资源项目的规模又普遍较小(印度尼西亚和墨西哥等地),因此项目整体质量欠佳。

2)企业国际化运作经验不足、项目整体进展不顺利

中国企业海外矿业投资具有盲目性,缺乏对海外投资涉及的当地劳工、社区、环保体系的全面考察,同时也缺乏对工程成本、劳动力成本、运输成本及环保成本等方面差异的考虑,国内外关于储量标准的差异也导致部分企业境外矿业开发投资额明显偏离预算,无法达到项目预期收益。此外,国家并未对海外矿业投资进行统一筹划,企业都以独立个体对外求资,部分企业、金融机构之间甚至会造成不良竞争,导致一些重大海外矿业项目受损或难以正常运行。

3)非洲整体投资环境较差、项目开发成本高

非洲中西部具有丰富的铁矿资源储量且矿石品位高,矿床开采条件好,但其政局动荡会加剧项目投资风险,给投资收益造成极不稳定性。而且,非洲工业化建设尚不成熟,缺乏必要的基础设施条件,需由中国在境外铁矿开发时花高成本自建,工程量大、施工时间长;同时,境外劳动力的基本素质往往不达标,投资方于项目开展前还要对之培训。实际上,目前很多企业的海外铁矿石项目财务绩效远不如预期,且抗市场风险能力不强、对进口铁矿石价格波动敏感,一旦出现大幅下跌,企业将面临亏损的局面。

三、中国黑色金属矿业发展优势分析

1. 下游钢铁需求,持续推动行业良性发展

钢铁行业吸纳就业能力强、行业影响范围广,属于投资驱动型的重要基础原材料行业,能够拉动中国宏观经济增长,其主要应用领域包括房地产、基建、汽车制造、船舶制造等。

近五年来,下游房地产、汽车等行业迅猛发展拉动了线材钢、板材钢、型材钢等钢铁产品需求的快速增长,中国钢铁行业高速发展。中国生铁产量从 2014 年的 71 374.8 万 t 增长至 2018 年的 77 105.4 万 t;与此同时,中国粗钢产量从 82 230.6 万 t 迅速扩大至 92 800.9 万 t(图 2-9)。

近 10 年来,发展状态相对稳定的钢铁行业对铁矿石的刚性需求助推中国铁矿石行业持续向前发展。

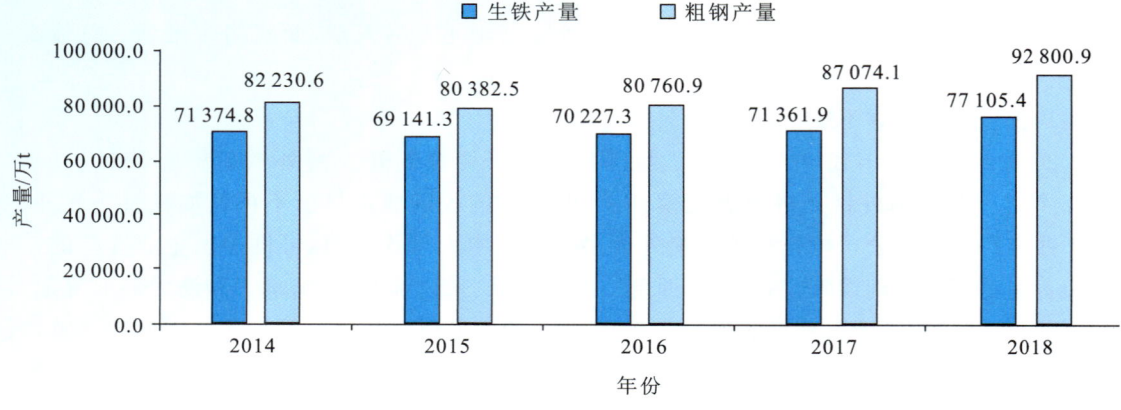

图 2-9 中国生铁、粗钢产量（2014—2018 年）

（数据来源：中国国家统计局）

2. 技术水平提升、工程外包模式降低开采成本

伴随着铁矿石开采技术及业务模式的快速发展，中国铁矿企业营运成本得到有效控制，推动行业良性发展。

1）从开采技术角度分析

伴随着中国民用爆破器材及工程爆破技术的快速发展，中国铁矿开采技术逐步成熟，有效降低了铁矿石的开采成本。得益于电子雷管、现场混装车等新型民用爆破器材生产技术的不断完善，新型民用爆破器材在铁矿开采领域得到广泛应用。与传统延期药雷管相比，电子雷管具有更高精度延期时序的编程控制能力。在同等规模开采量中，可明显改善铁矿开采中的破碎块度，减少爆破震动，有效降低爆破单耗，在安全范围内有效提升铁矿石一次开采量。与传统包装类工业炸药相比，现场混装炸药炮孔耦合度更高，矿石破碎效果更好，并具有明显的成本优势。

2）从作业模式角度分析

现阶段，中国铁矿石矿山采剥业务主要分为矿企自采、专业分包、整体外包三种模式。在早期发展中，中国铁矿企业主要通过自建爆破团队进行自采作业。自采模式存在设备投资大、人力负担重、专业化程度低、安全问题突出等问题，加重矿企开采成本。在国家对矿山整治不断重视的背景下，中国铁矿企业将采剥环节外包，加速铁矿石开采外包模式比重提升，有效降低了铁矿企业营运和维护成本，推动行业健康发展（表 2-16）。

表 2-16　中国露天矿山采剥模式

开采模式	主要特征	主要优缺点
矿企自采	爆、采、剥、分、装、运等环节由矿企自备设备和人员完成	优点：各环节自主实施，协调能力强 缺点：设备投资大、人员负担重、设备专业化程度低、安全风险较大、开采成本高，产能过剩背景下，经济效益差
专业分包	爆、采、剥、分、装、运等环节分包给各类专业服务企业，多为中小型矿企所采用	优点：开采成本较低，无需设备投入，专业团队营运 缺点：现场管理难度大，各环节协调差，"短板效应"突出
整体外包	爆、采、剥、分、装、运等环节整体外包给一体化服务商	优点：满足矿业对采剥环节成本控制，开采效率及效果好 缺点：对外包服务商资质、设备、人员技术、管理水平要求高

四、中国黑色金属矿业发展劣势分析

1. 高品位铁矿资源贫乏、对外依存度大

中国铁矿资源比较丰富，已探明储量位居世界前列，但在平均品位方面远低于国际铁矿石生产大国，多为贫矿，富矿仅占探明资源总量的 2.7%。现阶段我国中小型矿床居多，与澳大利亚、巴西、印度等铁矿资源丰富的国家相比，缺乏超大型矿床，储量在 10 亿 t 以上的大型铁矿床探明储量占比不足 30%，因此，矿床规模普遍较小。另外，中国铁矿石种类复杂，成因类型多，主要有前寒武纪硅铁建造型铁矿、沉积型铁矿、沉积变质热液改造型铁矿等七大类，如此一来便加大了开采难度及成本。鉴于以上原因，虽然近年来中国铁矿石产量有较强增长势头，但仍无法满足当前国内钢铁工业对铁矿石与日俱增的需求，必将会制约中国铁矿石行业发展。

2. 全球战略资源布局乏力，缺乏国际竞争力

中国铁矿石行业受铁矿资源品位低、单产规模低、分布不均等限制，市场集中度不高，铁矿石供应缺口较大，市场严重依赖进口铁矿石。全球铁矿石市场中淡水河谷、力拓、必和必拓、FMG 四大巨头提供了全球 50% 以上铁矿石，全球 75% 铁矿石流入中国。中国进口铁矿砂及其精矿从 2009 年的 6.28 亿 t 快速增长至 2019 年的 10.68 亿 t，已成为全球最大的铁矿石消耗国及进口国。

日本作为资源紧缺型国家，为满足自身钢铁生产需求，三井财团在 20 世纪 60 年代开始布局全球铁矿石市场，先后投资参股淡水河谷、力拓、必和必拓三大全球铁矿石供应商，其中实际控股巴西淡水河谷公司约 15% 股份，现已成为仅次于美国、澳大利亚的第三大全球铁矿石资源强国。三井财团通过控股子公司新日铁通过购买三大铁矿石供应商铁矿石，合力制定全球铁矿石期货价格。三井财团在收割中国铁矿石市场需求红利的同时，内部消化新日铁亏损，最大程度上获得全球钢铁行业上游铁矿石利润。现阶段受此全球铁矿石市场结构限制,中国进口铁矿石实际产生利润过半以上流入日本,中国本土铁矿石企业受国际铁矿石价格冲击的同时,未因进口规模扩大产生实际利益。

与国际铁矿石市场相比,中国铁矿石行业市场化运作时间短、市场集中度不高、资本运作经验不足、全球战略资源布局少,企业在国际铁矿石市场中的竞争力不足、缺少话语权,一定程度上制约了中国铁矿石行业规模化发展。

第六节 促进中国黑色金属矿业发展的政策建议

黑色金属矿业主要服务于我国钢铁生产,是我国重要的基础产业之一。适应新时代发展的需要,应始终以满足国内经济发展需求为主,坚持以国内循环为主,形成新的供需平衡,拓展新的外需市场,打造新的产业格局,推动新的技术进步。

一、深化钢企供给侧结构性改革,稳定国内铁矿自给率

1. 以智能制造为重点,推进产业转型升级

"供给侧结构性改革"要求对达不到市场准入要求的企业进行改造升级。随着中国经济增长逐渐放缓,钢铁生产过剩,日益激烈的同质化竞争已经成为钢铁行业的顽疾。对此,政府需加强钢铁行业规范管理,投资技术研发和相关配套设施,鼓励企业钢材深加工,促进优质钢材出口,消化我国钢材积压。钢铁企业一方面应通过上、下游合作加快兼并重组,推动产业结构转型升级;另一方面还应积极响应"一带一路"倡议,广泛参与国际合作,引导钢铁行业向"高、精、尖"方向发展。

2. 国内政企联手攻坚,保住铁矿的自给底线

政府部门要积极探索对钢铁企业的扶持政策,降低土地、矿业权的获取成本以减轻其经营负担,鼓励优质铁矿石进口。铁矿石国际市场处于不断变化中,对铁矿石进口的相关举措也应随之调整,如节能减排、铁矿石质检和国家标准等;企业要不断地完善和改进经营制度、管理模式,加强内外资源整合与协同,提升业务效率,壮大已有基础。另外,我国进口的铁矿中权益矿以及已投产的境外投资开发铁矿项目都不足10%,对此应采取有效措施,将海外投资资产进行分类处置、有序投产,逐步提高权益矿投产率,为提高我国的资源安全保障能力提供支撑。

二、利用价格低迷时机,重返"新长协定价机制"

提高钢铁行业市场集中度,重回铁矿石"新长协定价机制"。随着四大矿商铁矿石供应垄断地位的不断提升,国内钢铁行业的市场集中度不断降低,这对未来铁矿石价格的谈判是

不利的。应进一步加快钢铁行业的结构调整步伐,通过兼并重组淘汰落后产能,加强生产经营规范管理,进一步提高产业集中度。

利用买方市场的优势,积极主动发声,掌握铁矿石议价权,制订新的铁矿石长期协议定价机制。新的长期协议定价机制要能够较为客观地反映市场供需,并为买卖双方规避风险;它还应使铁矿石价格维持在一个合理的水平,各方需严格遵守国际铁矿石贸易的基本规则,防止过度炒作现象和不公平垄断行为的发生,促进我国钢铁行业上、下游的高质量发展、互惠双赢。

三、创新海外投资思路,保障海外权益矿效益

为了使进口矿来源渠道多元化,降低对外依存度,针对近年来中国投资海外矿山成功率和效益不高的状况,国内矿企应将目光投放到境外铁、锰矿石开采技术成熟却濒临破产的企业。这些企业多半是受国际铁、锰矿石价格低迷的影响,却正是我国低成本并购、参股的良机。从长远发展考虑,创新海外投资思路有利于扩充我国矿石供给新渠道,从而降低国内矿石对外依存度高的风险。

(1)并购前期,将各国文化差异与冲突作为调研的一部分,同时推动国内外企业先进文化的整合,创造双方的"共同点"。一方面将之熟练运用到中国企业海外并购实践中,提高并购成功率;另一方面还能增强国外员工的归属感,从而有利于境外矿业投资项目的顺利开展。

(2)综合考虑投资风险并对目标企业矿产禀赋和品位的可靠性及其所处的政策环境、竞争优劣势进行专业评估和把握,提出合并或参股后双方的发展愿景,然后进行沟通协商。

(3)通过管理变革带动文化变革,设置管理变革的目标体系,从战略、组织、系统和文化四个方面入手,思索合并后企业变革的总体方向。

(4)不贪图短视效应,向目标企业传达一种绿色、友好、可持续的投资理念,在追求企业经济效益的同时也同等注重矿区的生态效益和社会效益,管理好项目投资、开发、建设、营运的各个环节。

四、扶持废钢产业发展,提高综合废钢比

废钢资源回收利用是钢铁行业发展的关键一环。我国钢材蓄积量的大幅增长为废钢利用提供了基础物质条件,短流程工艺技术将占越来越高的比重。提高废钢的综合利用率是新常态下解决钢铁产业资源紧张、促进钢铁工业绿色发展的重要举措。具体来说,国家应改革和调整废钢物资增值税政策,对废钢利用率较高的企业予以政策倾斜,如差别电价、减免环保费用、节能基金补贴等;帮助企业和社会构建并完善废钢回收体系,鼓励多样化合作和组建多种形式的股份制公司回收钢铁,制定优惠政策吸引外商投资。

降低废钢利用成本、提高综合废钢比的关键在于技术。从废钢的循环周期来看,中国的废钢供需达到平衡需要10~15年的时间,届时中国的废钢产出将呈现爆炸式增长,对废钢

加工设备和技术的需求将愈加紧迫。但是我国相关的设备还不够齐全,废钢加工技术也相对落后。因此,我国应该大力研发和引进质优价廉的、适应本国发展需要且具备良好环保性能的废钢加工设备,追求先进产能、鼓励多元发展、规范行业管理和提倡废钢冶炼技术创新,提高废钢比,完成钢企"精炼入炉""节能环保"的目标。

第三章　中国有色金属矿业

在中国,有色金属类型齐全、分布广泛。在过去的岁月里,有色金属矿业也在中国的经济社会发展中发挥了重要的作用。目前,经过改革开放40余年的洗礼和快速健康发展,有色金属矿业现已成为中国重要的基础性产业。

第一节　中国有色金属矿业发展现状

有色金属(non-ferrous metal)的概念可以分为狭义和广义的两类。狭义的是指非铁金属,除铁、锰、铬以外的所有金属,主要包括重金属(如铜、铅、锌)、轻金属(如铝、镁)、贵金属(如金、银、铂)和稀有金属(如钨、钼、锗、锂、镧和铀)。广义的有色金属包括除铁、锰、铬以外的所有金属和有色合金。当然,这里我们所指的有色合金是指加入一种或几种其他元素而构成的合金。

我们可以说,人类文明和技术的进步离不开人们对有色金属的认识和利用进程。同时,在人类发展历史和科学技术进步的进程中,人们也逐步认识和利用有色金属。17世纪末共发现8种,18世纪共发现13种,19世纪发现39种,进入20世纪又发现4种。目前,人类明确认识和应用的有64种有色金属。

1958年,中国把铁、铬、锰称为黑色金属,将铝、镁、钾、钠、钙、锶、钡、铜、铅、锌、锡、钴、镍、锑、汞、镉、铋、金、银、铂、钌、铑、钯、锇、铱、铍、锂、铷、铯、钛、锆、铪、钒、铌、钽、钨、钼、镓、铟、铊、锗、铼、镧、铈、镨、钕、钐、铕、钆、铽、镝、钬、铒、铥、镱、镥、钪、钇和钍等64种矿产资源称为有色金属。

随着经济社会发展,人类根据有色金属矿业用途,将所涉及的金属元素划分为四大类:第一类,与大众日常生活相关的基础有色金属;第二类,与消费领域的制造业相关的有色金属,例如汽车、房地产及家电等;第三类,与新兴行业或者高科技制造业相关的小金属,如新能源汽车的锂和钴等;第四类,稀土永磁等和贵金属,如黄金等。

综上所述,我们这里指的有色金属是除铁、锰、铬以外所有金属矿产的统称(又称非铁金属)。

中国有色金属包括铜、铝、铅、锌、镍、锡、锑、汞、镁和钛十种常用有色金属。根据国民经济行业分类,我们把有色金属矿采选业、制造业中的有色金属冶炼、压延加工业等归为有色金属行业。

值得一提的是,钨、钼、锂、金、锆、铟、锗、镓和钴等主要稀贵金属也是有色金属的范畴。

一、中国有色金属矿业发展历程

有色金属矿业是经济社会发展过程中所需的重要基础性原材料产业。中国经济与军事的发展和建设,以及高技术新兴产业革命,都离不开有色金属矿业。一定程度上讲,有色金属矿业在国家建设和发展中发挥着重要和不可替代的作用。

回顾中华人民共和国成立后70多年的历史,我们可以看出有色金属矿业保持着持续、快速健康的发展步伐。伴随着社会的进步,经济增长快速,科技发展的步伐加快,中国有色金属矿业的发展经历了如下几个阶段。

(1)起步阶段(1949—1957年)。中华人民共和国成立至第一个五年计划时期,百废待兴。当然,有色金属矿业得到了重视和发展,中国有色金属矿业发展是得益于建设和经济活动的开展。在三年恢复时期,东北地区的一批有色金属矿业率先复产,云南、湖南、安徽及江西的有色金属矿山等逐渐复产。相关的资料显示,到1952年,十种有色金属产量达7.4万t,是1949年的5.5倍。

从第一个五年计划开始,新中国以156个重点建设项目为基础,开展了大规模的基础建设,促进了有色金属矿业的起步和发展。在中国第一个五年计划时期,在苏联援建的156个基本建设项目中,就有13个有色金属矿业项目,有色金属矿业包括新建、扩建有色金属矿山、冶炼和加工企业。通过首个五年计划,中国初步构建了以地质勘探、勘察设计、建筑施工、科研院所、大中专院校等为主体的有色金属矿业体系。相关文献和资料显示,截至1957年,十种有色金属产量达21.5万t,是1952年的3倍左右,而且有色金属矿业已初具规模。

(2)摸索阶段(1958—1965年)。从1958年开始到1965年的期间,中国有色金属矿业的发展出现迷茫,但是还是得到了快速发展。在该阶段,中国经历了第二个五年计划和三年"大跃进"。"大跃进"影响着有色金属矿业发展,而在调整时期,在"调整、巩固、充实、提高"方针的指导下,经济社会发展得到恢复,增长速度也明显加快。有色金属矿业的一批骨干企业相继建设投产,有色金属矿业得到发展的保障。数据显示,截至1965年,十种有色金属产量达46万t。

(3)波动发展阶段(1966—1976年)。在1966年5月—1976年10月的"文化大革命"期间,中国经济社会受到严重的影响,国民经济出现停滞状态,同样有色金属矿业也受到较大的冲击。1968年,中国的十种有色金属产量下降为34万t,尽管如此,但中国在"三线"建设中,有色金属矿业通过改善产业布局,在西南、西北地区建设了一大批有色金属矿业,使该产业仍然得到了快速的发展。数据显示,截至1977年,十种有色金属产量达82万t。

(4)腾飞发展阶段(1978年至今)。1978年12月18日,党的十一届三中全会提出了改革开放工作部署。在改革开放的历史进程中,中国的有色金属矿业发展按照"优先发展铝、积极发展铅锌、有条件发展铜、有选择地发展其他有色金属"的战略思路,通过基建和技改项目,从国外全套引进了大型预焙铝电解槽和铜闪速熔炼技术,有效地提高了我国有色金属矿业的技术装备水平,从而加快了矿业的发展进程。

改革开放后的40多年,中国有色金属矿业以国际化为发展目标。首先,产品价格与国际市场保持同步;其次,有色金属矿业企业向国外先进企业学习,从技术装备、产品研发、市场营运到企业管理等与国外先进企业同场竞技,有效地提升有色金属矿业企业现代化水平。

特别是进入21世纪以后,有色金属矿业实现了规模扩张,经济效益提高,进入了国际合作最广泛、技术进步最明显和综合实力最为显著增强的阶段。2002年,我国十种有色金属产量首次超过美国,以1012万t跃居世界第一。

中国正在朝着有色金属工业大国发展方向迈进。据国家统计局统计资料显示,2000—2019年,中国的有色金属矿业发展迅速,十种有色金属产量年均增长11.36%,常用有色金属的产量和消费量超过世界总量的40%,十种有色金属快速健康发展的态势日益明显。

特别是党的十八大以来,中国有色金属矿业实现了高质量发展,进行了产业结构调整,新、旧动能转换,积极开展国际合作,完成了向有色金属工业大国的跨越,并迈出了由大国转向强国的坚实步伐。

二、中国有色金属矿业发展总体情况

中国有色金属矿业是一个基础性的资源型产业,它的发展与相关产业的关系非常密切,其整体特征主要表现在以下几个方面。

(一)行业发展基本状况

1. 主要有色金属产品产量逐年增加

《中国矿产资源报2020》数据显示:2019年,中国十种有色金属产量达到5 841.6万t,较2018年增长了3.1%。其中,精炼铜产量达到978.4万t,增长10.2%;电解铝达到3 504.4万t,减少0.9%。

2019年,主要有色金属矿产品的产量与消费量有增有减。铜精矿产量和黄金消费量均增加,铜精矿产量162.8万t,增长4.1%;全国黄金消费量1 002.8t,增长12.9%。产量出现下降的有铅精、锌精、黄金,铅精矿产量123.1万t,下降7.5%;锌精矿产量280.6万t,下降1.0%;黄金产量500.4t(其中矿山金产量380.2t),下降2.6%。具体的数据见表3-1。

表3-1 2016—2019年部分有色金属产量 (单位:万t)

年份	十种有色金属	铜材	电解铜	铝材	电解铝	氧化铝	铝合金	锌	铅
2016	5 283.2	2 096.0	843.6	5 796.1	3 187.3	6 090.7	749.8	627.3	466.5
2017	5 377.8	1 861.7	888.9	5 832.4	3 227.3	6 901.7	792.2	622.0	471.6
2018	5 687.9	1 715.5	902.9	4 554.6	3 580.2	7 253.1	796.9	568.1	511.3
2019	5 841.6	2 017.2	978.4	5 252.2	3 504.4	7 247.4	942.1	623.6	579.7

资料来源:长江有色金属网

2. 有色金属矿业消耗能源逐年增加

相关资料显示,有色金属矿业是能源消耗大户。随着有色金属矿业的发展,有色金属矿业能源消耗逐年上升。国家统计局官网数据显示,2017年,中国有色金属矿产资源矿采、选业所消耗的能源总量为1 106.83万t标准煤,比2010年增加了16%;有色金属矿业的冶炼及压延加工环节,所消耗的能源总量为22 157.39万t标准煤,与2010年的能源消费总量12 841.45万t相比,增加了约72.5%。因此,有色金属矿业消耗的能源消费总量逐年增加,已经成为制约行业快速发展的瓶颈。

3. 有色金属矿业外贸出口总额有所变化

国家统计局官网提供的数据显示,2019年,有色金属矿业采、选产品出口交货值为8.9亿元,相比2018年的9亿元,缩减了0.1亿元;2019年,有色金属矿业的冶炼及压延加工产品的出口交货值为952.5亿元,与2018年的997.4亿元相比,缩减了44.9亿元。2019年有色金属矿业出口交货值减少的规模不大,具体数据见表3-2、表3-3。

表3-2　2018—2019年部分有色金属进口量　　　　　　　　　　　　　　(单位:万t)

年份	铜矿砂及其精矿	铅矿砂及其精矿	氧化铝	废金属	废铜	废铝	钢材	铜材	铝材
2018	1972	123	51	534	241	157	1317	550 978	397 117
2019	2199	161	165	312	149	139	1230	503 277	354 572

表3-3　2018—2019年部分有色金属出口量

年份	钼矿砂及其精矿/t	氧化铝/t	钨品/t	铜材/t	铝材/万t
2018	9829	1 461 500	32 426	509 885	523
2019	5865	274 862	22 951	524 239	515

4. 有色金属矿业经济规模和效益均变好

进入21世纪后,中国有色金属矿业经济规模和效益出现了大幅度提升,大中型企业数目逐年减少,而资产总额有所增加(表3-4)。

表3-4　2014—2018年中国有色金属矿业大中型企业数目及资产总额

年份	项目	有色金属矿采选业	有色金属冶炼及压延加工业
2014	企业单位数/家	2002	7385
	资产总计/亿元	5 313.01	36 187.30

续表 3-4

年份	项目	有色金属矿采选业	有色金属冶炼及压延加工业
2015	企业单位数/家	1889	7257
	资产总计/亿元	5 829.68	37 996.29
2016	企业单位数/家	1655	7021
	资产总计/亿元	5 884.61	40 157.03
2017	企业单位数/家	1457	6928
	资产总计/亿元	6 110.93	40 798.54
2018	企业单位数/家	1456	6942
	资产总计/亿元	5 785.4	40 306.4

资料来源：《中国统计年鉴（2015—2019）》

由表 3-4 可以看出，2014—2018 年有色金属矿采选业和有色金属冶炼及压延加工业企业单位数整体上呈下降趋势，但是资产总计整体上却是增加的。这一定程度说明，有色金属矿业发展质量有所提升，规模企业在增加，经济效益逐步提高。

5. 十种有色金属产量变化情况

人们和专家学者都把它们作为有色金属矿产资源的代表。我们从经济学角度说的十种有色金属，主要是铜、铝、铅、锌、镍、锡、锑、镁、海绵钛、汞十种。这十种有色金属主要的特点是产量大、应用范围广。我们收集了近几年这十种有色金属产量变化情况，详见表 3-5。

表 3-5　2016 年 1 月—2020 年 6 月我国十种有色金属产量

时期	当期产量/万 t	年累计产量/万 t	环比增长/%
2016 年 1—6 月	2 495.7	2 495.7	0.00
2016 年 7—12 月	2 722.1	5 217.8	9.07
2017 年 1—6 月	2 715.7	2 715.7	−0.24
2017 年 7—12 月	2 684.0	5 399.7	−1.17
2018 年 1—6 月	2 711.8	2 711.8	1.04
2018 年 7—12 月	2 803.3	5 515.1	3.37
2019 年 1—6 月	2 806.6	2 806.6	0.12
2019 年 7—12 月	3 016.5	5 823.1	7.48
2020 年 1—6 月	1 982.0	1 982.0	−34.29

资料来源：长江有色金属网

从表3-5和图3-1可以看出:首先,自2016年1月—2019年12月,中国十种有色金属当期产量呈波动变化且波动幅度不大,但2020年上半年,十种有色金属当期产量出现了断崖式下降。究其原因,不难发现是受2020年上半年的疫情影响,企业停工停产,市场没有完全恢复,从而导致十种有色金属当期产量直线下降。其次,我国2016年1月—2019年12月十种有色金属年末累计产量整体上呈逐年上升的趋势,但是增加的幅度不大。

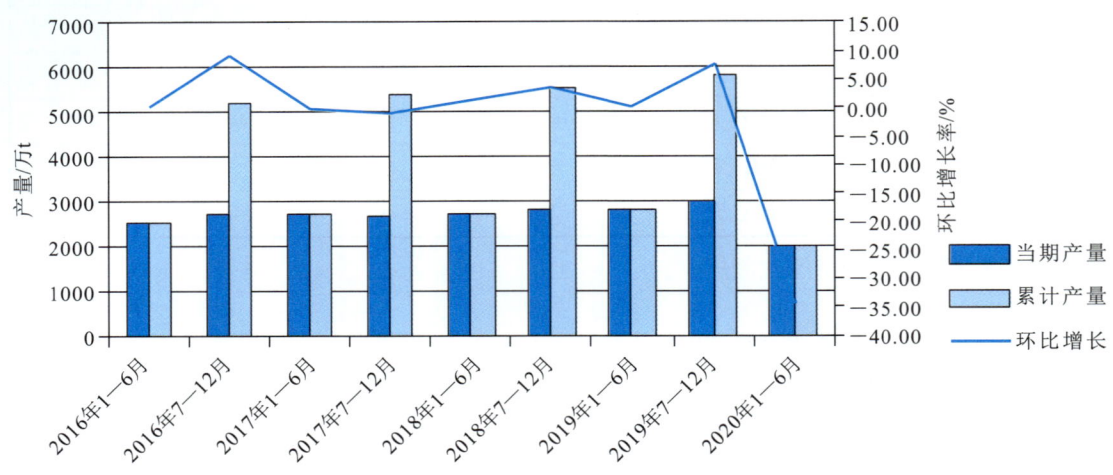

图3-1 2016年1月—2020年6月我国十种有色金属产量变化

(二)行业的整体特征

中国有色金属矿业是国民经济发展的基础性支撑产业。有色金属矿业涉及矿产资源呈现的特点是品种多,与交通运输业、建筑业和房地产产业等关系密切,与实体经济的发展密不可分。有色金属矿业不仅依靠劳动力、设备、资金和技术等的投入,同时,需要有色金属矿产资源禀赋和资源环境作为保障。

我们分析认为,中国有色金属矿业的产业特征非常明显,具有自身行业的特性,也有其他行业的共性。譬如以下几个方面是典型的特征。

1. 有色金属矿业与其相关产业联系密切

有色金属矿业与其相关行业关系密切,具有产业链长的特点。譬如电力、煤炭、专业设备制造业等与有色金属矿业发展具有高度的协同性。一方面,上游的电力、煤炭、专业设备制造业等提供有色金属行业发展所需的能源和技术支持,而能源价格的变化和技术设备的成本直接会传导至有色金属矿业,造成生产成本的变化;另一方面,有色金属矿业的产品,提供的是功能性材料和高端结构材料,对下游的房地产、航空航天、汽车制造业等产业带来深刻的影响。

2. 有色金属矿业是资源和资本密集型行业特征

首先,有色金属矿业发展需要矿产资源,主要生产投入要素为有色金属矿产资源。由于矿产资源的稀缺性和不可再生性,有色金属矿业发展离不开矿产资源的基础储量、矿床的成矿地质条件、矿产的品位和可开采总量等一系列的矿产地质要素。这些都是制约该行业能否持续发展的关键因素。

其次,有色金属矿产资源的开采,矿山的基本建设,采、选、冶等各个环节,需要各种机器、设备及相关的投入要素等。这些过程和环节都需要大量的资金,是资本消耗巨大的投资过程。其中,基本建设投资和固定资产的投入会形成功能单一的设施,并导致大量的投资成为沉没成本。

再次,在有色金属矿产资源前期勘探、采掘、选矿、冶炼等环节的生产过程中,需要大量专业技术人员和辅助性的劳动力。因此,必须拥有相关的专业技术教育与培训机构,作为行业发展的教育支撑与科研支撑。

值得一提的是,随着社会经济发展、技术革新和产业变革,有色金属矿业也会面临着许多新的挑战。譬如,矿产资源的筹备不足,国际矿业市场的挑战,新工艺、新技术对矿产品的深加工和性能开发利用,替代产品的开发利用等的诞生,都会对有色金属矿业发展带来根本性影响。

3. 产品供求关系结构性矛盾突出

尽管中国有色金属矿业得到了迅速发展,但是从国际产业链的分工来看,中国有色金属矿业整体处于中低端环节。纵观中国有色金属矿业,目前,有色金属冶炼和压延加工业占比重较大,有色金属行业内对资源的配置能力较弱。由于中国在精、深加工的技术方面处于落后状态,一定程度在行业内的企业之间形成的有色金属矿业主要产品同质化现象严重;另外,从有色金属矿业产品的供给情况看,行业内的企业生产所形成的产品为下游原材料或以中低端产品为主。整个有色金属矿业市场中,高端产品的供给不足,无法满足市场的高端需求。

为了进一步分析中国有色金属矿业的发展状况,需要关注中国主要有色金属矿产资源的产量、消费量等变化的相关数据[23]。

三、中国有色金属矿业相关政策

中国政府和各级组织对有色金属矿产资源采、选、冶行业的监管,涉及有色金属矿产资源采选的监管机构有自然资源部、各级环保部门、各级安全监督管理部门和各级的发展和改革委员会等,它们对有色金属矿产的监管逐年加强。一方面,监管部门逐步理顺监管思路;另一方面,监管部门逐步完善监管体制。

从行业上游看,地质矿产资源调查、勘查,矿山开采与建设,均通过探矿权和采矿权的设立与审批等环节,实行最严格的审批和管理制度。从行业中游看,有色金属矿产资源的生产和加工等环节,国家和地方的环保部门根据相关的法律和规定,实施有法可依、有法必依、违法必究的环境保护和综合治理措施。国家和各级安检部门对生产采取安全生产综合监管。国家和地方各级的发展和改革委员会,对有色金属矿产资源的投资与市场进行审批。从行业下游看,有色金属矿产的产品、制品等消费与生产环节,中国有色金属工业协会和相关的各级地方协会对企业和会员,按照行业自律、协会约束和协议,按照信息、价格、市场等相关规定和协议进行自律和审查。

通过有色金属矿产资源的管理,我们可以看出中国矿业权管理体系是建立在1996年修订的《中华人民共和国矿产资源法》基础之上的,包括了一系列的相关法规和规章制度,如《矿产资源管开采管理办法》《矿产资源勘查区块登记管理办法》及《矿产资源采矿权转让管理办法》等。

从色金属矿产资源的行业规范发展来看,国家完善相关的制度与产业规范,对各种有色金属矿产资源行业的准入与退出实行管理与控制。譬如,2004年7月16日国务院颁布的《国务院关于投资体制改革的决定》规定,对矿产资源矿山开发项目总投资5亿元及以上的项目,必须由国家发展改革委员会核准;2011年3月27日国家发展改革委员会颁布的《产业结构调整指导目录(2011年本)》制定了有色金属行业发展的相关项目和标准,界定了鼓励类、限制类和淘汰类的准则。再譬如2007年3月6日国家发展改革委员会颁布实施的《铅锌行业准入条件》,对相关的企业布局规模和外部条件作出要求,明确了生产工艺与装备,对能源消耗、资源综合利用做出标准,对环境保护和安全生产做出了具体规定。

《全国矿产资源规划(2016—2020年)》划定了267个国家规划矿区,并进一步要求大中型矿山提升产能,主要矿产资源产出率提高15%。2016年10月18日,《有色金属工业"十三五"发展规划》要求有色金属及合金行业要遵循"稳中求进"的发展原则,实现发展模式转变和结构调整、淘汰落后产能、调整产业结构、节能减排、扶持稀有金属和新兴领域的各项政策举措。《国务院关于取消和下放一批行政审批项目等事项的决定》将企业投资稀土矿山开发项目和已经探明工业储量5000万t级以上规模铁矿山项目开发以外的其他矿山开发项目(不含煤矿、铀矿)的核准,由地方政府进行。《中华人民共和国矿产资源法》《矿产资源开采登记管理办法》《中华人民共和国环境保护法》《排污费征收使用管理条例》和《排污费征收标准管理办法》《中华人民共和国安全生产法》《中华人民共和国矿山安全法》及其实施条例等一系列的法律和条例对色金属矿产资源的行业发展起到法律保障。

我们对最近几年中国有色金属矿业发展的政策进行了梳理,收集了部分的政策法规(表3-6)。

表3-6 2016—2018年中国有色金属矿业相关的政策[24]

颁布时间	颁布部门	政策(规范)名称	涉及的主要内容
2016年6月	财政部、国家税务总局	《财政部、国家税务总局关于全面推进资源税改革的通知》	对《资源税税目税率幅度表》中列举名称的21种资源品目和未列举名称的其他金属矿,实行从价计征,计税依据由原矿销售量调整为原矿、精矿(或原矿加工品)、氯化钠初级产品或金锭的销售额。列举名称的21种资源品目包括:铁矿、金矿、铜矿、铝土矿、铅锌矿、镍矿、锡矿、石墨、硅藻土、高岭土、萤石、石灰石、硫铁矿、磷矿、氯化钾、硫酸钾、井矿盐、湖盐、提取地下卤水晒制的盐、煤层(成)气、海盐

续表 3-6

颁布时间	颁布部门	政策（规范）名称	涉及的主要内容
2016 年 6 月	国务院办公厅	《关于营造良好市场环境促进有色金属工业调结构促转型增效益的指导意见》	全面贯彻党的十八大和十八届三中、四中、五中全会及中央经济工作会议精神，按照"五位一体"总体布局和"四个全面"战略布局，牢固树立和坚定不移贯彻落实创新、协调、绿色、开放、共享的发展理念，推进供给侧结构性改革，优化存量、引导增量、主动减量，化解结构性过剩产能，促进行业技术进步，扩大应用消费市场，加强国际产能合作，创造良好营商环境，推动有色金属工业调结构、促转型、增效益
2016 年	国家发展改革委、工业和信息化部、国家能源局	《国家发展改革委工业和信息化部、国家能源局关于完善用电政策促进有色金属工业调结构促转型增效益有关工作的通知》	放宽市场准入条件，对符合《产业结构调整指导目录》、规范条件等国家产业政策并且单位能耗、环保排放达到国家标准的有色金属矿业，应全部电量参与电力直接交易，不受电压等级限制。也可由售电公司代理参与电力直接交易，鼓励交易双方签订中长期合同。鼓励有色金属行业存量自备电厂并网运行
2017 年 2 月	国务院	《全国国土规划纲要（2016—2030 年）》	要有序建设有色金属产业基地。发挥资源优势，在中西部地区适度建设有色金属深加工基地。利用进口铜、镍等原料，在沿海地区合理布局建设有色金属基地。加强稀土等资源保护力度，合理控制开发利用规模，促进新材料及应用产业有序发展
2017 年 3 月	工业和信息化部	《关于征集涉重金属重点行业清洁生产先进适用技术的通知》	为贯彻落实《中国制造 2025》和《土壤污染防治行动计划》，深入推进工业绿色发展，加快推广应用涉重金属重点行业先进适用技术，提升清洁生产水平，工业和信息化部将组织制定涉重金属重点行业清洁生产技术推行方案。为做好方案编制工作，拟广泛收集涉重金属重点行业清洁生产先进适用技术，并进行筛选
2018 年 1 月	工业和信息化部	《国务院办公厅关于营造良好市场环境促进有色金属工业调结构促转型增效益的指导意见》	贯彻党的十九大关于深化供给侧结构性改革，提高供给体系质量，优化存量资源配置，实现供需动态平衡的精神，电解铝企业实施产能置换
2018 年 5 月	工业和信息化部	《铜铝等有色行业规范及准入条件》	2018 年全面修订铜、铝、铅锌、钨、钼、锡、镁 8 个品种的行业规范及准入条件，明确行业规范，鼓励和引导行业转型升级，适应新形势下的产业技术进步需求，提高技术、能耗、环保等门槛。在完善监督管理办法和申报大纲方面，建立动态管理机制，对已公告企业实施年度审核，同时完成第四批铜规范企业的公告

资料来源：引用前瞻产业研究院、中国有色网

这些相关政策的出台和完善，一定程度说明了中国有色金属矿业的政策与法规的实施与完善情况，同时，也说明我国对有色金属矿产管理采取了有效举措。

四、中国有色金属矿业发展存在的主要问题

尽管中国有色金属矿业得到了快速的发展，但也面临着诸多的问题。这些问题突出表现在如下几个方面。

1. 行政许可壁垒

该项主要包括资源勘查《勘查许可证》《采矿许可证》《安全生产许可证》和《爆破作业单位许可证》等，以及行业的规模、生产、技术等方面的行业标准和规范。

2. 资源禀赋壁垒

该项主要指有色金属品种、品位、矿体赋存条件和地质采矿环境等影响生产成本和持续经营的条件。

3. 资金壁垒

该项既包括前期地质勘查成本与投入的产出不确定性，同时还包括采选过程中技术设备的固定资产投入，矿区的交通、水、电等配套工程建设及环境、安全方面的设施对资金需求大等因素。

4. 行业技术水平壁垒

地质勘查技术涉及的专业技术包括成矿理论、成矿预测、找矿方法与找矿手段等，采矿技术包含露采和地采的两种方式所运用的采矿方法与手段；选矿技术涉及的磁选法、浮选法与重选法等技术等。当然与下游的冶炼技术也有密切的关联。

5. 上、下游行业之间的关联性

一般而言，上游的地质调查和矿产勘查的程度，以及矿产资源赋存找矿指南等条件影响矿山的投资与开采。有色金属的冶炼和配套的行业发展状况是直接的发展环境。同时，还包括矿区社会经济和居民生活状况等因素。

6. 行业利润水平的变动趋势和变动原因

我们都知道矿产资源原料和产品的费用及价格影响着企业的利润，特别是受到有色金属市场价格波动的影响，生产过程中能源（汽柴油、使用水、电力等）、原料、人工等成本因素的影响。

7. 行业的周期性、区域性或季节性特征等

由于采矿行业和选矿行业受周期性变化影响，并与矿区生产区域的地理位置和矿区地质环境有关，也受不同矿山所处的地理气候和海拔等影响。

总体来看，面对新的形势和发展环境，中国有色金属矿业还存在着典型的问题，如产能过剩问题、行业资产负债率较高问题、对外依存度较大问题、环保问题和企业自身发展过程

中积累的相关问题等。由于这些问题的存在,已经对我国有色金属矿业的发展产生了不利的影响,需要引起相关部门和企业的高度重视。

8. 产能过剩

近几年来,中国的有色金属矿业处于快速扩张时期,企业为了追求利润,在资本和投资的驱动下,出现了盲目投资的现象。过度投资造成了产能过剩,并加剧了行业竞争压力,增加了企业债务压力。

据国家统计局提供的数据显示,有色金属矿采选业 PPI(producer price index,工业生产者出厂价格指数),从 2012 年到 2015 年出现了负增长,到 2016 年才转为正增长;另外,有色金属冶炼及压延加工业 PPI,2012—2016 年也是负增长,直到 2017 年才转为正增长,但是,2019 年又变成了负增长。

9. 行业资产负债率较高

中国有色金属矿业的资产负债率较高,详见表 3-7。

表 3-7 2014—2018 年中国有色金属行业大中型企业资产负债率

年份	有色金属矿采选业			有色金属冶炼和压延加工业		
	资产/亿元	负债/亿元	资产负债率/%	资产/亿元	负债/亿元	资产负债率/%
2014	3 318.60	1 734.24	52.26	28 989.70	18 622.33	64.24
2015	3 645.05	1 956.57	53.68	30 161.99	19 737.71	65.44
2016	3 636.08	1 996.79	54.92	32 268.04	20 658.99	64.02
2017	3 808.09	2 000.78	52.54	33 273.59	20 942.14	62.94
2018	3 658.40	1 915.80	52.37	31 746.40	19 820.60	62.43

资料来源:《中国统计年鉴》

从表 3-7 可以看出,2014—2018 年的五年间,有色金属矿采选业的资产负债率都超过 50%,有色金属冶炼和压延加工业的资产负债率更是高于 60%,远远高于国际的资产负债率 50% 标准线。由此可见,有色金属矿采选业或有色金属冶炼和压延加工业存在资产负债率过高的问题。

10. 对外依存度较大

当前部分有色金属矿产品存在供需失衡、外贸依存度较大等问题。表 3-8 统计了我国 2019 年主要有色金属矿产品的进出口情况。

表 3-8 2019 年中国主要有色金属产品进出口情况　　　　　　　　（单位：万 t）

产品名称	产量	进口量	出口量	表观消费量[①]	产量/表观消费量/%	对外依存度/%[②]
精炼铜	978.42	356.40	31.67	1 303.15	75.08	24.92
氧化铝	7 247.40	164.53	27.50	7 384.43	98.14	1.86
电解锌	623.60	56.60	6.10	674.10	92.51	7.49

资料来源：中国产业信息网

由表 3-8 可以看出，精炼铜、氧化铝和电解铝的对外依存度均为正值，尤其是精炼铜的产量仅占表观消费量的 75% 左右，对外依存度接近 25%，说明供需之间存在较大的缺口，供给不足的问题较为明显，只能依靠进口来满足需求，存在对外依存度较大的问题。氧化铝和电解锌对外依存度相较于精炼铜虽然没有那么高，但是也为正值，说明氧化铝和电解锌的产量基本可以满足市场需求，但是也要少量依靠进口。

有色金属矿产资源是有色金属矿业发展的基础，但是当前由于市场形势和发展环境的变化，中国部分有色金属矿产资源存在着供需失衡、对外依存度较大等问题，对有色金属矿业的健康发展产生了不利的影响。表 3-9 是我国 2012—2017 年主要有色金属矿产产品的供需情况。

表 3-9 2012—2017 年主要有色金属矿产产品的供需情况　　　　　　　　（单位：万 t）

品种	参数	2012 年	2013 年	2014 年	2015 年	2016 年	2017 年
铜	产量	562	618	688	736	765	801
	净进口量	313	291	332	347	320	290
	消费量	860	915	966	993	1031	1074
	供需平衡	15	—6	54	89	54	17
	报告库存	20.6	12.6	11.2	17.8	14.7	15.0
铝	产量	2230	2510	2820	3080	3265	3667
	净进口量	41	22	3	3	3	6
	消费量	2207	2497	2791	3031	3280	3540
	供需平衡	64	35	32	52	—12	133
	报告库存	44.7	18.7	20.7	29.7	30.0	54.0

---

① 表观消费量＝产量＋进口量－出口量。
② 对外依存度＝(1－产量/表观消费量)×100%。

续表 3-9

品种	参数	2012 年	2013 年	2014 年	2015 年	2016 年	2017 年
铅	产量	459	478	474	470	467	487
	净进口量	0.5	−2.1	−3.0	−4.9	−1.4	7.0
	消费量	434	470	496	472	475	483
	供需平衡	25.6	6.0	−25	−6.9	−9.4	11.0
	报告库存	7.8	9.0	6.4	1.2	2.9	1.7
锌	产量	493	545	583	586	590	585
	净进口量	50.0	64.0	55.0	55.6	50.5	77.0
	消费量	540.0	596.0	625.0	628.0	657.0	663.0
	供需平衡	−7.0	13.0	13.0	13.6	−16.5	−1.0
	报告库存	31.2	23.9	8.3	20.0	15.3	6.9
镍	产量	55.9	70.0	70.0	63.0	58.0	59.0
	净进口量	23.1	19.8	11.4	41.4	51.8	45.3
	消费量	73	87	94	96	115	122
	供需平衡	6.0	2.8	−12.6	8.4	−5.2	−5.3
	报告库存	—	—	—	4.8	9.0	4.4
锡	产量	15.3	15.4	17.0	16.5	16.6	16.9
	净进口量	1.3	0.3	0.4	0.5	0.7	0.1
	消费量	14.9	15.6	16.3	15.4	15.8	16.8
	供需平衡	1.7	0.1	0.8	1.6	1.5	0.0
	报告库存	—	—	—	0.07	0.24	0.49

从表 3-9 可以看出,我国有色金属矿产产品的供需能够达到一定程度的平衡,有色金属矿产供给基本能够满足国内的需求;另外,国内有色金属铅供需平衡波动不定,锌和镍的供求在 2016 年之后出现了缺口。

11. 环保问题

尽管中国有色金属工业节能减排工作出色,但是距理想状态还有一定差距。在有色金属工业的开采和冶炼等环节,废水、废气、废渣大量的排放量,影响生态环境,尤其是重金属污染是有色金属防控重点。2015 年新的《中华人民共和国环境保护法》和 2018 年《中华人民共和国环境保护税法》的实施,以及区域性和行业性相关的专项整治,如《京津冀及周边地区 2017 年大气污染防治工作方案》和重点采取的《清理整顿电解铝行业违法违规项目专项行动工作方案》等,中央环保督察在全国的 31 个省份开展工作,有色金属工业的环保治理问题与绿色发展的必然性要求,一定程度限制了生产技术不达标、环保改造不到位的企业发展,有些企业面临搬迁,有些企业则必须增加环保治理投入[25]。

12. 企业发展过程中积累的相关问题

中国有色金属矿业在过去的发展过程中,企业规模偏小,规模经济效用没有实现。来自《中国统计年鉴(2019)》数据显示:2018年,有色金属矿采选业中规模以上企业1456家,国有控股企业247家,占比约17%;私营企业为675家,约占46%。有色金属冶炼及压延加工6942家中规模以上企业单位,国有控股企业514家,约占7%;私营企业达4080家,约占59%。中国有色金属矿业集中度低,行业内企业个体的竞争力差。

第二节 中国有色金属矿业空间布局现状

我们为了研究中国有色金属矿业的发展问题,从空间布局来研究与分析产业资源在空间配置的状况。就中国有色金属矿业产业布局而言,有空间位置的集中和离散问题,也有空间供求协调和供求失衡的调节问题。

结合资源的全球化和资源市场的国际化发展,中国有色金属矿业的空间布局离不开产业布局的问题。中国有色金属矿业主要的产业布局应该包括以下三种方式。

(1)资源依托型布局。企业或产业设置靠近资源产地。

(2)市场依托型布局。面对客户,服务中下游产业和消费者,接近消费市场布局。

(3)港口依托型布局。利用货运和交通的优势,减少运输和物流成本,在邻近江海港口设置企业。

中国有色金属矿业早期布局具有资源依托型的特点,生产基地建设靠近有色金属矿产资源富集的地方,将有色金属的产成品运往各地消费市场。随着经济全球化的演变和工业化进程的不断深入,中国有色金属矿业面对"两种资源,两个市场",产业和企业的空间布局需要重新调整,选择更加有效的市场依托型和港口依托型作为新的发展方向,才能有利于产业的发展,适应各地目标市场的需求,拓展矿业市场的国际化,实现国际资源保障和产品的贸易升级[26]。

一、中国有色金属矿业空间布局情况

根据现有的中国有色金属矿业的现状,矿业发展程度与中国各省(市区)经济发展水平存在差异。我们都知道,有色金属矿产资源的禀赋不一样,规模以上或通过资本市场实现规模经济的矿业企业是不一样的。以下我们将对有色金属矿业上市公司的分布及主要矿产资源的分布空间布局情况进行比对研究。

1. 中国有色金属矿业上市公司的空间布局情况

中国主要省(市区)有色金属行业上市公司分布情况如表3-10所示。从表3-10可以

看出,我国的东部沿海地区虽然不是有色金属分布的地区,但却是有色金属行业上市公司的集中地。

表 3-10 中国主要省(市区)有色金属行业上市公司分布

省(市区)	数量/家	省(市区)	数量/家
黑龙江	1	福建	4
内蒙古	5	青海	1
吉林	1	新疆	2
辽宁	2	陕西	4
江苏	10	河南	5
云南	7	宁夏	1
四川	5	甘肃	3
湖南	3	贵州	0
广东	6	北京	6

资料来源:中原证券研究报告

由表 3-10 还可以看出,2019 年中国有色金属矿业上市公司共有 103 家。这些上市公司的空间布局整体上呈现出沿海地区多、中部地区少和西南地区多、东北地区少的特点。

由于沿海地区经济发达,资金和税收条件有利于有色金属矿业的发展,同时沿海地区市场发达,资本市场对企业发展作用发挥较好。因此,沿海地区的有色金属矿业上市公司较多。另外,对于有色金属矿产资源禀赋和开采条件而言,西南地区具有丰富的有色金属矿产资源,吸引大量资金和企业到西南地区投资有色金属矿业,并成为证券市场的有色金属矿业上市公司的集散地。

当然,我们也需要对中国有色金属的矿产资源禀赋情况做进一步的分析。

2. 有色金属主要矿产资源的空间布局

在世界范围内,中国是有色金属矿产资源储藏比较丰富的国家。目前,全球已经发现的金属矿产在中国基本上都有探明储量,其中,钨、锡、锑、稀土、钽、钛的探明储量居世界第一,钒、钼、铌、铍、锂的探明储量居世界第二,锌的探明储量居世界第四位,铅、金、银等的探明储量居世界第五。尽管中国有色金属矿产资源分布比较广泛,在几个地区相对集中,譬如,山西、河南、贵州、广西等地富集铝土矿,江西、湖南、广东等地有钨矿,云南、广西、广东和湖南等地富存锡矿。现有矿产资源公报显示,有些矿产的储量大,其品位和质量高。

在中国范围内,已经发现并正在开采的有色金属矿产资源的分布是非常不平衡的。它呈现出的特点是南方多、北方少,而且主要集中分布在长江流域。中国目前正在开采的十大有色金属矿产地:内蒙古白云鄂博(主要是稀土)、西北的甘肃金昌(富存镍)、山东招远(最有名和储量大的就是黄金)、江西德兴(产铜)、江西大余(有大量的钨)、湖南锡矿山(产锑)、湖南水口山(产铅锌矿)、云南个旧(产锡)、广西平果(产铝)、贵州铜仁(产汞)。

中国有色金属除了铁、锰、铬三种金属以外,矿产资源种类多达64种。我们不妨看看铜、铅、锌代表性的有色金属矿产资源在我国的空间布局情况,具体分布情况见表3-11和图3-2。

表3-11 2016年铜矿、铅矿、锌矿在各省(市区)的储量分布情况   (单位:万t)

经济区位	省份(市区)	铜矿储量	铅矿储量	锌矿储量
华北地区	北京	0.02	0.00	0.00
	天津	0.00	0.00	0.00
	河北	13.41	21.75	79.66
	山西	149.16	0.46	0.55
	内蒙古	437.83	647.65	1 444.45
东北地区	辽宁	27.92	13.2	45.88
	吉林	21.82	13.72	18.29
	黑龙江	111.35	6.28	26.53
华东地区	上海	0.00	0.00	0.00
	江苏	4.02	22.56	38.1
	浙江	5.17	8.68	61.16
	安徽	154.7	12.26	11.28
	福建	62.35	27.41	59.57
	江西	475.7	49.23	70.28
	山东	6.49	0.63	0.75
中南地区	河南	11.58	61.13	46.77
	湖北	89.58	5.31	20.97
	湖南	9.92	46.88	70.76
	广东	17.59	103.09	186.26
	广西	3.12	52.74	188.26
	海南	3.52	6.68	16.99
西南地区	重庆	0.00	2.52	8.75
	四川	49.07	99.63	206.45
	贵州	0.17	13.45	114.96
	云南	298.99	240.98	982.69
	西藏	272.32	89.51	40.27

表 3-11

经济区位	省份(市区)	铜矿储量	铅矿储量	锌矿储量
西北地区	陕西	19.93	36.94	100.53
	甘肃	132.45	79.63	304.81
	青海	18.04	43.68	97.79
	宁夏	0.00	0.00	0.00
	新疆	224.76	102.62	196.35

资料来源:国家统计局官网

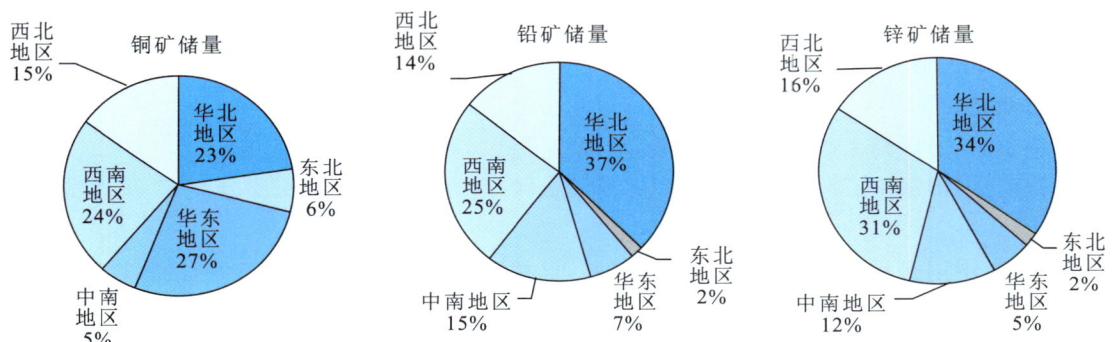

图 3-2　2016 年中国铜矿、铅矿、锌矿的储量分布情况

由表 3-11 和图 3-2 可以看出,铜矿、铅矿和锌矿主要分布在我国的华北地区和西南地区。华北地区的内蒙古和西南地区的云南、西藏、四川等地的相关矿产资源都较为丰富。就铜矿而言,储量最为丰富的是江西,占全国的比重高达 18%;其次是内蒙古,占比约为 16.7%。就铅矿和锌矿而言,储量最为丰富的均为内蒙古,占比分别为 35.8%和 32.5%。

二、中国有色金属矿业发展空间差异分析

中国有色金属矿产资源的分布是不均衡的,矿产资源的禀赋与有色金属矿业的发展密切相关。不同区域地质结构和成矿构造存在着的差异导致不同区域的有色金属矿山不同分布。矿业企业的采矿和选矿的投资大都是在矿山所在地,这些矿山的开采需要交通和相关的服务设施,地方的经济建设和社会发展也是非常重要的矿业发展环境。矿业企业的发展与建设,离开地方经济发展和基础建设投资环境,矿山建设的基本投资会增加。社会环境、人文环境直接影响着相关投资和产业的发展,专业技术人员筹备情况也是人才基本需求,这些因素会影响矿业企业的发展。

近年来,中国对有色金属矿产资源采用政策性投资策略,运用财政政策和创造投资环境,引导社会投入,重点是通过资本市场公开发行股票和基本建设国债。同时,建立行业投资基金,扶持有色金属矿业的发展。

从表3-10中相关有色金属上市公司的数量就可以看出,投资者都会看好有色金属矿业。结合中国有色金属矿分布情况,那些依托内生性矿产资源发展的企业将会面临资源短缺。

另外,根据投资市场的发展现状,我们也不难发现有些有色金属矿业的发展遇到了国际市场的严重冲击。

从中国的有色金属矿产资源分布情况看,全国均有有色金属矿产分布。

铜矿:中国是世界上铜矿较多的国家,已探明储量的矿区有910处,总保有储量铜6243万t,富铜矿占35%。铜矿分布于上海、重庆、台湾等地。

铅锌矿:中国铅锌矿资源除上海、天津、香港外均有产出。已探明储量的矿区有700多处,铅总保有储量3572万t,锌总保有储量9384万t。比较而言,云南铅储量占全国铅矿总储量的17%。

铝土矿:中国铝土矿资源丰度中等,产地310处,总保有储量22.7亿t。

镍矿:中国镍矿资源矿产地有近100处,总保有储量784万t,主要分布在18个省(市区)。

钨矿:中国是世界上钨矿资源最丰富的,已探明矿产地有252处,总保有储量529万t,分布于23个省(市区)。湖南的白钨矿储量和江西的黑钨矿储量分别占全国钨矿总储量的33.8%和20.7%。

菱镁矿:中国是世界上菱镁矿资源最丰富的国家,探明储量的矿区有27处,总保有储量30亿t。辽宁菱镁矿储量占全国总储量的85.6%。

钴矿:中国钴矿资源少,是铁、镍、铜等的伴生矿产,已知钴矿产地150处,全国总保有储量47万t,分布于24个省(市区)。

锡矿:中国锡矿资源丰富,探明矿产地293处,总保有储量407万t,分布于15个省(市区)。广西、云南两省(市区)锡矿储量分别占全国总储量的32.9%和31.4%。

钼矿:中国钼矿资源丰富,探明储量的矿区有222处,总保有储量840万t,分布于28个省(市区)。河南省钼矿储量占全国钼矿总储量的30.1%。

锑矿:中国是世界上锑矿资源最丰富的国家,探明储量的矿区有111处,总保有储量278万t,分布于18个省(市区)。广西锑储量占全国总储量的41.3%。

金矿:中国金矿资源比较丰富,探明储量的矿区有1265处,总保有储量4265t。全国各个省(市区)都有金矿,山东独立金矿床占全国总储量的14.37%。

银矿:中国银矿资源中等,探明储量的矿区有569处,总保有储量11.65万t,分布于全国绝大多数省(市区)。江西银矿储量占全国银矿总储量的15.5%。

铂族金属(含铂、钯、锇、铱、钌、铑):中国铂族金属矿产资源比较贫乏,探明铂族金属的矿区有35处,总保有储量310t,分布于全国10个省(市区)。甘肃铂族金属储量占全国铂族金属总储量的57%。

第三节　中国有色金属矿业绩效分析

为了能够系统地分析中国有色金属矿业的发展情况,我们运用系统评价模型,通过无量纲处理,定量和定性地分析中国有色金属矿业企业经营活动的规模、水平、结构和效益。

为了研究中国有色金属矿业绩效问题,我们比较经济增加值(EVA,economic value added)、层次分析(AHP,analytic hierarchy process)和数据包络分析(DEA,data envelopment analysis)三种方法的优劣,最后采取数据包络分析(DEA)方法作为中国有色金属矿业绩效分析方法。以下以有色金属矿业上市公司为基础数据进行绩效分析。

一、绩效评价模型构建

(一)绩效评价方法的比较与选择

1. 经济增加值

经济增加值是基于企业税后营业收入、生产与服务所需投资和资产投资成本(或资本加权平均成本)进行经营绩效财务评价的方法。该方法主要考虑给企业带来利润的所有资金成本,包括权益资金成本和债务资金成本。其基本模型是:

$$EVA = NOPAT - IC\left[\frac{D}{D+E}K_D + \frac{E}{D+E}R_F\right]$$

式中:NOPAT——税后营业净利润;
　　　IC——投资成本;
　　　D——长期负债;
　　　E——所有者权益;
　　　K_D——长期负债成本;
　　　R_F——无风险投资报酬率。

该方法的依据是投资收益超过资本成本,投资才能为投资者创造价值。其优点是既考虑了各项成本又考虑了权益成本,与经济学上的利润更加贴切;其缺点是结果基于会计数据调整而来的,不能完全克服原有绩效分析的缺陷。

2. 层次分析方法

层次分析方法是将定量分析和定性分析相结合,运用系统工程思路来解决许多复杂问题,并通过建立层次结构模型、构造判断矩阵进行一致性检验。该种方法的优点是可以解决评价指标复杂、主观评价指标难以定量化的情况及主观影响评价结果的问题[27];缺点是需要给出一致性比较,对指标要求很高。

3. 数据包络分析方法

数据包络分析方法是以相对效率为原理,评价具有相同类型的和多投入、多产出的决策单元是否技术有效的一种非参数分析方法。其优点是建立模型前,不需要对数据进行无量纲化处理;无需进行权重假设,消除主观影响因素,可以进行差异分析、效率分析和敏感度分析。其局限性是只能处理正数,遇到负数和零值要进行预处理。DEA方法给出的效率包括有效、弱有效和非有效三个等级。

(二) 数据包络分析模型建立

以有色金属矿业的上市公司为基础进行的绩效分析会涉及每个企业的多个投入和多个产出,数据包络分析适用于具有相同类型的多投入、多产出的决策。

DEA方法的基本模型包括CCR模型和BCC模型。CCR模型以规模报酬不变为基本假设,求综合技术效率,用于衡量任一有色金属矿业最大产出的最小要素投入成本。BCC模型以规模报酬可变为基本假设,求纯技术效率,衡量任一有色金属矿业与同一规模的最大产出下,最小的要素投入成本。

1. CCR模型

假设:有 n 个DMU,每个DMU都有 m 种类型的输入和 s 种类型的输出,则 DMU_j 的基本模型如下:

$$\begin{cases} x_j = (x_{1j}, x_{2j}, \cdots, x_{ij})^T \\ y_j = (y_{1j}, y_{2j}, \cdots, y_{rj})^T \end{cases}$$

式中:x_j——输入;

y_j——输出;

x_{ij} 表示第 j 个决策单元 DMU_j 第 i 种类型输入的输入量,$x_{ij} > 0$;

y_{rj} 表示第 j 个决策单元 DMU_j 第 r 种类型输出的输出量,$y_{rj} > 0$;

$i = 1, 2, \cdots, m$;

$r = 1, 2, \cdots, s$;

$j = 1, 2, \cdots, n$。

评价第 j_0 决策单元 DMU_{j_0} 有效性的CCR模型:

$$\min \theta = V_D$$

$$\begin{cases} \sum_{j=1}^{n} \lambda_j X_j + S^- = \theta X_0 \\ \sum_{j=1}^{n} \lambda_j Y_j - S^+ = Y_0 \end{cases} \quad 其中 j = 1, 2, \cdots, n \tag{3-1}$$

式中:V_D——整式规划;

λ_j——单位组合系数,$\lambda_j \geq 0$;

θ、S^-、S^+——评价DMU相对有效性的判断标准,θ 为由模型测算出的相对效率值,S^-、S^+ 为松弛变量,$S^- \geq 0$,$S^+ \geq 0$。

若 $\theta=1$，且 $S^-=0$ 和 $S^+=0$，则认为被评价目标绩效是 DEA 有效；若 $\theta<1$，且 S^-、S^+ 不全为 0，则被评价目标绩效是 DEA 无效[28]。

2. BCC 模型

本研究选取规模报酬可变的 BCC 模型，认为技术效率由纯技术效率和规模效率共同决定。

假设：有 n 个 DMU，每个 DMU 都有 m 种类型的投入和 s 种类型的产出，对于第 j 个 DMU 分别用向量 $\boldsymbol{x}_j$ 和 $\boldsymbol{y}_j$ 表示，有：

$$\begin{cases} \boldsymbol{x}_j = (x_{1j}, x_{2j}, \cdots, x_{mj})^{\mathrm{T}} \\ \boldsymbol{y}_j = (y_{1j}, y_{2j}, \cdots, y_{sj})^{\mathrm{T}} \end{cases} \quad \text{其中 } j = 1, 2, 3, \cdots, n$$

则每个 DMU 效率值可以通过如下线性规划模型来求出：

$$\min_{\lambda, \theta} \theta$$

$$\text{s.t.} \begin{cases} \sum_{j=1}^{n} x_j \lambda_j \leqslant \theta x_0 \\ \sum_{j=1}^{n} y_j \lambda_j \leqslant y_0 \quad \text{其中 } \lambda_j \geqslant 0; j = 1, 2, 3, \cdots, k, \cdots, n \\ \sum_{j=1}^{n} \lambda_j = 1 \end{cases} \tag{3-2}$$

式中：x_0、y_0——选定决策单元 DMU_0 的投入向量和产出向量；

λ——相对于 DMU_0 重新构造一个有效的 DMU 组合中 n 个决策单元的组合比例；

θ——DMU_0 的投入相对于产出的有效利用程度，即效率值，$(1-\theta)$ 表示 DMU_0 多投入的比例，或说可以减少的最大投入比例[29]。

二、中国有色金属矿业绩效评价过程

(一)绩效评价过程

1. 评价指标体系构建

根据 DEA 模型进行绩效分析，并建立评价指标体系，然后选取能反映公司投入和产出的评价指标。选择有代表性的指标应遵循以下原则。

(1)综合性原则。整个评价指标体系可以反映公司的盈利能力和可持续发展能力。

(2)真实性原则。指标的选取不是根据个人主观偏好，而是遵循客观公正。

(3)简洁性原则。选取的指标要尽可能地少又能够充分反映公司实际情况。

(4)可获得性原则。选取的指标可以获得相应的数据资料。

所选择的输入指标和输出指标可以反映决策单元的竞争力水平，各指标之间不存在明显的线性关系，而且数据是可获得的。评价指标体系包括内容见表 3-12。

表 3-12 有色金属矿业绩效评价指标体系

投入指标	X_1	固定资产净额
	X_2	主营业务成本
	X_3	应付职工薪酬
产出指标	Y_1	主营业务收入
	Y_2	净利润

在输入指标中,固定资产净额指标反映企业的经济规模,也是稳定生产的物质基础;主营业务成本是企业主要成本投入,与主营业务收入很好地匹配,衡量企业经营生产的成本与效率;应付职工薪酬是企业劳动投入,根据员工人数与企业所处的地理区位工资标准关系确定,将应付职工薪酬来作为投入指标。在输出指标中,主营业务收入是企业主营业务成果具代表性的综合指标,反映企业的价值创造和战略安排;净利润是企业的税后利润,反映企业的盈利能力。

2. 样本选择和相关数据收集

1)样本选择

上市公司的经营绩效可以反映行业整体经营水平和盈利能力。本研究选取中国有色金属矿业在沪、深两市的上市公司作为研究样本。在沪、深两市上市的有色金属矿业相关企业共有 103 家,考虑评价方法的特性,去掉 ST 股和 2019 年数据缺失的上市公司,剩下 94 家,详见表 3-13。

表 3-13 DEA 决策单元

楚江新材(002171)	众源新材(603527)	铜陵有色(000630)	中国铝业(601600)
中色股份(000758)	钢研高纳(300034)	中金黄金(600489)	中矿资源(002738)
盛达资源(000603)	闽发铝业(002578)	厦门钨业(600549)	盛屯矿业(600711)
紫金矿业(601899)	白银有色(601212)	翔鹭钨业(002842)	精艺股份(002295)
东方锆业(002167)	和胜股份(002824)	豪美新材(002988)	宜安科技(300328)
中钨高新(000657)	广晟有色(600259)	四通新材(300428)	明泰铝业(601677)
豫光金铅(600531)	焦作万方(000612)	洛阳钼业(603993)	中飞股份(300489)
株冶集团(600961)	湖南黄金(002155)	怡球资源(601388)	云海金属(002182)
银邦股份(300337)	鼎胜新材(603876)	寒锐钴业(300618)	电工合金(300697)
常铝股份(002160)	亚太科技(002540)	丽岛新材(603937)	江西铜业(600362)
赣锋锂业(002460)	章源钨业(002378)	吉翔股份(603399)	兴业矿业(000426)

续表 3-13

银泰黄金(000975)	鄂尔多斯(600295)	赤峰黄金(600988)	北方稀土(600111)
东方钽业(000962)	西部矿业(601168)	南山铝业(600219)	山东黄金(600547)
宏创控股(002379)	园城黄金(600766)	中润资源(000506)	恒邦股份(002237)
五矿稀土(000831)	西部材料(002149)	宝钛股份(600456)	西部超导(688122)
金钼股份(601958)	丰华股份(600615)	华峰铝业(601702)	鹏欣资源(600490)
中金岭南(000060)	深圳新星(603978)	格林美(002340)	攀钢钒钛(000629)
盛和资源(600392)	天齐锂业(002466)	宏达股份(600331)	安宁股份(002978)
锐新科技(300828)	西藏珠峰(600338)	华钰矿业(601020)	西藏矿业(000762)
新疆众和(600888)	西部黄金(601069)	锡业股份(000960)	云铝股份(000807)
驰宏锌锗(600497)	罗平锌电(002114)	云南铜业(000878)	云南锗业(002428)
贵研铂业(600459)	博威合金(601137)	华友钴业(603799)	海亮股份(002203)
宁波富邦(600768)	万邦德(002082)	金田铜业(601609)	华光新材(688379)
	顺博合金(002996)	国城矿业(000688)	

2) 数据收集

依据中国证券市场上市公司的年度财务报表,决策单元的指标数据采用上市公司 2019 年的年度财务数据。

3. 数据标准化

DEA 模型投入、产出数据均不能出现负数和零值,消除不同公司同一指标数据差异过大的现象,需要对投入、产出数据进行标准化处理。处理标准为:设 $\min z_{ij} = a_i$,a_i 为第 i 项投入或产出的最小值,σ_i 为对应的投入或产出的标准差,z_{ij} 表示对应的投入项 x_{ij} 或产出项 y_{ij},运用下列公式进行标准化。

$$z_{ij}^* = z_{ij} - a_i / \delta_t \quad 其中 j = 1,2,3,\cdots,n; i = 1,2,3,\cdots,m$$

标准化后出现个别零值,用非常趋于零的数值代替,取 0.01 值。

4. 绩效评价分析过程

用 CCR 模型和 BCC 模型对 94 家有色金属矿业上市公司 2019 年的绩效进行评价分析,经过 DEA-Solver 数据处理,结果见表 3-14。

表 3-14 2019 年有色金属矿业上市公司 DEA 有效性评价结果

序号	证券简称	综合技术效率	纯技术效率	规模效率	规模报酬
1	楚江新材	0.884 5	0.919 9	0.961 5	drs
2	众源新材	0.992 5	1.000 0	0.992 5	drs
3	铜陵有色	0.849 6	0.953 3	0.891 2	drs
4	中国铝业	1.000 0	1.000 0	1.000 0	—
5	中色股份	0.655 7	0.781 2	0.839 4	drs
6	钢研高纳	0.680 9	0.776 1	0.877 3	drs
7	中金黄金	0.758 9	0.900 4	0.842 8	drs
8	中矿资源	0.857 1	0.942 2	0.909 8	drs
9	盛达资源	0.942 5	1.000 0	0.942 5	drs
10	闽发铝业	0.548 7	0.549 1	0.999 3	—
11	厦门钨业	0.614 4	0.931 5	0.659 7	drs
12	盛屯矿业	1.000 0	1.000 0	1.000 0	—
13	紫金矿业	0.798 7	1.000 0	0.798 7	drs
14	白银有色	0.877 3	0.938 3	0.935 0	drs
15	翔鹭钨业	1.000 0	1.000 0	1.000 0	—
16	精艺股份	1.000 0	1.000 0	1.000 0	—
17	东方锆业	0.450 4	0.457 7	0.983 9	irs
18	和胜股份	0.595 0	0.595 7	0.998 9	
19	豪美新材	0.722 2	0.727 3	0.993 0	drs
20	宜安科技	0.602 6	0.602 6	1.000 0	irs
21	中钨高新	0.744 0	0.825 0	0.901 6	drs
22	广晟有色	0.899 5	0.902 4	0.996 8	drs
23	四通新材	0.720 0	0.834 7	0.862 5	drs
24	明泰铝业	0.854 6	0.922 8	0.926 1	drs
25	豫光金铅	0.913 9	0.915 5	0.998 3	drs
26	焦作万方	0.669 3	0.670 2	0.998 6	—
27	洛阳钼业	0.664 6	0.910 7	0.729 7	drs

续表 3-14

序号	证券简称	综合技术效率	纯技术效率	规模效率	规模报酬
28	中飞股份	0.733 6	0.740 3	0.991 0	—
29	株冶集团	0.707 4	0.742 3	0.953 0	drs
30	湖南黄金	0.678 6	0.824 1	0.823 4	drs
31	怡球资源	0.761 7	0.765 5	0.995 1	drs
32	云海金属	0.747 5	1.000 0	0.747 5	drs
33	银邦股份	0.654 3	0.656 8	0.996 2	—
34	鼎胜新材	0.800 6	0.837 4	0.956 0	drs
35	寒锐钴业	0.776 7	0.777 9	0.998 6	irs
36	电工合金	0.829 6	0.875 1	0.948 0	drs
37	常铝股份	0.781 1	0.781 8	0.999 1	irs
38	亚太科技	0.628 8	0.748 5	0.840 1	drs
39	丽岛新材	1.000 0	1.000 0	1.000 0	—
40	江西铜业	0.884 0	1.000 0	0.884 0	drs
41	赣锋锂业	0.766 8	0.778 1	0.985 5	drs
42	章源钨业	0.444 4	0.444 4	1.000 0	drs
43	吉翔股份	0.977 0	0.979 0	0.998 0	—
44	兴业矿业	0.523 3	0.523 4	0.999 8	—
45	银泰黄金	0.720 4	1.000 0	0.720 4	drs
46	鄂尔多斯	0.750 0	1.000 0	0.750 0	drs
47	赤峰黄金	0.649 5	0.700 5	0.927 2	drs
48	北方稀土	0.797 5	0.907 2	0.879 1	drs
49	东方钽业	0.907 0	0.907 5	0.999 5	—
50	西部矿业	0.822 0	0.972 1	0.845 6	drs
51	南山铝业	0.426 6	1.000 0	0.426 6	drs
52	山东黄金	0.859 2	0.998 5	0.860 5	drs
53	宏创控股	0.770 9	0.777 0	0.992 3	drs
54	园城黄金	1.000 0	1.000 0	1.000 0	—

续表 3-14

序号	证券简称	综合技术效率	纯技术效率	规模效率	规模报酬
55	中润资源	0.305 0	0.305 7	0.997 6	irs
56	恒邦股份	0.930 1	0.945 7	0.983 5	drs
57	五矿稀土	0.997 3	0.997 3	1.000 0	—
58	西部材料	0.518 9	0.522 9	0.992 4	drs
59	宝钛股份	0.605 1	0.605 2	0.999 8	—
60	西部超导	0.537 8	0.578 8	0.929 2	drs
61	金钼股份	0.737 8	0.817 0	0.903 1	drs
62	丰华股份	0.083 8	1.000 0	0.083 8	drs
63	华峰铝业	1.000 0	1.000 0	1.000 0	—
64	鹏欣资源	0.876 8	0.876 8	1.000 0	—
65	中金岭南	0.501 9	0.750 4	0.668 9	drs
66	深圳新星	0.901 6	0.904 5	0.996 9	—
67	格林美	0.762 4	0.920 2	0.828 4	drs
68	攀钢钒钛	1.000 0	1.000 0	1.000 0	—
69	盛和资源	0.901 8	0.949 6	0.949 7	drs
70	天齐锂业	0.661 6	0.925 9	0.714 5	drs
71	宏达股份	0.595 7	0.609 4	0.977 6	drs
72	安宁股份	0.602 6	1.000 0	0.602 6	drs
73	锐新科技	0.626 7	0.629 5	0.995 7	drs
74	西藏珠峰	1.000 0	1.000 0	1.000 0	—
75	华钰矿业	0.617 3	0.617 4	0.999 9	—
76	西藏矿业	0.571 4	0.571 4	1.000 0	drs
77	新疆众和	1.000 0	1.000 0	1.000 0	—
78	西部黄金	0.769 1	0.769 3	0.999 7	irs
79	锡业股份	0.810 7	0.955 9	0.848 1	drs
80	云铝股份	0.688 9	0.903 9	0.762 1	drs
81	驰宏锌锗	0.781 6	0.942 8	0.829 0	drs

续表 3-14

序号	证券简称	综合技术效率	纯技术效率	规模效率	规模报酬
82	罗平锌电	0.592 6	0.596 9	0.992 8	drs
83	云南铜业	0.979 8	1.000 0	0.979 8	drs
84	云南锗业	0.974 2	1.000 0	0.974 2	drs
85	贵研铂业	0.923 7	0.929 2	0.994 1	drs
86	博威合金	0.698 2	0.788 1	0.885 9	drs
87	华友钴业	0.720 5	0.864 2	0.833 7	drs
88	海亮股份	0.864 5	0.981 4	0.880 9	drs
89	宁波富邦	1.000 0	1.000 0	1.000 0	—
90	万邦德	1.000 0	1.000 0	1.000 0	—
91	金田铜业	0.865 6	0.919 6	0.941 3	drs
92	华光新材	0.733 0	0.733 0	0.999 9	—
93	顺博合金	1.000 0	1.000 0	1.000 0	—
94	国城矿业	0.560 9	0.567 0	0.989 2	drs
	平均值	0.765 9	0.843 3	0.915 9	
	标准差	0.177 8	0.165 0	0.137 3	

注：drs 为规模效益递减；irs 为规模效益递增；— 为规模效益不变

(二)评价结果分析

1. 决策单元效率分析

从表 3-14 可以看出，在 94 家有色金属矿业公司中，综合技术效率、纯技术效率及规模效率均有效的有 13 家，分别是中国铝业、盛屯矿业、翔鹭钨业、精艺股份、丽岛新材、园城黄金、华峰铝业、攀钢钒钛、西藏珠峰、新疆众和、宁波富邦、万邦德和顺博合金。这 13 家公司基本情况见表 3-15。

表3-15 处于生产前沿面的有色金属矿业上市公司基本情况

证券简称	证券代码	证监会行业	区域
中国铝业	601600	轻有色金属冶炼业	北京板块
盛屯矿业	600711	重有色金属矿采选业	福建板块
翔鹭钨业	002842	重有色金属冶炼业	广东板块
精艺股份	002295	重有色金属冶炼业	广东板块
丽岛新材	603937	其他金属制品业	江苏板块
园城黄金	600766	贵金属矿采选业	山东板块
华峰铝业	601702	有色金属压延加工业	上海板块
攀钢钒钛	000629	有色金属压延加工业	四川板块
西藏珠峰	600338	重有色金属冶炼业	西藏板块
新疆众和	600888	轻有色金属冶炼业	新疆板块
宁波富邦	600768	轻有色金属冶炼业	浙江板块
万邦德	002082	轻有色金属冶炼业	浙江板块
顺博合金	002996	有色金属压延加工业	重庆板块

处于生产前沿的上市公司，其区域分布比较集中，主要为东部沿海地区，部分为西南地区。其原因是东部沿海地区的经济较为发达，具备资金支持和发展环境；而西南地区有色金属矿产资源富集，对企业的发展有资源支撑。

2. 决策单元规模报酬分析

相关资料表明，2019年处于规模报酬不变的有色金属矿业有27家，占比28.72%；规模报酬递增的有色金属矿业有6家，占比6.38%；规模报酬递减的有色金属矿业有61家，占比64.89%（图3-3）。

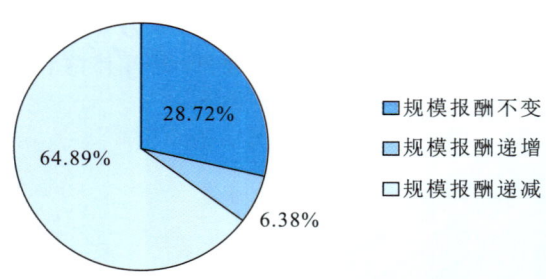

图3-3 有色金属矿业不同类型规模报酬占比

从图3-3可以看出，2019年有色金属矿业上市公司中规模报酬递减的占比接近2/3，反映有色金属矿业在资源依托型产业发展过程中呈现出明显的疲势。

3. 非DEA有效决策单元投影分析

通过对中国有色金属矿产资源矿业上市公司2019年数据进行投影分析，可以找出上市公司投入产出指标能够达到的目标值，为上市公司的投入和产出指明改良方向，从而为有色金属矿业的发展指明发展方向。

从有色金属矿业上市公司非DEA有效投影分析表可以看出：由于我们基于的是投入角度的DEA模型，所以得出的投影值首先是缩减投入，其次才是扩大产出。从投入要素看，非DEA有效决策单元的投入缩减百分比绝大多数都在10%以上，缩减比例最大的甚至达到90%，说明有色金属矿业上市公司的投入还没有达到最优规模，需要通过提高投入资源利用效率从而在产出不变的情况下缩减投入规模；从产出要素看，非DEA有效决策单元的产出要素中主营业务收入基本已经达到最优状态，不需要继续扩大，而部分有色金属矿业上市公司净利润仍有较大的改进空间，说明有色金属矿业在做好有色金属冶炼和矿采选等主营业务的同时，还需丰富业务种类、扩大业务范围，从而提高净利润，进而提高整个行业的效率水平。

有色金属矿业上市公司非DEA有效投影分析表

三、相关结论与解释

1. 行业企业效率差异较大，发展不平衡

从表3-14的数据可以看出，2019年有色金属矿业不同上市公司综合技术效率、纯技术效率和规模效率差异较大，标准差分别为0.177 8、0.165 0和0.137 3。东部沿海地区和西南地区相关企业的效率值都能够位于生产前沿，效率值为1.000 0，江西板块的章源钨业综合技术效率和纯技术效率却仅为0.444 4。这说明不同地区的有色金属矿业上市公司发展差距较大，有色金属矿业还存在发展不平衡。

2. 行业总体效率水平有待提高

由于上市公司在整个行业中占主导地位，所以上市公司的效率可以反映整个行业的效率。据表3-14，上市公司的综合技术效率和纯技术效率平均值仅为0.765 9和0.843 3，说明大多数有色金属矿业上市公司可以大幅度减少投入使用从而很大程度上缩减成本费用，也可以通过扩大产出来提高整个行业的整体效率。

3. 上市企业大多数处于规模报酬递减

通过对有色金属矿业上市公司绩效进行规模报酬分析，我们能够发现超过60%的上市公司处于规模报酬递减阶段。这说明相关企业如果扩大规模,不仅不会提高收益,反而会减少收益。相关企业应通过调整现有的产业结构提高自身管理水平,避免出现因管理不规范而引发规模不经济的现象。

第四节 中国有色金属矿业发展指数分析

为了进一步说明中国有色金属矿业发展情况,本部分将利用相关方法对中国有色金属矿业发展指数进行分析。

一、发展指数评价指标体系构建

1. 发展指数基本原理

指数是反映不同时期某一社会现象变动情况的指标,譬如,某一社会现象的报告期数值和基期数值之比。指数通常有"个体指数"和"总指数",个体指数如个别产品的产品指数,总指数如全部商品的价格指数等。指数综合反映由多种因素组成的经济现象在不同时间或空间条件下平均变动的相对数[30]。我们借助指数衡量某一经济现象的数量总变动,或组成要素对总变动的影响程度。发展指数是用来分析社会经济现象数量变化,综合反映现象总体的变化方向和变动程度。发展指数以某一具体时期为基准,以 1 或 100 为基数,考察期产生的原始数据与基准期原始数据之比乘以基数,以衡量考察时期的发展[31]。

构建有色金属矿业发展指数,就是衡量有色金属矿业的整体发展态势,包括变化方向及变动程度。本研究在有色金属矿业发展指数指标体系设计时,从经济创造、科技创新、社会责任和环境保护四个方面考虑。

2. 指标体系建立

有色金属矿业是一类产业,在产业发展指数的设计时,要选取能够反映产业共有的指标。经济创造和科技创新是发展指数的重要指标,另外有色金属矿业是高耗能、重污染的工业部门,需要加入社会责任作为指标。

结合有色金属矿业特征,所构建的指标体系有两级指标。一级指标由经济创造、科技创新和社会责任组成。二级指标有营业利润率、流动比率等反映有色金属矿业经济创造情况等指标,以研发人员数量、研发经费支出和授权专利数量来具体反映科技创新情况,以公益和环保等指标衡量社会责任(表 3-16)。

表 3-16　有色金属矿业发展指数的指标体系

	一级指标名称	二级指标名称
有色金属矿业发展指数的指标体系	经济创造	营业利润率
		流动比率
		总资产周转率
		总资产增长率
	科技创新	研发人员数量
		研发经费支出
		授权专利数量
	社会责任	在职员工数量
		扶贫资金投入
		环保投资额
		工业用水重复利用率
		工业固定废物重复利用率
		二氧化硫排放
		工业化学需氧量排放量
		当年现价产值能耗
		累计矿区复垦面积
		累计厂区绿化面积

二、发展指数评价方法选择

我们研究有色金属矿业发展指数,可以从以下三个步骤进行测算。首先是对于指标的标准化处理,其次是每个二级指标所占权重的确定,最后是综合发展指数的合成,具体情况如下文所述。

1. 指标标准化处理

多指标标准化方法多种多样,包括 Z-score 标准化、极值法、百分位次法、线性比例法、比重法、功效系数法、秩次法和比值法等。一般情况下,Z-score 标准化方法运用得最为广泛。我们对这些多指标标准化的方法仔细分析后可以看出,Z-score 标准化方法对指标进行标准化后,发现均值为 0,标准差为 1,符合正态分布,不受极值的影响;而我们所说的极值法,是运用样本极值的标准化方法,其受极值的差距范围影响很大;再譬如,我们研究发现,百分位次法不能反映数据的绝对水平,当然,线性比例法则过分依赖样本的最大值;另外,功效系数法无法对极端值和异常值进行有效处理。

我们研究有色金属矿业的发展指数,希望通过计算有色金属矿业的发展指数来衡量整个有色金属矿业的发展情况,所以,采用Z-score标准化的方法。这种方法基于原始数据的均值和标准差进行数据的标准化,处理方法为原始数据减去均值再除以标准差。其具体计算方法如下:

$$y_i = \frac{x_i - \bar{x}}{s} \quad \bar{x} = \frac{1}{n}\sum_{i=1}^{n} x_i \quad s = \sqrt{\frac{1}{n-1}\sum_{i=1}^{n}(x_i - \bar{x})^2}$$

2. 指标权重的设置

指标权重计算比较常用的方法包括等权重法、主成分分析法、熵权法、层次分析法和模糊综合评价法等。我们对有色金属产业发展指数指标体系选用主成分分析法可以消除原有二级指标之间的相关性。主成分分析法的原理是通过一定的方法使原有的变量重新组合成一组新的且相互无关的几个综合变量,同时,根据实际情况选取出几个综合变量能够尽可能多地反映原来变量的信息。

3. 综合指数合成

我们研究或尝试与运用综合指数法,进行发展指数的合成。综合指数法包括算术加权和几何加权两种。算术加权适用于指标间数量级相差较小的测算,而几何加权适用于指标间数量级相差较大的测算。

我们在研究有色金属矿产资产管理研究中主要采用Z-score标准化进行具体指标的无量纲化处理,无量纲化之后的指标数量级相差较小,因此,适合采用算术加权综合指数法。

三、具体评价过程

我们研究有色金属矿业的发展指数。借助中国证券系统对行业的划分,可以看出,在103家公司中,大部分上市公司的社会责任报告对于社会责任方面数据的分类及公开存在不足的情况,所以,有色金属矿业的发展指数研究选择各方面数据透露最完全的云南铜业作为代表,利用该公司所在公司年度报告和社会责任报告中所披露的数据,结合国内证券系统中的相关数据来进行发展指数的测算。

云南铜业(集团)有限公司是以铜金属的地质勘探、采矿选矿、冶炼加工、科技研发、进出口贸易为主的有色金属矿业,现有全资、控股企业34家,参股企业19家,从业人员约2万人,总资产445亿元,净资产179.8亿元。该公司拥有19个系列、180余种产品,其中,白银产量居全国第一,黄金产量居全国第九,高纯阴极铜国内市场占有率为12%。综合来看,该公司的发展水平能够在一定水平上反映中国有色金属矿业的总体发展情况。我们收集云南铜业2016—2019年的相关指标数据均来自上市公司的年度报告及社会责任报告。

1. 数据标准化处理

为了能够准确地研究相关问题,在进行相关指标分析之前,需要对指标数据进行标准化处理。由于我们设计有 17 个指标的指标体系中有正向指标也有负向指标[①],为了研究工作的一致性,对负向指标采用取倒数的方法进行处理[②];正向指标正常处理。

2. 权重计算

我们都知道,在 17 个指标中,每个分析指标所起的作用和反映的信息是有差异的。因此,需要对相关指标的影响权重进行确定。参照多种权重计算的方法,我们不妨运用主成分分析法分别确定各个因子的影响程度。

1)主成分提取

主成分提取的目的是尽可能地提取并简化指标体系中 17 个指标所携带的信息,用主要成分来衡量有色金属矿业的发展情况,主要是要消除经济指标含有的重叠信息,干扰矿业绩效评价的准确性。

主成分的提取分三步。首先,分析每个经济指标提取的公因子方差,通过分析提取的各经济指标的共同方差为 1,而且指标的信息提取度都接近 1,这在一定程度上反映指标丢失的信息量不多,提取效果较好。然后,计算指标的解释总方差,关键是要提取出主成分为特征根大于 1 的变量,实现了较少的指标携带较多的信息,保证在损失较少信息量的情况下用更少的维度说明问题。

由表 3-17 可以看出,有色金属矿业发展指数指标体系提取出了三个主成分(F_1、F_2、F_3),其累积方差贡献率达到了 100%,也就是基本涵盖了所有的信息,说明主成分提取非常有效。接着,采用最大方差法对样本数据的初始载荷矩阵进行正交旋转,得到正交旋转后的成分矩阵,处理后的结果见表 3-18。

表 3-17 指标解释的总方差

主成分	初始特征值			提取平方和载入			旋转平方和载入		
	合计	方差贡献率/%	累积方差贡献率/%	合计	方差贡献率/%	累积方差贡献率/%	合计	方差贡献率/%	累积方差贡献率/%
F_1	11.132	65.480	65.480	11.132	65.480	65.480	3.487	49.925	49.925
F_2	3.603	21.192	86.672	3.603	21.192	86.672	5.706	33.567	83.492
F_3	2.266	13.328	100.000	2.266	13.328	100.000	2.806	16.508	100.000

---

① 正向指标反映的是指标数值越大,说明有色矿业发展情况越好;而负向指标则相反,值越大说明发展情况越差。
② 负向指标主要有二氧化硫排放、工业化学需氧量排放量和当年现价产值能耗,对它们取倒数之后进行标准化处理。

表 3-18 正交旋转后的成分矩阵

经济指标	主成分		
	F_1	F_2	F_3
营业利润率(X_1)	0.788	0.607	0.101
流动比率(X_2)	0.952	0.278	−0.128
总资产周转率(X_3)	−0.984	−0.171	−0.050
总资产增长率(X_4)	0.250	−0.133	0.959
研发人员数量(Y_1)	0.840	0.445	−0.309
研发经费支出(Y_2)	0.867	0.094	−0.489
授权专利数量(Y_3)	0.730	0.666	−0.151
在职员工数量(H_1)	0.869	0.289	0.402
扶贫资金投入(H_2)	0.259	0.963	−0.076
环保投资额(H_3)	0.424	0.904	−0.048
工业用水重复利用率(H_4)	0.847	0.429	0.314
工业固体废物重复利用率(H_5)	0.032	−0.973	0.228
二氧化硫排放(H_6)	0.697	0.713	−0.080
工业化学需氧量排放量(H_7)	0.118	0.993	−0.023
当年现价产值能耗(H_8)	0.994	−0.102	0.036
累计矿区复垦面积(H_9)	−0.212	−0.215	0.953
累计厂区绿化面积(H_{10})	0.828	0.229	0.512

注:提取方法使用主成分分析法;旋转法为具有 Kaiser 标准化的正交旋转法,矩阵旋转在 5 次迭代后收敛。

从表 3-18 可以确定各个主成分代表的实际意义。第一主成分(F_1)中流动比率、营业利润率基本高于其他指标,所以,F_1 用来衡量有色金属矿业的经济创造水平;第二主成分(F_2)中扶贫资金投入、环保投资额等指标明显较高,所以,F_2 用来衡量有色矿业的社会责任水平;第三主成分(F_3)中研发人员数量、研发经费支出等指标较高,所以,F_3 用来衡量科技创新水平。

2)主成分得分

通过主成分分析法,我们提取了三个主成分,它们能够较好地反映有色金属矿业的经济创造、科技创新水平以及社会责任情况。按照主成分得分系数矩阵(表 3-19)进一步计算出各主成分得分,即评分系数与各个指标标准化数据乘积的总和。

表 3-19 主成分得分系数矩阵

经济指标	主成分得分系数		
	F_1	F_2	F_3
营业利润率	0.059	0.072	0.048
流动比率	0.136	−0.049	−0.068
总资产周转率	−0.147	0.068	0.010
总资产增长率	0.019	0.002	0.341
研发人员数量	0.104	−0.005	−0.120
研发经费支出	0.158	−0.112	−0.213
授权专利数量	0.053	0.077	−0.041
在职员工数量	0.098	0.001	0.135
扶贫资金投入	−0.066	0.216	0.028
环保投资额	−0.032	0.183	0.027
工业用水重复利用率	0.082	0.034	0.113
工业固体废物重复利用率	0.111	−0.242	0.017
二氧化硫排放	0.038	0.098	−0.009
工业化学需氧量排放量	−0.096	0.244	0.055
当年现价产值能耗	0.181	−0.142	−0.034
累计矿区复垦面积	−0.050	0.035	0.352
累计厂区绿化面积	0.094	−0.003	0.174

(1) $F_1 = 0.059 \times ZX_1 + 0.136 \times ZX_2 - 0.147 \times ZX_3 + 0.019 \times ZX_4 + 0.104 \times ZY_1 + 0.158 \times ZY_2 + 0.053 \times ZY_3 + 0.098 \times ZH_1 - 0.066 \times ZH_2 - 0.032 \times ZH_3 + 0.082 \times ZH_4 + 0.111 \times ZH_5 + 0.038 \times ZH_6 - 0.096 \times ZH_7 + 0.181 \times ZH_8 - 0.050 \times ZH_9 + 0.094 \times ZH_{10}$

(2) $F_2 = 0.072 \times ZX_1 - 0.049 \times ZX_2 + 0.068 \times ZX_3 + 0.002 \times ZX_4 - 0.005 \times ZY_1 - 0.112 \times ZY_2 + 0.077 \times ZY_3 + 0.001 \times ZH_1 + 0.216 \times ZH_2 + 0.183 \times ZH_3 + 0.034 \times ZH_4 - 0.242 \times ZH_5 + 0.098 \times ZH_6 + 0.244 \times ZH_7 - 0.142 \times ZH_8 + 0.035 \times ZH_9 - 0.003 \times ZH_{10}$

(3) $F_3 = 0.048 \times ZX_1 - 0.068 \times ZX_2 + 0.010 \times ZX_3 + 0.341 \times ZX_4 - 0.120 \times ZY_1 - 0.213 \times ZY_2 - 0.041 \times ZY_3 + 0.135 \times ZH_1 + 0.028 \times ZH_2 + 0.027 \times ZH_3 + 0.113 \times ZH_4 + 0.017 \times ZH_5 - 0.009 \times ZH_6 + 0.055 \times ZH_7 - 0.034 \times ZH_8 + 0.352 \times ZH_9 + 0.174 \times ZH_{10}$

因此,发展指数是由各主成分得分与对应的方差贡献率及累计方差贡献率数据计算得出的,计算方程如下:

$$发展指数 = F_1 \times 49.925\% + F_2 \times 33.567\% + F_3 \times 16.508\%$$

3. 结果分析

经过以上整个主成分分析方法的展开,我们将得到有色金属矿业发展指数各主成分得分及发展指数值,具体结果见表3-20。

由表3-20和图3-4可以看出,2016—2020年间,有色金属矿业的发展指数逐年增加,说明有色矿业整体的发展情况在不断改善,从各个主成分来看,反映经济创造水平的F_1表现为先上涨后下降的波动趋势,说明在这段时间内,有色金属矿业企业经历了经济迅速发展及经济经营能力下降的过程;反映社会责任水平的F_2及反映科技创新能力的主成分F_3也均表现为波动趋势,非常明显的是,2018年之后有色金属矿业的科技创新及社会责任情况在不断改善中,说明企业开始不断意识到创新对于发展的重要性及企业社会责任的重要性。

表3-20 有色金属矿业发展指数结果

年份	F_1	F_2	F_3	发展指数
2016	-1.165 910	-0.297 671	-0.897 283	-0.830 123
2017	-0.359 720	-0.334 000	1.417 627	-0.057 682
2018	1.177 818	-0.823 094	-0.424 730	0.241 623
2019	0.347 811	1.454 763	-0.095 615	0.646 181

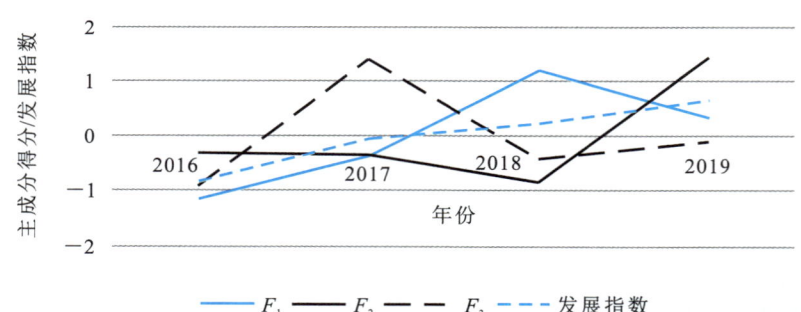

图3-4 有色金属矿业发展指数变化图

四、研究总结与结论

我们在研究有色金属矿业及相关行业发展指数评价体系的基础上,结合绿色发展和可持续发展的理念,从经济创造、科技创新及社会责任三个角度出发,共选取17个二级指标构建有色金属矿业发展评价体系,选用具代表性的云南铜业上市公司,并运用主成分分析法对2016—2019年有色矿业发展指数进行测算,以此来间接衡量有色矿业发展情况及趋势。研究发现如下所述。

1. 有色金属矿业发展速度放缓

有色金属矿业整体处于持续发展阶段,但是,发展速度有所放缓。特别是,中国政府逐步加深对环境和资源的重视,有色金属矿业的发展受限。这主要是因为有色金属工业开采和冶炼形成废水、废气、废渣的排放量都较大,对生态环境影响突出。特别值得一提的是,重金属污染的历史欠账多,社会对它的关注度逐年提高。因此,新的历史发展时期,国家已经将有色金属矿业列为重金属污染防控重点行业[32]。

另外,有色金属矿业企业的内部创新能力有限,应用技术的短板和投入资金的不足导致有色金属矿业发展受限;同时,行业内的关键机器设备依赖进口。加之于企业生产的产品缺乏高端产品,在市场环境中没有竞争力。因此,中国有色金属矿业亟须解决所面临的困境和困难。

2. 有色金属矿业努力在进行技术创新

根据相关的数据和报道,有色金属矿业在不断进行技术创新:有色金属矿产资源矿业企业对于研发的资金投入逐年增加,数字越来越大,而且科研投入也不断地得到重视,研发人员所占比重也越来越大。

3. 社会责任越来越重视

从来自媒体和政府披露的信息可以看出,近年来,有色金属矿产资源矿业企业的社会责任指数处于上升阶段。有色金属矿产资源矿业企业对社会责任越来越重视。譬如,有色金属矿产资源矿业企业不仅向社会和投资者、相关人员,及时准确地披露社会责任报告详情,反映了有色金属矿产资源矿业企业在社会责任方面的意识在不断地完善和提高;另外,有色金属矿产资源矿业企业自觉或不自觉地减少自身生产过程中的污染物排放;随着国家和地方经济社会的发展,我们也逐步意识到经济发展遇到了资源的瓶颈,因此,政府、行业和企业都在提高资源利用技术;同时,有色金属矿产资源矿业企业在公益性服务社会方面也在不断加大投入。

第五节 促进中国有色金属矿业发展的政策建议

中国有色金属矿业是基础性资源行业,过去建立和发展起来的以矿山为依托、探矿—采矿—选矿—冶炼全流程的发展理念受到资源全球化和世界经济一体化的挑战。对此,面对合理利用两种资源(国内资源、国际资源)、两种市场(现货市场、期货市场),需要转变观念,调整产业发展结构,改革行业面临的发展困境问题。对此,我们提出以下几个方面的建议。

一、转变矿业发展模式

1. 有色金属矿业以主营业务求发展

中国有色金属矿业在过去的岁月里,形成了自身独特的资源和文化,以其产业链的各个节点,提升企业核心业务的竞争力。现阶段,需要有色金属矿业通过大力发展主营业务及技术和创新,置换或淘汰落后产能,形成具有竞争力的产能。通过生产和发展,企业转移产能到低成本、高生产率地区;同时,企业发展精深加工技术,逐步将产品朝合金化方向发展,最终以增加产品附加值的形式来增加销售毛利率和企业产值,实现行业发展效率。

2. 有色金属行业需要适应宏观经济环境变化

具有典型周期性的有色金属行业会受到宏观经济发展环境变化的影响,尤其是企业的生产经营容易受到政府宏观调控的影响。政府需要增加投入以鼓励开展矿产资源的勘查与综合评价,对有色金属矿产资源采选业企业降低政策性限制,减少政策因素导致的有色金属价格波动。有色金属矿产资源矿采选业的经营状况直接跟有色金属价格挂钩。因此,要求有色金属矿产资源企业借助两个资源和两种市场,增加对经济波动带来的经营风险的抵御能力。有色金属矿产资源的冶炼及压延加工业企业,需要提高科技创新与产品服务能力,迎接经济形势的变化,保持产品有效供应与用户产品需求同步增长,避免供求失衡和企业间恶性竞争。

二、调整和优化矿业结构

1. 出台有效竞争为目标的产业组织政策

产业组织政策的目标是创造一个充满竞争活力和不断提高企业效率,形成业内有效竞争的市场环境。对于有色金属矿业的产业组织整合目标,必须以有效竞争和适度集中为原则,借助新兴市场和国际资源的机遇,建立"寡头主导型市场结构"。保持产业内适度集中;相同企业完善并充分竞争;形成大企业主导下的各种类型企业同步发展。我们都知道,有色金属矿业的产品和服务市场,在集中度适中水平情况下,将有利于主导企业实现规模经济,从而提高资源配置效率。值得注意的是,保持相当数量的企业竞争,既能保障充分竞争,又能激发自身潜在的实力和活力,最终实现消费者福利改善。因此,创造以有效竞争为目标的产业组织政策是明智之举。

2. 做大做强产业主导的龙头企业

有效竞争的产业组织结构是良性的组织基础。政府产业组织政策必须满足有色金属矿业的发展。政府必须有意识地扶持和做大做强主导龙头企业让行业集中程度得到加强,直面或参与产业国际竞争。当然,国际经济和政策一直反垄断,目的是防止经济力量过分集中。但是,由于中国有色金属矿业的要素市场和组织活力欠佳,政府不能用反垄断政策打击有色金属矿业的产业集中和垄断。中国有色金属矿业只有构建适度集中的寡头主导型市场结构，才能让有色金属矿业产生行业主导型的龙头企业，进而形成有效的产业集群。这里我们需要扶持有色金属矿业主导龙头企业，目的是让有核心地位和优势的企业实现市场份额大、具有一定市场势力或市场支配力。国家对主导龙头企业的扶持必须实现如下几个方面的努力。

1）政策扶持

要利用国家的产业资金和政策，以国家的财政、税收引导有色金属矿业主导龙头企业的建设和发展，也可以鼓励国内规模企业参与并开展去全球化的企业并购，在投入环境、资金使用、信息的共享和传导、消除行政性的制度壁垒、运用法律法规等方面为龙头企业的发展保驾护航。

2）合理配置资源和控制企业发展规模

有色金属矿业企业的建设和发展与资金投入和资源保障密不可分。由于矿业企业具有明显经济性，而且有色金属资源禀赋分布的不均衡，需要更换思路和重新整合企业发展思路。因此，需要国家制定有利于产业整合的规章制度，以开发和国际化的思维来打破保护主义。建立公平竞争的市场环境，跨地区跨国境地利用资金优势、人才和技术优势发展大型主导龙头企业。在人力、物力、财力有限的前提下，适度控制有色金属矿业企业的规模和数量，有针对性地跨矿种和跨区域整合，才能形成大型主导龙头企业。

三、转变矿业发展方式

转变矿业发展模式重点是要开展好以下工作。

1. 增加研发投入，提升有色金属矿业企业发展

有色金属矿产资源行业凝集着资源和资本要素。企业的资产结构特点非常清晰，那就是企业固定资产高，而科技含量较高的无形资产占比较低。

转变有色金属矿业的发展方式，最直接的做法是优化资产结构。只有合理配置企业的资产和资源，才能提高经营效率。有色金属矿业在投资过程中一直是大量的固定资产投资，对资金的占用和消耗巨大。加之于项目或生产线的建设周期长，一定程度形成了固定生产成本超大，在面对来自产品或技术变化引起的市场波动时，必须降低项目或投资对固定资产的投资力度。一旦遇到生产力过剩或适销不对路的情况，要继续保持持续性盈余会带来巨大的困难。因此，必须在产业链和生产环节构建技术端口，通过研发和科技创新将用户需求和产品高附加值传导整个产业链。

事实上，任何企业或行业都需要加大研发投入，并借助科技创新和产品的技术创新，来精、深加工技艺和挖掘潜在需求客户，用提高产品质量和技术含量来提高企业产品的附加值。

2. 有色金属矿业发展技术创新产业

政府要为有色金属矿业创新体系服务。有色金属矿业的科技进步必须引领产业发展方向。有色金属矿业企业以自身经营管理为主,通过产、学、研、用的有机结合,完善科技创新体系。利用有色金属的行业科技基础设施建设,借助世界先进的适用技术和装备,以科技进步为矿业奠定坚实基础。

在新的历史时期,先进的科技创新体系都是围绕科技创新进行系统性的人才建设。中国必须利用世界范围有色金属行业的高校、科研院所和企业,形成科技创新团队,争取国家在财政、税收、补贴等方面的政策优势与技术支持,带动有色金属矿业企业在技术创新中求发展。同时,国家也必须从政策环境,保障对有色金属矿业的科技创新投入,从制度环节将机制创新作为提高有色金属科技进步的引擎。

四、促进矿业区域布局优化

促进矿业区域布局优化的重点是要开展好以下工作。

1. 利益协调机制整合矿业跨区域发展

中国有色金属矿业从空间整合设计就需要考虑跨地域整合问题。尽管中国对有色金属矿业的管理体系逐步完善,但也有诸多的矛盾和问题,譬如矿业权所有权设置与权益转换问题,对矿业发展与投资进入和退出机制问题,矿山经济与地方利益问题等;另外,企业所有权形式多种多样,有国营,又有民营,还存在中外合资或外资控股等形式。

现有有色金属矿业,一方面要顾及国家、地方政府的产权归属,另一方面又要保护合法投资者的收益。特别是有色金属矿业上市公司,还存在着不同股东的利益,需要合法合规进行管理。我们在处理地方政府利益的同时需要顾及国家整体利益,要利用中央和地方协调发展的政策,在保障地方财政收入的同时,保障地方的税收和就业岗位。要建立兼顾地方、中央政府的利益协调机制,安排创新财税制度,在对有色金属矿业兼并和重组的过程中,统筹各方的正当利益诉求,以企业所在地的财税收益为基础。

同时,对于有色金属矿业跨区域建设与开采的企业,需要统筹相关行政区域和多方利益。一方面要合理保护有色金属矿业企业的发展;另一方面又需要协调相关区域的经济社会发展。

2. 有色金属矿业发展利用国内外资源

国家要立足于国内有色金属矿产资源开发,增加矿产资源的有效保障程度。要切实增加地质勘查投入,加大自身勘探找矿力度,提高矿产资源的综合评价和保障能力。从找矿、探矿、矿调、矿评等环节提高对有色金属矿产资源的发掘和找矿准度,加强有色金属矿业的风险管理和控制。

另外,要走出国门,利用自身的找矿技术和能力,直接参与国际矿业的找矿与采矿,利用不同国家的矿产资源政策和优势,合理开采和利用海外矿产资源。特别是,要借助"一带一路"沿线的国家,通过联合勘探,共同开采与开发利用有色金属矿业。

同时,利用国外矿业企业的采选优势,通过进口矿石和相关矿源,弥补国内资源的不足。利用国外的优势和高品质资源开采,引入资源可持续利用的渠道,从资源保障环节实现资源全球化。

3. 有色金属矿业发展充分利用两个市场

有色金属矿产资源具有不可再生的特性。在金融业和有色金属矿产品发达的今天,需要运用现货市场和期货市场的价格机制,实现矿业产业整合和企业经营管理效益提高。政府要充分运用货币和相关政策,适当扶持有色金属矿业,保障矿业能够抵御市场波动。

第四章　中国稀土矿业

世界形势风云变幻。2018年以来,中美贸易战爆发且愈演愈烈,并逐步延伸至政治、军事、科技和外交等层面。2020年又注定是不同寻常的一年:2020年初,"新型冠状病毒肺炎"全球爆发,至2020年11月8日全球确诊病例已经突破4900万、死亡逾120万;同年5月,中国人大通过《香港国安法》;中东局势持续动荡;中印边境冲突对峙加剧;台海之间暗流涌动。一系列重大事件的发生对世界产生深远影响,全球政治、军事、经济格局重新洗牌,中美关系陷入建交41年来最低谷并面临脱钩风险。

"中东有石油,中国有稀土"。中国是全球稀土第一储量大国和生产大国,稀土等关键矿物一直是美国关注的焦点;2019年美国稀土化合物和金属进口总量的80%来自中国,中国在稀土行业的影响力在中美贸易争端中发挥了优势。2020年9月30日,美国总统特朗普签署《解决依赖外国关键矿物对国内供应链构成威胁的行政命令》,指示美内政部调查美国对中国稀土的依赖度,探索使用《国防生产法》(Defense Production Act),加快矿山开发,"结束中国在稀土行业主导地位度"[①]。

被称为"21世纪战略元素"并有着"工业的维生素""工业黄金"美誉的稀土,因它具有无法取代的优异磁、光、电性能和不可再生性,"其地位可与中东的石油相比,具有极其重要的战略意义,一定要把稀土的事情办好,把我国的稀土优势发挥出来"。

近年来,随着国际经济社会发展形势和环境的变化,中国稀土矿业的发展环境也发生了显著的变化。为此,本章将在分析中国稀土矿业发展现状的基础上,结合新时代的要求,重点分析和探讨中国稀土矿业绩效、中国稀土矿业发展指数,并就促进中国稀土矿业健康发展提出相应的对策与建议。

第一节　稀土矿概况

稀土是元素周期表中镧系元素镧(La)、铈(Ce)、镨(Pr)、钕(Nd)、钷(Pm)、钐(Sm)、铕(Eu)、钆(Gd)、铽(Tb)、镝(Dy)、钬(Ho)、铒(Er)、铥(Tm)、镱(Yb)、镥(Lu)、钪(Sc)和钇(Y)共17种元素的总称。按各元素原子量及物理化学性质,可划分为轻稀土和中、重稀土,前五种元素为轻稀土,后面的皆为中、重稀土;按矿物特点又分为铈组和钇组,铈组(轻稀土),镧、铈、镨、钕、钷、钐和铕,钇组(重稀土):钆、铽、镝、钬、铒、铥、镱、镥、钪和钇。

[①] 资料来源:澎湃新闻(《美国总统特朗普签行政令,扩大本土稀土开采》,2019年10月1日)。

稀土在自然界中主要以原矿氧化物的形式存在,主要包含独居石、氟碳铈矿、磷钇矿和镧钒褐帘石。其中,独居石产于花岗岩、稀有金属碳酸岩和混合岩中,稀土氧化物含量为50%~68%;氟碳铈矿主要产于花岗岩、砂矿和稀有金属碳酸岩中,其稀土氧化物含量约75%;磷钇矿主要产于花岗岩、花岗伟晶岩和相关矿床中,其氧化钇含量约61.4%[①]。

一、国外稀土矿分布概况

全球稀土矿藏绝对量很大,但能真正成为可开采稀土矿的不多,且分布极不均匀。在探明储量中,中国稀土资源占世界首位,美国、印度、澳大利亚、加拿大、俄罗斯及独联体国家、埃及稀土储量也十分丰富。近年来,越南发现大型稀土矿床,南非、马来西亚、印度尼西亚、斯里兰卡、蒙古、朝鲜、阿富汗、沙特阿拉伯、尼日利亚等国家也发现丰富的稀土矿产资源。

国外主要稀土资源分布比较集中国家的概况如下所述。

1. 美国

世界最大单一大型稀土矿氟碳铈矿为芒廷帕斯矿,位于美国加利福尼亚圣贝迪诺县,储量达到500万t,约占世界总储量的13%;另一稀土品种独居石储量丰富,主要矿山为佛罗里达州格林科夫斯普林斯矿;砂矿则分布于北卡罗来纳州、南卡罗来纳州、爱达荷州、佐治亚州和蒙大拿州,且其储量较大。但是美国早已将芒廷帕斯矿山和其他86家大型稀土矿关闭,而这87家矿山的开工产量足够满足世界对稀土矿280年的商业性需求。

2. 印度

印度稀土的主要品种为独居石,有较大的分布。据印度媒体报道,1993年印度原子能部原子矿物分部估计独居石总储量为456万t,其稀土生产主要集中在西南海岸的恰瓦拉和马纳范拉库里奇的特拉范科矿床。2012年,国有印度稀土公司(Indian Rare Earths Ltd.)决定重启东部奥里萨邦一大型稀土开发项目,印度地球科学部(Ministry of Earth Sciences)高级官员表示,该项目"前景非常乐观。这处稀土矿山的面积多达$2500km^2$,而且都是一级矿"。

3. 俄罗斯

美国地质调查局(1993)估计其稀土储量约1900万t,占世界总储量的19%。2013年5月,俄罗斯以10亿美元交易价格开发俄远东地区Tomtor稀土矿。该矿占地$250km^2$,包括钇、氧化铌、钪和铽。《国际商业时报》报道,Tomtor稀土矿拥有高达12%的世界总稀土储备,探明储量1.54亿t,可能储量超过所有其他世界储量总和。

4. 加拿大

加拿大铀矿位于安大略省布来恩德里弗—埃利特地区,烧绿石矿位于在魁北克省奥卡地区,纽芬兰岛和拉布拉多省境内的斯特伦奇矿含有钇和重稀土。2013年10月,Quest

---

[①] 佚名:《2019年全球稀土行业产量分布、进出口量及价格变化:全球稀土矿产量21万t,中国稀土矿产量全球第一》,中国产业信息网 www.chyxx.com。

Rare Minerals Ltd.公司宣布在魁北克省北部发现丰富稀土矿藏。该项目稀土氧化物精矿产量年均 13 650t,并相信它有潜力成为一个长期重稀土全球供应商。

5. 其他地区

澳大利亚、南非是独居石分布和生产大国。南非开普省磷灰石矿是世界上唯一单一脉状型独居石稀土矿;马来西亚曾一度是世界重稀土资源和钇的主要来源;巴西独居石矿床规模大,主要含有钍脂铅铀矿、氟碳铈矿和褐铈石等;埃及从钛铁矿中回收的独居石储量约 20 万 t。

二、中国稀土矿分布概况

中国拥有世界上最大的稀土资源储量。其矿种齐全,稀土品位高,矿点分布广泛,成矿条件优越。原国土资源部公开资料显示,截至 2010 年,全国 2/3 以上省(市区)发现上千处矿床、矿点和矿化产地。内蒙古包头白云鄂博、山东微山湖、江西赣州、四川凉山和广东粤北是我国稀土矿分布相对集中的地区,现已形成了北、南、东、西的分布格局;湖南、广西、福建、云南、贵州、浙江、湖北、辽宁、河南、山西、陕西、新疆等省(市区)也有稀土矿床分布,但资源量较少[33]。中国稀土矿呈现出了以下特点。

1. 资源储量丰富

从资源储量来看,稀土矿主要分为轻稀土、重稀土和轻重稀土并存三种类型。内蒙古、四川、山东为轻稀土矿业区,轻稀土探明储量较大,远景储量与探明储量基本持平;湖南、广西、江西轻稀土矿和中重型稀土资源并存,但储量远不如北方轻稀土地区,且其资源大部分都集中于江西省;广东、福建等南方地区以重稀土资源为主导,远景资源储量可观。四川省冕宁县有我国第二大稀土矿富集区,主要是牦牛坪稀土矿和德昌县大陆槽稀土矿,其中,牦牛坪矿区已探获稀土资源 214.6 万 t,伴生元素主要包括钡、铅、铋和银等重金属。该地区稀土矿绝大部分为氟碳铈矿,主要为镧、铈、镨、钕四种轻稀土,占该地资源总储量的 90%以上(表 4-1)。

表 4-1 中国主要省(市区)稀土储量情况

省份	轻稀土储量/万 t	重稀土储量/万 t	远景储量/万 t	主要矿区
内蒙古	4600		5400	白云鄂博
四川	373		400	冕宁
山东	305		300	微山湖
湖南	14	1	200	永州江华
江西	66	57	1000	赣州
广西	14	3	200	崇左
广东		50	1000	粤东
福建		20	400	龙岩长汀、三明

资料来源:根据工业和信息化部、自然资源部数据整理

从不同稀土矿床分布看,稀土矿床不同类型源于促其成矿的地质作用差别,地质成矿作用按照其性质和能量来源可分为岩浆成矿、沉积-风化成矿和变质成矿,由这三种作用形成的不同稀土矿床在我国分布情况如表4-2所示。

表4-2 中国不同类型稀土矿床分布[34]

作用类型	矿床类型	主要分布地区
岩浆型稀土矿床	花岗岩、碱性花岗岩、花岗闪长岩及钠长化石花岗岩型稀土矿床	江西、青海、湖北、广西、广东、河南、内蒙古
	碱性岩型稀土矿床	山东、辽宁、山西、四川
	火成碳酸盐型稀土矿床	湖北、新疆、四川
	伟晶岩型稀土矿床	内蒙古、四川、云南、山西
	热液脉型稀土矿床	内蒙古、山东、甘肃、青海
沉积-风化型稀土矿床	沉积岩稀土矿床	内蒙古、贵州
	砂矿型稀土矿床	内蒙古、贵州
	花岗岩类风化壳型矿床	江西、湖北、广西、四川等华南和东南地区
变质型稀土矿床	变质岩型稀土矿床	湖北、吉林、辽宁、云南、福建、四川、河南、甘肃
	沉积变质碳酸岩型稀土矿床	内蒙古、辽宁

2. 资源分布"南重北轻"

中国稀土矿床在地域分布上具有面广而又相对集中的特点。内蒙古、江西、四川、广东、山东、湖南、广西、云南、贵州、福建、浙江、湖北、河南、山西、辽宁、陕西、新疆等省(市区)都有稀土矿床发现,但是,稀土矿产主要集中在内蒙古包头白云鄂博、江西赣南、广东粤北、四川凉山这些矿点,其他地方的稀土矿资源量要少得多①。总体来看,中国的稀土矿主要资源集中区形成北、南、东、西分布格局,从稀土类型上来看,具有"南重北轻"的分布特点。

轻稀土矿主要分布于内蒙古包头等北方地区及四川凉山地区。白云鄂博稀土储量高,是中国和世界第一大稀土矿区,拥有完善的稀土工业链,在利用成本上有价格优势,因此产量也高,是我国乃至世界轻稀土主要生产基地。中、重稀土主要分布江西赣州、福建龙岩等南方地区,南岭地区成为中、重稀土生产基地。四川攀枝花发现储量相当多的轻稀土资源,在攀西裂谷带上储存有世界第三大储量的轻稀土矿,预计开发后总价值约为4000亿元。

广东是稀土资源种类最齐全的省份,并以世界少有的重稀土为主。离子型稀土矿在世界范围内都是较为稀有的资源,广东离子型稀土储量居我国乃至世界前列。从产业链角度来看,广东稀土矿产品开采、冶炼分离技术较为先进,在下游稀土材料深加工应用领域也是贡献很大,是我国稀土功能材料应用第一大省[35]。

---

① 中华人民共和国国务院新闻办公室:《中国的稀土状况与政策》。资料来源于中国政府门户网站。

3. 轻重稀土品种齐全

从稀土原矿产品到氧化物和稀土金属,再延伸到后端各种材料,稀土产业包括氟碳铈矿、独居石矿、离子型矿、磷钇矿、褐钇铌矿等1000多种规格,但具有开采意义的矿物仅10余种。目前,工业生产中最重要的稀土矿物有含铈组元素的矿物,如独居石、氟碳铈镧矿,含钇组元素的矿物,如磷酸钇矿、褐钇铌矿、硅铍钇矿等,其中氟碳铈镧矿和独居石储量居首[36]。

中国稀土矿床分布广泛,资源集中度高,轻、重稀土品种丰富且种类齐全,包括氟碳铈矿、独居石矿、离子型矿、磷钇矿、褐钇铌矿等,是世界上唯一拥有所有稀土元素矿物和矿石的国家。内蒙古白云鄂博稀土矿区的主要矿物有独居石和氟碳铈矿,其中资源储量从大到小依次为铈、镧和钕储量,分别约占该矿区总储量的50%、30%和15%;四川稀土矿主要矿物有氟碳铈矿、镧、铈镨和钕,主要集中冕宁矿区,占该矿区储量的98%以上;江西是重稀土最集中地区,离子型稀土资源储量占全国的50%;广东为第二大中重型稀土矿产地,多为钇富铕矿,粤东地区占广东稀土储量的60%以上。

自然资源部公开资料显示,目前,江西、广东、四川、云南、福建、内蒙古、山东、辽宁、浙江、湖南、新疆等超过全国2/3的省(市区)发现了上千处稀土矿床、矿点和矿化产地,在已开发的数百处矿山中,超过2/3的为多种金属伴生矿,因而具有较大的综合利用价值。中国主要稀土矿稀土配分如表4-3所示。

表4-3 中国主要稀土矿稀土配分 (稀土氧化物;单位:%)

稀土组分	内蒙古包头矿	山东微山	中国冕宁氟碳铈矿	中国离子型矿					
				江西龙南	江西寻乌	江西信丰	福建上杭	广东平远	湖南江华
La_2O_3	25.00	35.50	31.49	2.18	38.00	27.56	27.32	27.20	16.03
CeO_2	50.07	47.80	47.69	<1.09	3.50	3.23	2.02	4.90	0.32
Pr_6O_{11}	5.10	3.95	4.11	1.08	7.41	5.62	5.78	7.00	4.40
Nd_2O_3	16.60	10.90	12.96	3.47	30.18	17.55	19.82	29.50	10.35
Sm_2O_3	1.20	0.79	1.47	2.34	5.32	4.54	4.19	5.40	2.43
Eu_2O_3	0.18	0.13	0.26	<0.37	0.51	0.93	0.87	0.58	0.10
Gd_2O_3	0.70	0.53	0.66	5.69	4.21	5.96	4.23	3.90	3.96
Tb_4O_7	<0.01	0.14	0.08	1.13	0.46	0.68	0.74	0.70	0.97
Dy_2O_3	<0.01	—	0.22	7.48	1.77	3.71	3.77	2.60	6.24
Ho_2O_3	<0.01	—	0.04	1.60	0.27	0.74	0.42	0.52	1.20
Er_2O_3	<0.01	—	0.06	4.26	0.88	2.48	2.32	0.91	3.52
Tm_2O_3	<0.01	—	0.02	0.60	0.13	0.27	0.39	0.14	0.56
Yb_2O_3	<0.01	0.03	0.05	3.34	0.62	1.13	1.00	0.71	2.38

续表 4-3

稀土组分	内蒙古包头矿	山东微山	中国冕宁氟碳铈矿	中国离子型矿					
				江西龙南	江西寻乌	江西信丰	福建上杭	广东平远	湖南江华
Lu_2O_3	<0.01	—	—	0.47	0.13	0.21	0.37	0.12	0.38
Y_2O_3	0.43	0.76	0.91	64.90	10.07	24.26	25.64	10.30	47.40

资料来源：稀土行业协会年鉴

三、世界主要稀土矿业公司

稀土作为重要的战略矿产，得到了许多发达国家的高度重视，并在军事和高科技等领域得到了应用。以下就世界主要稀土矿业公司的发展情况进行介绍。

1. 世界主要稀土矿业公司

1）美国钼业公司

该公司拥有美国最大的稀土矿山，位于加利福尼亚州，资源量大、品位高，探明原矿储量 48 万 t，折合稀土氧化物储量 3.9 万 t，平均品位 9.38%；控制美国的原矿储量 1 310.8 万 t，折合稀土氧化物储量 96 万 t，平均品位 8.2%。Mountain Pass（芒廷帕斯）稀土矿山一度是全球稀土主要来源，由于其营运单位——美国钼业公司（纽交所上市公司）2015 年宣布破产及其环保问题，美国当地政府将它关闭。2017 年 7 月 11 日晚，中国上市公司盛和资源（600392.SH）公告称，联合投资公司对 Mountain Pass 的资产购买协议获得美国特拉华州破产法庭批准，同时，公司海外稀土矿项目系列合作协议已经生效，竞拍的稀土矿设施资产也已完成交割。

2）澳大利亚奥莱那斯公司

该公司主要矿山为 Mount Weld，为世界上重要的轻稀土供应公司。

3）澳大利亚阿拉弗拉公司

该公司主要矿山为诺兰矿。该矿山含稀土矿，伴生磷和铀，矿石矿物主要为富钍独居石和含氟磷灰石。

4）加拿大阿瓦隆资源公司

该公司主要矿山为尼科拉科矿。该矿山为全球大型未开发稀土矿之一，可以开发出更有价值的重稀土元素。

5）加拿大西部矿业公司

该公司主要矿山位于霍益达斯湖。稀土金属主要赋存在磷灰石、褐帘石等矿物中，氧化物边界品位为 1.5%。该公司已获得平均品位 2.36% 稀土氧化物的探明＋控制级别资源量 115 万 t。

2. 中国主要稀土矿业公司[①]

经过多年的发展,中国的稀土产业得到了快速发展,并形成了许多具有重要影响的稀土矿业集团公司。

1)中国北方稀土集团

该集团拥有37家直属厂、分公司和全资、控股、参股公司,产业链完整。生产工序分为稀土选矿、稀土冶炼、功能材料和深加工应用产品四大板块。科研主要以包头稀土院为核心,包括各类研发技术创新平台;原料产品贸易统一由内蒙古包钢稀土国际贸易有限公司负责;功能材料和应用产品分别由各子公司独立对外销售。上市公司:北方稀土(600111.SH)、包钢股份(600010.SH)。

2)中国南方稀土集团

该集团为国务院批准的全国六大稀土集团之一,"中国稀金谷"核心成员,拥有25家全资、控股及参股公司。集团以中、重稀土为主,兼顾轻稀土生产,涵盖稀土资源勘探、矿石开采、冶炼分离、产品加工和贸易等全产业链,高价值中、重稀土储量产能和产量均位居国内第一,是国内离子型稀土资源骨干企业。主要上市公司:江西铜业(600362.SH)。

3)厦门钨业

该集团主要产品包括稀土冶炼、钨粉末、硬质合金、钨钼丝材和新能源材料等。其中,钨冶炼产品生产能力达年均12 000t,居世界第一;硬质合金生产能力达年均1000t,产品80%用于出口,出口量占全国的30%以上;灯用钨丝市场占有率70%,位居全球第一。上市公司:厦门钨业(600549.SH)。

4)中国五矿集团

该集团为《财富》世界500强第112位,"一带一路"中国企业100强排名第54位。拥有九家上市公司:①A股上市公司,五矿发展(600058.SH)、五矿稀土(000831.SZ)、金瑞科技(600390.SH)、中钨高新(000657.SZ)、株冶集团(600961.SH);②港股上市公司,五矿资源(01208.HK)、湖南有色(02626.HK)、五矿建设(00230.HK);③澳大利亚上市公司,爱博矿业(AII.AX)。

5)广东稀土集团

该集团是经广东省政府同意,依托广东省广晟资产经营有限公司挂牌成立的国家级大型稀土集团,主要负责广东省内外稀土资源整合和企业联合重组工作。广晟有色是国内中重稀土龙头企业、集团公司中的唯一上市平台,主营稀土开采、生产与销售,旗下控制有稀土矿企业三家、稀土分离厂四家、稀土金属加工厂一家,参股两家稀土永磁材料生产企业。2009年以来,广晟有色公司已完成国外四家上市公司收购,其中澳大利亚三家、加拿大一家。主要上市公司:广晟有色(600259.SH)。

6)中国铝业集团

该集团主营业务横跨广西、江苏、四川、山东、天津、河南、贵州七省(市区),主要从事稀有稀土金属矿产资源开发、冶炼分离、深加工和贸易业务;主要产品有稀土矿产品、分离产

[①] 资料来源:根据公开资料和各集团公司官网数据整理。

品、稀土金属、催化产品、磁材产品和金属镓等六大类131个品种,其中高纯及超高纯稀土材料、高纯半导体材料、稀土新型合金材料处于国际或行业领先水平。公司在香港联合交易所(股票代码:2600)、纽约证券交易所(股票代码:ACH)和上海证券交易所(股票代码:601600)三地挂牌上市,其中,A股被美国明晟纳入"中国A股在岸指数",H股被香港恒生纳入"中国企业指数"。主要上市公司:中国铝业(601600.SH)、中国稀土(00769.HK)焦作万方(000612.SZ)、中铝国际(601068.SH)、云南铜业(000878.SZ)、银星能源(000862.SZ)。

除上述六大稀土集团外,稀土产业链上游、中游和下游也有相当数量的上市公司。这些公司共同构成了中国整个稀土产业完整的产业链。上游稀土资源上市公司主要有:中国铝业(601600.SH)、包钢股份(600010.SH)、北方稀土(600111.SH)、广晟有色(600259.SH)、五矿发展(600058.SH)、厦门钨业(600549.SH)、中色股份(000758.SZ)、西藏发展(000752.SZ)。中下游的永磁材料:宁波韵升(600366.SH)、鼎泰新材(002352.SZ)、太原刚玉(000795.SZ)、安泰科技(000969.SZ)、中科三环(000970.SZ)、横店东磁(002056.SZ)、中钢天源(002057.SZ)。类稀土上市公司:红星发展(600367.SH)、海印股份000861.SZ)、淮北矿业(600985.SH)、中国宝安(000009.SZ)、濮耐股份(002225.SZ)、维科技术(600152.SH)、亿利洁能(600277.SH)、方大碳素(600516.SH)、天富能源(600509.SH)、新华锦(600735.SH)、豫金刚石(300064.SZ)。

第二节 中国稀土矿业发展现状

改革开放以来,中国在稀土采选、冶炼、分离等领域初步建立较为完整的研发体系,以23%的稀土资源储量承担世界90%以上稀土市场的供应,中国生产的稀土永磁材料、发光材料、储氢材料、抛光材料等均占世界产量的70%以上[1]。"十三五"期间,稀土行业转型升级,发展质量和经济效益都得到明显改善和提高,《稀土行业发展规划(2016—2020年)》提出的规划目标大部分都已实现:创新能力大幅提升、集约化程度明显提高、支撑能力显著增强、行业管理进一步加强、应用产业持续发展,主要稀土功能材料产量年均增长15%以上,中高端稀土功能材料近年来占比显著提升,产业整体步入中高端发展阶段,跻身全球稀土技术和产业强国行列[2]。

一、中国稀土矿业发展历程

1949年10月中华人民共和国成立,自此稀土工业开始得以逐渐建立和发展。20世纪50年代以来,稀土行业取得很大进步,但稀土生产工艺和技术仍然十分落后,只能高价进口

---

[1] 资料来源:金属百科(www.baike.asianmetal.cn)。
[2] 资料来源:中央政府门户网站,工业和信息化部,《稀土行业发展规划(2016—2020年)》(2016年6月29日)。

稀土制品。某些国家对中国稀土生产技术实行封锁,严峻的现实迫使中国加快稀土分离和提纯技术开发。因此,中国改革开放前稀土矿业发展历程,就是稀土火法冶金技术进步和应用市场不断扩大的过程。

1. 稀土火法冶金技术发展阶段

稀土火法冶金技术作为稀土冶炼的重要技术之一,其发展基本上可以划分为四个发展阶段。

(1)试验研究阶段(1956—1966年):其主要任务是研究制备稀土金属工艺技术。

(2)稀土火法冶金技术工业化阶段(1966—1980年):其主要任务是用试验研究的工艺技术建立试验厂。

(3)稀土火法冶金工业技术完善阶段(1980—1985年):其主要任务是完善生产设备、优化生产工艺及进行稳定批量生产。

(4)稀土火法冶金工业化技术提升阶段(1985年以后):其主要任务是研究新工艺技术和装备,提质增效。

2. 中国稀土矿业发展历史演变

20世纪60—70年代,中国开展了稀土大攻关、大会战。时任国务院副总理的方毅七下包头,亲抓稀土工作。由于细密生产分工,默契合作,在各方的艰苦努力之下产生了相当好的效果[37]。

1978年,徐光宪院士("中国稀土之父")开办"串级萃取"讲习班,向生产端人士无偿普及其发明的"串级萃取"新理念和加速稀土分离新技术。1980年代初,上海跃龙厂总工程师率先尝试,效果良好,行业工厂利润可观,从而引发更多地方国营厂和私企入场,稀土行业迅速呈现燎原之势,无数稀土生产企业破土而出,一时间相关生产链上有上万工厂在全国各地涌现。欧美国家管这段历史叫"中国冲击"(China impact)①。

技术红利带来巨大产能,同时在"对外开放"旗号下和短期利润诱惑下,中国采取开放的生产和供应政策,中国稀土的产量和出口量急速扩张,其他国家纷纷关闭本国稀土生产企业。当时中国并未意识和预见到稀土资源的重要性和战略性,甚至将稀土资源出口作为获取外汇的主要来源②。

1992年邓小平同志南巡至江西省时,针对我国稀土资源优势时谈到:"中东有石油,中国有稀土。稀土资源具有极其重要的战略意义,一定要把稀土的事情办好,把我国的稀土优势发挥出来。"此后稀土行业进入新的发展阶段。

稀土行业快速发展的同时,问题随之而来。过度竞争导致利润低且环境污染,据统计2010年该行业每年生产2205万t有毒废物。20世纪80年代—2010年这近30年的时间,稀土行业缺乏整体规划,无序、野蛮发展,导致乱象环生。有利的一面,在"中国冲击"下,美国和日本等国家即便在稀土资源供给充沛的情况下,要想形成像中国一样完整的产业体系,至少需要15年的时间[38]。这意味着我国稀土产业体系在世界上具有绝对优势地位。

稀土行业高速发展的同时也存在着一系列问题,针对这种情况,中国政府开始加大行业

---

①资料来源:大参考(www.dacankao.com),《卢克文:中国稀土发展史》(2019年6月3日)。
②资源来源:库叔,《中国的稀土有多重要?》[瞭望智库(微信公众号),2019年5月21日]。

监管力度。2011年5月,国务院颁布《关于促进稀土行业持续健康发展的若干意见》(以下简称《意见》)。《意见》的实施,使得行业发展方式加快转变,行业发展秩序明显改善。稀土企业联合重组逐步展开,稀土矿山开采设立专家审查制度,实行科学开采资源的决策机制;同时提高稀土出口关税,进一步改革资源税制度,实行更加严格的开采冶炼配额管理制度;同时中国将稀土作为调节国际关系的战略物资,开始着力发展以精矿为原料的下游产业,使稀土产业发展朝着高精尖的方向发展。

2010年9月,日本巡逻船在钓鱼岛海域冲撞中国渔船并强行扣押船长。为表示抗议,中国有关政府机构立即关闭向日本出口稀土的通道,导致全球稀土价格大涨,迫于压力日本不得不很快释放被扣留的中国渔船船长。此事例体现了我国稀土资源作为各国现代工业发展不可替代的地位。

2010年,为对国内稀土开采、冶炼总量进行有效管理,国家着手对开采、冶炼企业进行调控。2011年,中国战略资源储备上升到国家层面。2012年3月,美、欧、日以中国违反加入WTO承诺为由,对中国限制稀土出口、征收稀土出口税等做法向世界贸易组织提起诉讼;中国以"保护资源和环境,实现可持续发展"为理由申辩但最终败诉。2015年,中国按照WTO裁决结果取消稀土出口配额制和出口关税。

2013年12月,国务院召开研究加强稀土行业管理有关工作专题会议,明确在国内组建6家大型稀土集团。2014年初,国务院批复六大集团稀土整合方案,积极引领并严厉监管行业健康有序发展。

2016年,南交所稀土交易中心等交易平台成熟营运。随着"互联网+"概念的提出,稀土金融交易平台发展备受关注,更多民间资本加入稀土产业。作为大宗商品的新型商业模式,电子交易平台能够赋予商品金融属性,西方国家通过交易所完成的大宗商品购销率提升至30%以上,并逐渐成为贸易、采购、定价三合一平台。同年6月29日,工业和信息化部印发《稀土行业发展规划(2016—2020年)》。

2017年6月,工业和信息化部整顿稀土行业秩序专家组成立,对稀土违法、违规生产行为进行常态化打击;同时广西、江西、山西等地也纷纷推进打击稀土违法、违规专项行动。"常态化"打击关闭了大量不合规、不合法的开采点。

2018年3月,中美贸易战爆发。稀土产品是中美贸易战中的焦点问题之一,美国严重依赖中国进口的稀土元素及产品,因此,稀土产品并未包括在加征25%关税的进口商品清单中。7月10日,美国贸易代表办公室公布新一轮征税清单,几乎涵盖所有稀土氧化物、化合物、金属和稀土永磁体及稀土应用终端产品[①]。

2018年6月1日起,中国对从美国进口稀土产品关税上调至25%。这一规定对美国活跃稀土生产商MP Materials公司造成冲击,该公司每年向中国出口3000~4000公吨稀土浓缩物。但长期看,这一举措将带来负面影响,将会鼓励投资流入非中国的稀土资源开发和精炼,仅2019年前4个月中国稀土出口就下降4.3%[②]。

---

① 资料来源:历史纵横—大参考(dacankao.com),卢克文:《中国稀土发展史》,2019年6月3日。
② 资料来源:彭博新能源财经(BloombergNEF);BNEF政策分析:《"贸易战"影响稀土贸易?》,2019年7月10日。

2018年12月21日,国家发展和改革委下发《市场准入负面清单》,文件规定限制稀土开采、选矿、冶炼、分离项目及稀土开采项目(符合开采总量控制指标要求的稀土企业集团项目除外[39])。

2019年底,"新型冠状病毒肺炎"(COVID-19)爆发,随后蔓延全球,截至2020年10月,该疫情仍然没有得到有效控制,给整个世界政治、经济、文化、生活造成巨大影响,中美关系再度紧张,降至冰点。稀土作为战略资源的配置价值再度受到重视。目前国内对稀土收储预期较强,中、重稀土尤甚;后续稀土供应有望减少,叠加需求稳步增长,价格或再度上涨,中国稀土行业发展面临新的机遇和挑战[40]。

2020年9月30日,美国总统特朗普签署了《解决依赖外国关键矿物对国内供应链构成威胁的行政命令》,以"结束中国在稀土行业主导地位"。关键矿物一直是美国关注的焦点。虽然美国曾经是稀土的主要生产国,但中国在稀土行业的影响力在中美贸易争端中发挥了优势[①]。

二、中国稀土矿业发展情况

随着改革开放的不断深入,中国的稀土矿业也得到了快速发展。

1. 生产和供应量全球居首

中国稀土资源不仅储量丰富,而且生产和供应量全球居首。据2018年美国地质调查局数据,全球稀土氧化物产量17万t,其中,中国12万t,占比71%;美国稀土氧化物产量1.5万t;澳大利亚产量2万t。实际上,按照中国稀土协会数据,中国稀土实际产量远大于USGS统计数据。2018年,中国磁性材料毛坯产量约15.5万t,折算后应为镨钕氧化物4.7万t(其中二次资源回收1万t),氧化镝0.12万t;实际稀土氧化物产量约18万t(其中轻稀土氧化物14.5万t,离子吸附性稀土氧化物3.5万t),稀土产量全球占比78%[②]。

中国稀土消费量居全球首位,全球占比56.5%。国内稀土需求市场中,磁材需求市场占比为25%,以略微优势居第一。市场占有率超过10%的产业有石油裂变催化剂、抛光、储氢产业,市场占有率为15%、14%、14%。2020年,预估国内稀土消费总量达19万t。从稀土消费结构看,永磁材料占比高达42%,稀土新材料占比66%[③]。

为保护生态环境,促进稀土矿业的可持续、健康发展,从2000年开始,中国对稀土实施开采配额制度管理,施行稀土矿开采总量控制;2007年进一步将稀土生产纳入指令性生产计划,由工业和信息化部下达稀土矿产品及稀土冶炼分离产品指令性生产计划(表4-4)。

---

①资料来源:澎湃新闻(《美国总统特朗普签行政令,扩大本土稀土开采》,2019年10月1日)。
②资料来源:乐晴智库(网址:www.767stock.com)。
③资料来源:中国报告网(《2019年中国稀土行业发展现状分析》,2019年3月13日,http://market.chinabaogao.com/yejin/03134046442019.html)。

表 4-4 六大稀土集团轻、重稀土矿开采及生产计划性指标

(单位:t)

矿业企业	2017年 开采 轻	2017年 开采 重	2017年 冶炼分离 轻	2017年 冶炼分离 重	2018年 开采 轻	2018年 开采 重	2018年 冶炼分离 轻	2018年 冶炼分离 重	2019年 开采 轻	2019年 开采 重	2019年 冶炼分离 轻	2019年 冶炼分离 重
五矿稀土集团有限公司	0	2260	0	5658	0	2010	0	5658	0	2010	0	5658
中国稀有稀土有限公司	9850	2500	7850	9529	11 850	2500	9250	10 129	14 350	2500	11 750	10 129
中铝广西有色崇左稀土开发有限公司	0	2500	0	9529	0	2500	0	10 129	0	2500	0	10 129
中国钢研科技集团有限公司	2600	0	600	0	3600	0	1000	0	4100	0	1500	0
盛和资源控股股份有限公司	7250	0	7250	0	8250	0	8250	0	10 250	0	10 250	0
中国北方稀土(集团)高科技股份有限公司	59 500	0	50 084	0	69 250	0	59 484	0	70 750	0	60 984	0
中国南方稀土集团有限公司	17 750	9000	6520	7592	19 750	8500	8320	7592	27 750	8500	16 320	7592
赣州稀土矿业有限公司	0	9000	0	7592	0	8500	0	7592	0	8500	0	7592
四川江铜稀土有限责任公司	17 750	0	6250	0	19 750	0	8320	0	27 750	0	16 320	0
广东稀土产业集团有限公司	0	2200	0	10 104	0	2700	0	10 604	0	2700	0	10 604
广晟有色金属有限公司	0	2200	0	6494	0	2700	0	6990	0	2700	0	6994
中国有色金属建设股份有限公司	0	0	0	3610	0	0	0	3610	0	0	0	3610
厦门钨业股份有限公司	0	1940	0	2663	0	3440	0	3963	0	3440	0	3963
总计	87 100	17 900	64 454	35 546	100 850	19 150	77 054	37 946	112 850	19 150	89 054	37 946

资料来源:工业和信息化部数据资料(http://www.miit.gov.cn)

在实施将稀土生产纳入指令性生产计划管理,施行开采总量控制,总量指标在由原国土资源部下达的基础上,实行产量配额管理(表4-5)。如2018年四川省年产量配额25 000t,全国占比23.67%;江西省年产量配额约9000t,占7%;山东产量配额为3600t,较前两年增加1000t,占全国总量3%(图4-1)。

表4-5 中国主要省(市区)稀土生产配额　　　　　　　　　　(单位:t)

类别	地区	2016年	2017年	2018年
轻稀土	内蒙古	59 500	59 500	69 250
	山东	2600	2600	3600
	四川	25 000	25 000	28 000
	广东	2200	2200	2700
中重稀土	广西	2500	2500	2500
	湖南	2000	2000	1800
	江西	9000	9000	8500
	云南	200	200	150
	福建	2000	2000	1800
合计		105 000	105 000	118 300

资料来源:工业和信息化部官方网站之《工信部数据和行业发展报告》

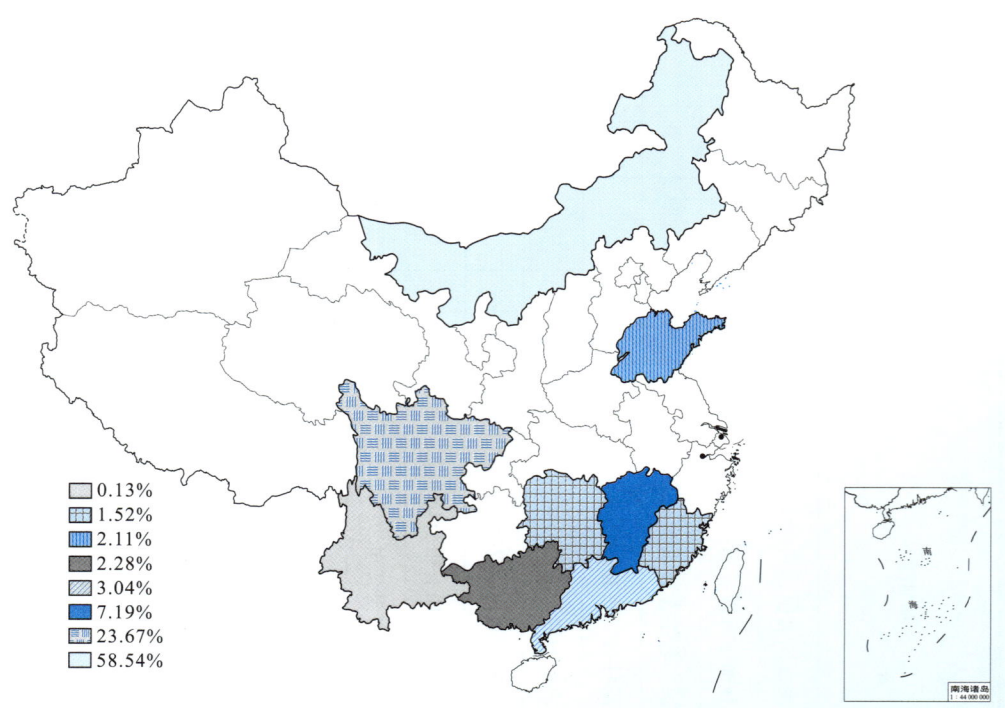

图4-1 2018年各省(市区)生产配额比例示意图

[资料来源:工业和信息化部官方网站;以《中国地图 1∶2200万 界线版 无邻图 划线一》(审图号:GS(2019)1831号)为底图]

2. 资源整合基本完成,生产工艺特色鲜明

《国务院关于促进稀土行业持续健康发展的若干意见》(2011)为稀土产业布局定下基调。2016年10月,工业和信息化部《稀土行业发展规划(2016—2020)》出台,规划明确要求六大稀土集团必须于2020年底完成对国内所有稀土开采、冶炼分离、资源综合利用企业的整合。稀土产业整合将会对盗采、乱采、走私稀土现象起到釜底抽薪的作用,稀土矿山和冶炼分离企业将产权明晰、权责分明,国际市场上稀土定价权不明确及稀土贱卖的现象将得到有效的遏制,对突出我国稀土行业的国际地位和促进我国稀土产业结构升级具有重要意义(表4-6)。

表4-6 各稀土集团整合信息统计

集团性质	央企稀土集团		地方稀土集团			
集团名称	中国五矿	中铝公司	北方稀土	厦门钨业	南方稀土	广东稀土
相关上市公司	五矿稀土	盛和资源 安泰科技 中国稀土 创兴资源	北方稀土 包钢股份	厦门钨业	赣州稀土 江西铜业 江钨集团	广晟有色 广晟健发 中色股份
轻稀土储量/万t	14	692	4600	20	66	50
中重稀土储量/万t	1	3			57	
主要整合地区	湖南 福建 云南	广西 山东 四川	内蒙古 甘肃	福建	四川 江西	广东 云南
主要矿区	中山稀土矿 江华县稀土矿 龙安稀土矿	微山湖稀土矿 六汤稀土矿 三岔河稀土矿 大陆槽矿稀土矿 冕里稀土矿	白云鄂博铁矿 白云鄂博西矿	中坊稀土矿 杨梅坑稀土矿 文坊稀土矿 黄坊稀土矿 加庄稀土矿	龙南矿 寻乌矿 信丰矿 定南矿 全南矿 宁都矿 安远矿 赣州矿 万安矿 木洛矿 牦牛坪稀土矿	仁居稀土矿 五丰稀土矿 古云稀土矿 水桥稀土矿
稀土采矿权/个	3	5	2	5	46	5

资料来源:根据工业和信息化部及各集团公开资料整理

经过十年多的努力,目前,我国稀土资源整合基本完成,形成以中国铝业公司、中国北方稀土、中国五矿集团、厦门钨业股份有限公司、广东省稀土产业集团和中国南方稀土集团主导的六大稀土集团,"三大基地、两大体系"完整稀土产业链格局。

三大基地[41]:一是北方稀土生产基地,分离能力约 8 万 t;二是南方七省中重稀土生产基地,分离能力约 6 万 t,大部分企业聚集在江西省;三是四川冕宁氟碳铈矿生产基地,分离能力约 3 万 t。三大基地 2018 年稀土产量占比分别为 58%、7% 和 23%。

同时,按照稀土矿产类型和加工工艺体系不同,我国已经形成了特色鲜明的南北两大体系。一是以内蒙古包头为代表、轻稀土为主的北方工艺体系;二是以江西赣州、福建龙岩为代表,中重稀土为主的南方工艺体系。

3. 产能、技术及相关创新世界领先

经过半个多世纪的发展,中国稀土冶炼分离、技术开采居全球稀土产业主导地位,稀土矿业在技术与创新方面已经具有世界领先技术水平。在冶炼分离、重要功能材料方面,有很多达到国际先进水平。经过十几年甚至几十年的持续探索,中国稀土矿业已经获取巨大进步,取得很多原创性成果。

(1)冶炼分离技术占据全球领先地位,具备较强话语权。冶炼分离技术全球领先,其他国家开采的大部分稀土产品需运到中国进行冶炼分离。2018 年全球稀土矿产品产量约 19.5 万 t,其中中国产量约 12 万 t,占 62%。全球稀土冶炼分离产量约 14.6 万 t,其中中国 12.5 万 t,约占 86%;马来西亚关丹冶炼分离厂产量(澳大利亚 Lynas 旗下)位居第二;澳大利亚莱纳公司(Lynas)在全球范围内也属于规模较大的稀土冶炼分离厂商,但 2018 年产量 1.77 万 t,仅为中国产量的 14%。

(2)稀土开采技术领先,并深度参与世界稀土产业链中每个环节,美国芒廷帕斯矿山、澳大利亚稀土矿山,均在中国技术参与下实现产出。下游应用配套齐全无疑为我国稀土产业的发展提供了强劲动力。在稀土开采、冶炼分离、磁材加工全产业链技术储备方面,至 2018 年 8 月,中国稀土专利申请量累积比美国多出 2.3 万件。

(3)稀土冶炼能力全球领先。2016 年虽然有所降低,为 10.5 万 t,但占全球比重仍高达 88.2%。2016 年马来西亚冶炼能力为 1.19 万 t,美国的冶炼能力则全部关闭,中国几乎"垄断"全球稀土金属矿山生产和冶炼能力[①]。

三、中国稀土矿业发展存在的主要问题

与大多数资源行业的粗放型发展过程类似,中国稀土矿业在快速发展过程中也存在不少的问题,并为此付出了巨大的代价。为此,国务院新闻办公室的《中国的稀土状况与政策(2012)》白皮书对这些问题进行了概括和总结。

(1)资源过度开发。在"黑色产业链"利益驱动下,稀土开采更加隐秘,技术更加粗放,任

---

① 资料来源:乐晴智库(网址:www.767stock.com)。

何先进技术都可以放在一边,不按照规范工艺技术标准实施作业,没有正常环保设施投入和三废治理工艺,无需顾及环境保护,资源过度开发。

(2)生态环境破坏严重。中国媒体早已用"触目惊心"和"得不偿失"来形容中国稀土资源早年开采付出的代价。矿区环境破坏和污染不断加剧,某些地区正在重蹈20世纪90年代江西离子型稀土矿区环境破坏的覆辙,对环境和社会安全造成极大影响。而生态环境一旦被污染破坏,环境治理则至少需要几十年的时间和高昂的治理成本。造成这种乱象丛生稀土行业现状的主要原因:地方监管不严,上下政策脱节;稀土行业管理上下协调性不够,执法不严;违法成本低廉,行业有效和相互监督机制缺失,缺乏行业自律。

(3)产业结构不合理,冶炼分离产能严重过剩。目前,中国稀土矿业由于受技术的限制,以初加工为主,而开采和冶炼又相互脱节,不仅影响了该产业的健康发展,也增加了管理的难度。

(4)价格严重背离价值,出口走私比较严重。2006—2008年,国外海关统计从中国进口稀土量比中国海关统计出口量分别高35%、59%和36%,2011年高出1.2倍[①]。

针对上述存在的主要问题,中国政府出台了一系列政策措施进行规范、整顿和整改。2013年,在供给侧结构性改革的带动下,中国成立了六大稀土集团;2014年对稀土实施收储,同时开展稀土行业打黑行动;2015年正式取消稀土出口配额;2016年发布《稀土行业发展规划(2016—2020)》;2017年进一步加大稀土行业打黑和环保督察力度和范围。从实施结果看取得了一定程度的效果,但由于国情和稀土行业特殊性,整体结果并不是那么理想,难以令人满意。同时,旧的问题还没有完全得到解决,新的问题又已出现。

(1)资源过度开发局面仍然没有得到强有力的控制。据2019年自然资源部数据显示,中国稀土储量十几年前接近全球总量的90%,现在不到50%。中国2020年所需45种主要矿产资源能保证需求的只有6种;按目前开采及出口规模,30~50年后中国将从钨矿、锑矿、稀土矿资源大国变成小国。"中国稀土之父"徐光宪院士指出,"稀土资源非常宝贵,特别像南方五省,都是非常宝贵的中、重型稀土,工业储量150万t,现在已经开采掉了90多万t,只剩下60万t"。他警告有关部门:"如果再不加以保护,按照现在的开采速度,10年就开采完了!到时候,我们就需要向美国和日本买,他们可能会以上百倍、上千倍的价格卖给我们!"[②]

(2)产业结构不合理状况依然存在。中国稀土产业整体处于中低端发展水平,上游产能过剩,下游发展滞后;高性能功能材料和应用器件规模小、附加值低;稀土基础研究和高端应用产业化技术与国外相比,还有较大差距;少数高端材料制造水平和均匀一致性有待提高,稀土相关装备自动化与国外还有差距;稀土材料和器件性能、质量稳定性难以满足国防科工、战略性新兴产业发展需要,部分材料和零部件还需要进口[③]。

中国稀土行业技术进步主要在外资不太感兴趣或者利润较低的稀土开采、提炼和深加工等初级生产环节,客观上也为国外掏空中国廉价稀土资源打开方便之门。而高端应用领

[①] 资料来源:中央政府门户网站(国务院新闻办公室,《中国的稀土状况与政策》,2012年6月20日)。
[②] 资料来源:瞭望智库(库叔,《中国的稀土有多重要?》,2019年5月21日)。
[③] 资料来源:中国新闻网(www.chinanews.com,李爱平,《国家工信部副部长辛国斌:中国稀土产业发展还面临挑战》,2015年8月8日)。

域几乎看不到中国身影,从原材料到成品的稀土定价权牢牢掌握在外国人手中。高端传感器80%需进口;日本手机用微型电容(含微量镧)垄断全球产量60%~70%;原装进口机动车三元尾气催化剂/器(稀土元素在其中作助催化剂)全部由外企提供,大部分中国合资汽车企业也使用该产品;稀土原料生产所需重要元器件、零部件乃整机等高附加值产品很多依赖进口,等等。不做高端,就会被卡脖子;不调整产业结构,稀土产业就不可能可持续发展。因此,我们必须要改变产业结构不合理的状况,进一步推进结构调整的力度。

(3)非法开采和出口走私现象屡禁不绝。2013年以来,国家屡次联合重击非法开采和出口走私,成效依旧甚微,打黑行动结束,非法开采和出口走私现象马上就死灰复燃。目前稀土违法违规行为仍比较突出,私挖盗采、买卖加工非法稀土矿产品等问题时有发生,导致市场产品供给过剩,价格低迷,严重损害企业和国家利益。黑色利益链顽疾难除,出口与走私一直屡禁不绝,大量稀土被变相出口与走私。虽然中国海关将稀土列为重点打私项目,但稀土产品的出口走私现象仍然存在。其背后原因是国内、国际需求旺盛,利润可观,各种违法违规企业、个人为获取高额收益铤而走险。"黑色化"开采导致更加严重的资源浪费和环境污染,要尽最大可能禁绝私挖滥采和非法加工稀土行为,高频率、高强度持续化稀土打黑行动是解决稀土行业平稳发展、资源非法外流等问题的关键所在。

(4)价格严重背离价值的局面没有有效扭转。过高或过低价格有悖稀土价格合理性。除合理利润外,价格应涵盖基本成本、税费,并合理计入环保治理及生态恢复费用;产业链互利共赢也应成为稀土产品定价的考虑因素之一。过低价格是竭泽而渔,不可持续;价格过高,下游亏损生产,导致需求锐减,转过来危及上游厂家生存发展。

中国稀土价格始终没能真实地反映其基本价值。开始我们自己不懂稀土的价值,不懂得如何利用,导致定价权缺失;后又遭遇黑稀土低价冲击,市场行情长期低迷。资源稀缺性没有得到合理体现,生态环境损失没有得到合理补偿。"十二五"时期,合法的稀土价格大部分时间运行在成本价之下。一些稀土企业为了自身利益恶性竞争,相互杀价成为市场常态,导致国际稀土价格急剧下跌。稀土矿石价格从1990年的11 700美元/t跌至2005年的7430美元/t,单一稀土价格下降30%~40%。价格下跌导致稀土生产企业更加依赖规模扩张,2005年中国稀土冶炼分离年生产能力达20万t,超过世界年工业需求量1倍[1]。

近年来,国家对稀土实施收储计划,对缅甸稀土进口实行封关,加之新冠肺炎疫情的影响,重稀土镝、铽等供需抽紧和价格上涨,对重稀土市场构成利好,国内稀土市场价格有望持续上涨。在目前对我国相对有利的情况下,应采取相关措施,夺回稀土定价权,制定合理的稀土价格,尽快扭转价格与价值背离的局面。

此外,2018年以来,稀土行业、产业、企业界反映较多的问题,如负面清单,稀土探矿、采矿许可证办理,稀土总量控制指标,环境保护,稀土行业市场秩序治理整顿,稀土产品进出口格局变化,清洁生产水平不能满足国家生态文明建设要求等。所有以上这些问题,如果不能得到及时有效解决,将会影响中国稀土矿业的可持续健康发展。

---

[1] 资料来源:瞭望智库(库叔,《中国的稀土有多重要?》,2019年5月21日)。

第三节 中国稀土矿业绩效分析

为了探寻中国稀土矿业健康发展的微观基础,本节和下节将分别利用 DEA 和综合评价方法,从上市公司和稀土矿业两个视角,对中国主要稀土上市公司经营绩效和稀土矿业可持续发展水平展开实证分析。

一、中国稀土矿业绩效分析模型

稀土矿业公司主要分为上游、下游,上游公司主要负责资源开采、分离,下游公司负责后续产品研发、应用[42]。本节主要用企业经营绩效水平来代表稀土行业经济效益现状,通过模型对稀土矿业上游公司进行绩效分析和评价。

1. 绩效分析模型

"绩效"一词源自管理学,指某个组织为了某个目的而进行某项活动所产生的有效输出。效率与绩效不同,效率针对一件事情,主要研究某一件事情产出与时间投入的比值;绩效更多指一个人或者一个组织的绩效,研究的是一个单位得到产出所进行的活动投入是否有效。绩效评价相关研究在学术界非常广泛,国内外文献对于绩效评价模型的研究方法主要有因子分析法、平衡计分卡法和 DEA 评价方法。

1)因子分析法

研究原理是在最小信息损失的前提下,将现有的众多变量用几个变量(即因子)来表示,并且这几个变量具有强的解释意义。在绩效评价上,该方法以年报数据为依据,根据与研究内容的相关程度对变量进行分组,做到既有科学性也有可信度。从实际出发,找出影响公司财务的核心因素,制定应急方案,为公司规避未来可能发生的危险[43]。

2)平衡计分卡法

优势:可帮助企业同时考虑自身短期目标和长期战略发展,使企业更快适应当前竞争环境,全面反映企业业务能力。弱势:很难做到范围广的横向比较,主要原因在于平衡计分卡法权重不好分配,人为操作性很大,且指标体系过于复杂,需要投入大量时间、精力去了解企业经营状况[44]。

3)DEA 评价方法

该评价方法由运筹学演变而来,主要用来评价多投入和多产出决策单元的相对有效性;通过测试有效性,针对无效单元提出建议。该方法由著名运筹学家 A. Charnes、W. W. Cooper 和 E. Rhodes 于 1978 年提出[45]。近年来该评价方法在学术界应用越来越广泛。

2. DEA 评价方法

DEA 评价方法模型通过研究综合技术效率来考察经营绩效,DEA 基本模型主要有 CCR 模型和 BCC 模型。一般认为,综合技术效率=纯技术效率×规模效率。BCC 模型用于评价决策单元的纯技术效率,两个模型结合可得出决策单元的规模效率[46]。

CCR模型基本假设规模报酬不变,每个单位投入得到的产出不变,不会随规模大小发生改变。假设有n个决策单元(以DMU表示),每个决策单元都有m种类型的"输入"及s种类型的"输出",分别表示该单元消耗的资源和生产成果。x_{ij}为第j个决策单元对第i种类型输入的投入量,y_{rj}为第j个决策单元对第r种类型输出的输出量,v_i为第i种类型输入权重,u_r为第r种类型输出权重。将企业相对经营绩效值定义为

$$h_j = \frac{\sum_{r=1}^{s} u_r y_{rj}}{\sum_{i=1}^{m} v_i x_{ij}}$$

当$h_j=1$时,则第j决策单元相对有效。

我们限定所有的h_j值不超过1,即$\max h_j \leqslant 1$。这意味着,若第k个企业$h_k=1$,则该企业在该行业年内的经营绩效是最高的;若$h_k<1$,那么该企业的经营绩效在行业内仍有进步的空间。根据以上假设可得到如下分式规划:

$$\begin{cases} \max h = \dfrac{\sum_{r=1}^{s} u_r y_{r0}}{\sum_{i=1}^{m} v_i x_{i0}} \\ v = (v_1, v_2, \cdots, v_m)^T \\ u = (u_1, u_2, \cdots, u_m)^T \end{cases} \quad \text{其中} \frac{\sum_{r=1}^{s} u_r y_{r0}}{\sum_{i=1}^{m} v_i x_{i0}} \leqslant 1; j=1,2,\cdots,n; v \geqslant 0; u \geqslant 0$$

将上式规划变换可得到:

$$\min \theta$$

$$\begin{cases} \sum_{j=1}^{n} \lambda_j x_j + S^- = \theta x_0 \\ \sum_{j=1}^{n} \lambda_j y_j - S^+ = y_0 \\ S^- \geqslant 0, S^+ \geqslant 0, \lambda_j \geqslant 0 \end{cases}$$

式中:θ——综合技术效率;

S——对应指标剩余变量,即可改变的值;

θ^*、S^{+*}、S^{-*}、λ^*——该线性规划的最优解。

其结论如下:若$\theta^*=0$,则DMU_{j_0}为弱DEA有效(总体);若$\theta^*=1$且$S^{-*}=0,S^{+*}=0$,则DMU_{j_0}为DEA有效(总体);若$\theta^*<1$,则DMU_{j_0}为非DEA有效;若存在λ_j^*使任意$\lambda^*=1$成立,则DMU_{j_0}为规模效益不变;若不存在λ_j^*使任意$\lambda^*=1$成立,存在$\lambda^*<1$,则DMU_{j_0}为规模效益递增,存在$\lambda^*>1$,DMU_{j_0}为规模效益递减。

CCR模型的缺陷在于其假设DMU规模报酬固定,即DMU规模对其绩效没有影响,不符合实际情况。因此,我们在CCR模型的最终规划形式里添加约束条件$\sum_{j=1}^{n}\lambda_j=1$就能得到

BCC 模型：

$$\min \sigma$$
$$\begin{cases} \sum_{j=1}^{n} \lambda_j x_j + S^- = \sigma x_0 \\ \sum_{j=1}^{n} \lambda_j y_j - S^+ = y_0 \\ \sum_{j=1}^{n} \lambda_j = 1 \\ S^- \geqslant 0, S^+ \geqslant 0, \lambda_j \geqslant 0 \end{cases}$$

纯技术效率 σ 反映的是投入要素的使用效率。若存在最优解 σ^*、S^{+*}、S^{-*}、λ^*，则有如下结论：若 $\sigma^* = 0$，为弱 DEA 技术有效；若 $\sigma^* = 1$ 且 $S^{-*} = 0, S^{+*} = 0$，为 DEA 纯技术有效；若 $\sigma^* < 1$，为 DEA 纯技术无有效。

根据 DEA 理论，规模效率＝综合技术效率/技术效率。它可以计算一个决策单元的规模效率，即规模效率是否达到最优。

3. 模型选择

DEA 评价方法作为一种非参数方法，不用假定函数形式，可避免统计分析中由于函数形式带来的误差，适用于多投入与多产出案例，跟传统单一投入产出模型区别开来，并且在有限框架内，DEA 是效率测算的最优方法，可以研究一个框架内系统的发展水平及效率改善。由于数据包络分析方法特性，数据包络分析适用于测算投入产出效率相关的评价研究。DEA 方法一直在改善，以弥补传统 DEA 方法不足问题；同时，在原有基础上也衍生出很多新的 DEA 方法，并应用到绩效评价研究当中。

用 DEA 评价方法对中国稀土矿业绩效进行评价分析有以下优势：

(1)选取数据为上市公司年报数据，DEA 方法可以提高模型结果的真实性。

(2)DEA 方法本身不需要人为设置指标权重，使模型结果更加客观，且 DEA 方法可以帮助企业与业内典型大公司对比，找出自己薄弱环节，提高企业经营效率[47]。

基于 DEA 评价方法的优势及模型特征分析，结合稀土矿业上市公司特点，本节采用数据包络分析方法，通过计算稀土矿业上游公司经营绩效来窥测中国稀土矿业绩效水平。

二、中国稀土矿业绩效评价分析

证监会《上市公司行业分类指引》规定，上市公司从事稀土业营业收入比重大于或等于 50%，或当公司没有一类业务的营业收入比重大于或等于 50% 时，如果其从事的稀土业的营业收入比重比其他业务收入比重均高出 30%，方可将其划入稀土业[48]。根据这一规定，我们选取了符合上述条件，且具有相关代表性的、从事稀土资源开采的 7 家上市公司，即北方稀土（600111.SH）、广晟有色（600259.SH）、中色股份（000758.SZ）、五矿发展（600058.SH）、中国铝业（601600.SH）、江西铜业（600362.SH）和厦门钨业（600549.SH）。研究所使用的数据来自各大上市公司 2010—2019 年年度财务报告，共计 70 个样本。

本书运用面板数据将每年每一家上市公司作为一个DMU，将70个样本置于一个范围内比较效率值，考察上述上市公司综合技术效率、纯技术效率和规模效率，对中国稀土矿业公司经营绩效进行评价分析。

1. 评价过程

使用投入导向BCC模型和CCR模型，运用DEAP2.1软件，对2010—2019年间七家稀土上市公司每年综合技术效率、纯技术效率与规模效率等相关指标进行测算，计算近十年七家稀土公司平均综合技术效率、平均纯技术效率和平均规模效率，并绘制折线图，计算结果和折线图见表4-7～表4-9和图4-2～图4-4。

表4-7 2010—2019年稀土业上市公司综合技术效率

年份	北方稀土	广晟有色	五矿发展	中色股份	厦门钨业	江西铜业	中国铝业	平均综合技术效率
2010	0.699	0.590	0.981	0.572	0.538	0.848	0.630	0.694
2011	1.000	0.746	0.984	0.646	0.786	0.940	0.673	0.825
2012	0.674	0.710	0.972	0.711	0.646	0.939	0.660	0.759
2013	0.595	0.557	1.000	0.753	0.641	0.942	0.717	0.744
2014	0.509	0.619	1.000	0.771	0.641	0.948	0.708	0.742
2015	0.533	0.983	0.966	0.788	0.507	0.936	0.704	0.774
2016	0.431	0.984	0.964	0.808	0.553	0.951	0.775	0.781
2017	0.638	0.841	0.979	0.807	0.673	0.963	0.830	0.819
2018	0.819	0.659	0.98	0.791	0.724	1.000	0.832	0.829
2019	0.775	0.833	0.985	0.750	0.683	0.961	0.831	0.831

表4-8 2010—2019年稀土业上市公司纯技术效率

年份	北方稀土	广晟有色	五矿发展	中色股份	厦门钨业	江西铜业	中国铝业	平均纯技术效率
2010	0.753	1.000	0.986	0.588	0.614	0.976	0.953	0.839
2011	1.000	1.000	0.992	0.67	0.803	1.000	0.958	0.918
2012	0.696	0.957	0.977	0.73	0.656	0.986	0.911	0.845
2013	0.621	0.927	1.000	0.767	0.651	0.986	0.932	0.841
2014	0.575	0.894	1.000	0.783	0.66	0.986	0.913	0.830
2015	0.586	1.000	0.97	0.799	0.534	0.973	0.924	0.827
2016	0.506	1.000	0.975	0.822	0.564	0.989	0.974	0.833

续表 4-8

年份	北方稀土	广晟有色	五矿发展	中色股份	厦门钨业	江西铜业	中国铝业	平均纯技术效率
2017	0.662	0.978	0.986	0.826	0.68	1.000	0.995	0.875
2018	0.825	1.000	0.988	0.815	0.725	1.000	1.000	0.908
2019	0.787	1.000	0.993	0.785	0.685	1.000	0.994	0.892

表 4-9 2010—2019 年稀土业上市公司规模效率

年份	北方稀土	广晟有色	五矿发展	中色股份	厦门钨业	江西铜业	中国铝业	平均规模效率
2010	0.928	0.59	0.994	0.973	0.876	0.868	0.662	0.842
2011	1.000	0.746	0.992	0.964	0.979	0.94	0.703	0.903
2012	0.968	0.741	0.995	0.974	0.985	0.951	0.724	0.905
2013	0.957	0.601	1.000	0.982	0.984	0.955	0.769	0.893
2014	0.886	0.693	1.000	0.985	0.971	0.962	0.775	0.896
2015	0.911	0.983	0.995	0.986	0.949	0.962	0.761	0.935
2016	0.852	0.984	0.989	0.984	0.982	0.962	0.795	0.935
2017	0.963	0.86	0.993	0.977	0.989	0.963	0.834	0.940
2018	0.992	0.659	0.992	0.971	0.999	1.000	0.832	0.921
2019	0.985	0.833	0.992	0.955	0.997	0.961	0.832	0.936

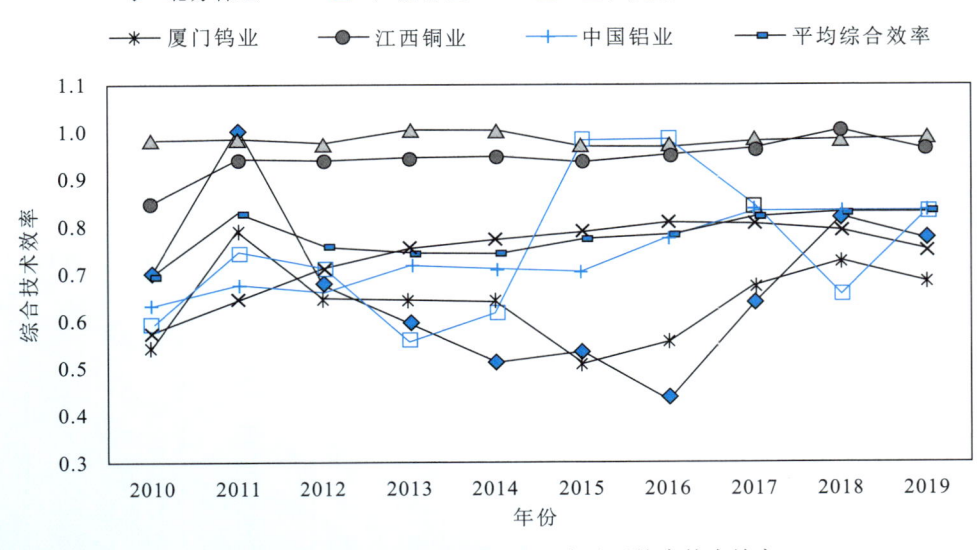

图 4-2 2010—2019 年稀土业上市公司综合技术效率

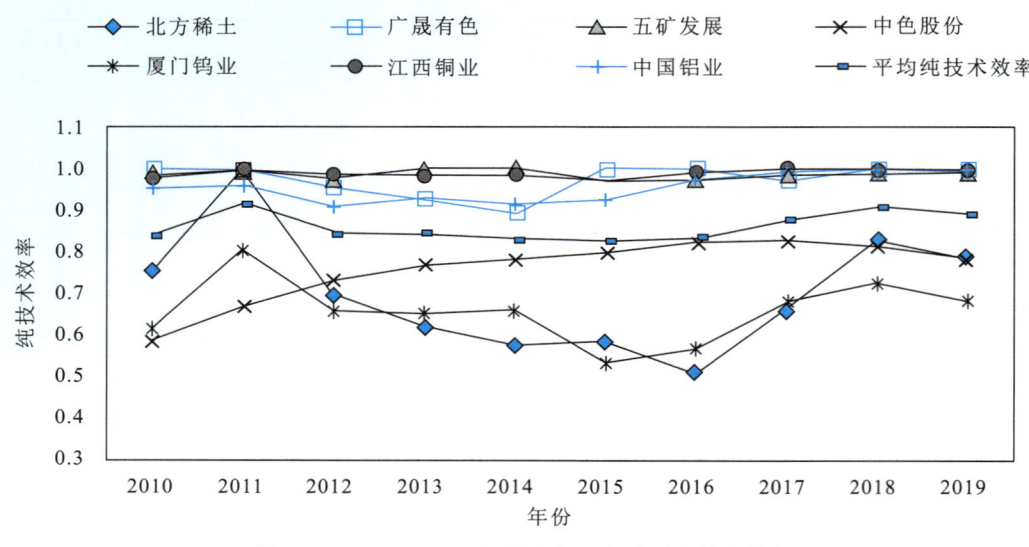

图4-3 2010—2019年稀土业上市公司纯技术效率

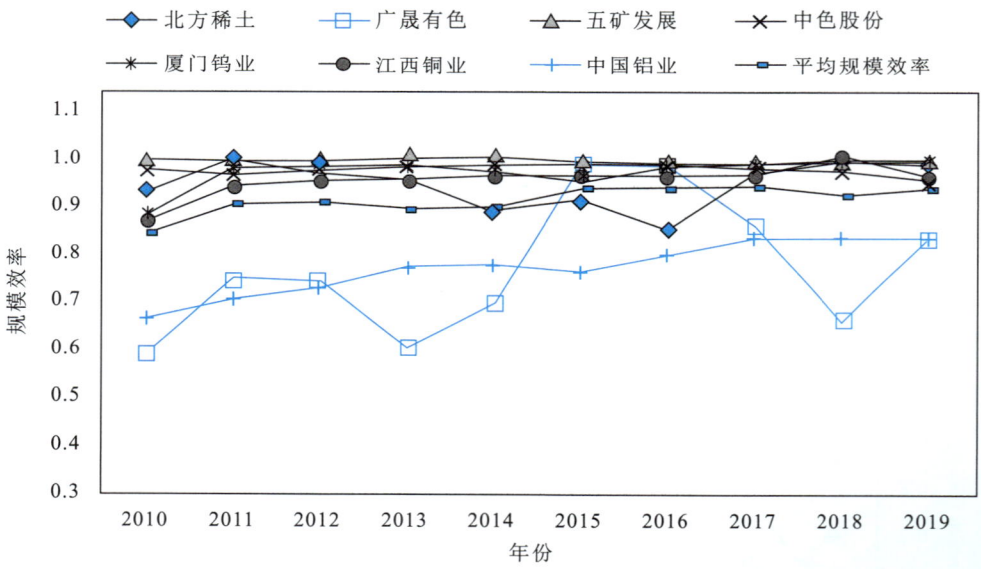

图4-4 2010—2019年稀土业上市公司规模效率

2. 评价结果分析

通过以上分析,我们得到如下研究结果。

1. 综合技术效率分析

总体来看,我国的稀土行业经营绩效总体呈现稳步上升的态势,但各个公司的综合效率变化并不均衡,存在着明显的发展差异。

从表4-7结果分析可知,2010—2019年,从上市公司近十年间平均综合技术效率看,稀土行业经营绩效总体稳步上升。其中,2019年稀土上市公司平均综合技术效率0.831,仍有16.9%上升空间。

图4-2显示,2010—2014年,有一半以上公司没有达到当年的平均综合技术效率;2015年开始,有一半以上公司达到当年的平均综合技术效率,进一步说明稀土业上游上市公司绩效水平在稳步上升。将其他公司综合技术效率与平均综合技术效率对比,可以看出,五矿发展与江西铜业综合技术效率水平较高,始终保持在平均综合技术效率水平以上;厦门钨业综合技术效率水平较低,始终没有超过平均综合技术效率水平;北方稀土综合技术效率仅有1年比平均综合技术效率高,中色股份、中国铝业综合技术效率与平均综合技术效率差不多,广晟有色综合技术效率水平起伏比较明显,但总体还是处于上升过程之中,说明该行业发展并不成熟。

2. 纯技术效率分析

根据对表4-8的分析,2010—2019年稀土业上市公司平均纯技术效率值都在0.8以上,比综合技术效率要高。其中,2019年平均纯技术效率值达到0.892,还有10.8%上升空间。广晟有色、江西铜业纯技术效率水平达到有效水平的次数较多。从图4-3可以看出,广晟有色、五矿发展、江西铜业和中国铝业四家公司纯技术效率水平一直保持在平均值以上,厦门钨业和中色股份纯技术效率水平一直在平均值以下,北方稀土纯技术效率只有一年超过平均值。

3. 规模效率分析

对表4-9分析的结果显示,2010—2019年我国稀土上市公司平均规模效率基本达到0.9以上,只有第一年的平均规模效率低于0.9,结果很好。其中,2019年有两家公司平均规模效率达到0.99,基本达到规模效率。从图4-4可以看出,中国铝业规模效率一直低于平均规模效率,广晟有色规模效率仅有两年高于平均值,北方稀土规模效率有三年低于平均值,其他公司每1年规模效率都在平均值以上,且都在0.9以上,基本接近于规模效率。

3. 主要结论

通过以上分析我们得到如下结论。

中国稀土业上游公司绩效水平稳步提升,且仍有一定上升空间。在7家上市公司中,五矿发展(600058.SH)、江西铜业(600362.SH)绩效水平比较高;厦门钨业(600549.SH)、北方稀土(600111.SH)绩效水平相对其他公司略低,原因在于纯技术效率水平相对较低;其他几个公司绩效水平处于这七家公司绩效水平平均值位置,并且逐年有小幅度上涨。其中,中国铝业(601600.SH)和广晟有色(600259.SH)两家公司离规模有效仍有一定差距。根据这七家公司的绩效水平发展情况,可以把它们分成平稳发展型企业、波动型企业和进步型企业。

(1)五矿发展、江西铜业属于平稳发展型企业,且在这十年间保持持续、平稳发展。五矿发展公司是目前中国最大的冶金工业原材料集成供应商、国内黑色金属流通领域最大综合服务商,与同行相比其核心竞争优势比较明显。江西铜业是中国有名的制铜企业,集采、选、冶、加于一体，也是中国最大的铜产品生产基地以及金银产品集散地。这两家企业之所以能在近十年时间内始终保持比较高的绩效水平，关键在于能快速找到自己的竞争优势，同时有较高的管理水平和研发能力。

(2)广晟有色、北方稀土和厦门钨业属于波动型企业。与北方稀土和厦门钨业类似，它们的绩效水平之所以有起伏，原因在于它们的纯技术效率不高，广晟有色规模效率不高。对北方稀土和厦门钨业两家公司而言，加大科研投入是重中之重，以争取开拓新的利润增加点，深入拓展市场潜能，增加自己在产业链中的议价能力；而广晟有色公司，则需要重新调整自己人员流动和资金投入比例。

(3)中色股份、中国铝业属于进步型企业。这两个家企业绩效水平一直处于行业内平均绩效水平位置，随着平均绩效水平一起稳步上升。目前两家公司仍有一定上升空间，但上升方向有所不同：中色股份需要进一步提高自己的纯技术效率，加大科研投入，进行科研创新，加强管理水平等；中国铝业需要提升自己的规模效率，调整公司内部人员和资产投入，增加产出效率。

第四节　中国稀土矿业发展指数分析

本节将利用层次分析法构建稀土矿业发展评价指标体系，借助2012—2017年相关数据，对中国稀土矿业的可持续发展水平进行测度。

一、发展指数评价指标体系构建

遵循科学性、完整性、简洁性和数据可获得性等原则，依据可持续发展理念，从经济效益、技术创新、社会发展和生态友好四个方面，构建包含11个标准层、21个具体指标的稀土矿业发展指数评价指标体系。

(1)经济效益层面以稀土矿业规模和生产效率为衡量标准，选取八项指标。在行业规模方面，以稀土产量、进出口总量、产量占世界总产量的比例、固定资产投资额和稀土矿产品销售收入为代表指标；在生产效率方面，投入产出效率为规模以上工业企业投入产出效率，人均产矿量为稀土采矿业人均原矿产量，规模以上工业企业利润总额衡量企业生产效率。

(2)由于数据具有可得性，指标体系以科技投入和创新产出计算稀土矿业技术创新指数，以有色金属业有研发机构的企业数和基础科研资金投入代替稀土矿业，创新产出以当年专利授予数衡量。

(3)以劳动者就业、税收贡献、贸易环境变化及对国内市场需求的满足情况（四个标准）来表现社会发展指数。劳动力就业层面以有色金属业数据乘以2012年稀土行业产值占有色金属行业产值的比例来代替。在贸易环境变化标准上，稀土矿产品进出口比价为稀土进（出）口价值与进（出）口数量之比得到的进出口价格比值。

(4)从资源利用、污染排放和污染治理三个标准层面衡量生态环境指数。这部分数据均来自国家整体生态环境层面(表4-10)。

表4-10 稀土矿业发展指数评价指标体系

指数层	标准层		指标层	
经济效益指数(Q_1)	A_1	稀土矿业规模	B_1	稀土产量/t
			B_2	进出口总量/kg
			B_3	产量占世界总产量的比例/%
			B_4	固定资产投资额/万元
			B_5	稀土矿产品销售收入/万元
	A_2	生产效率	B_6	规模以上工业企业投入产出效率
			B_7	稀土采矿业人均原矿产量/(t/人)
			B_8	规模以上工业企业利润总额/亿元
技术创新指数(Q_2)	A_3	科技投入	B_9	有研发机构的企业数/个
			B_{10}	研究与开发投入经费/万元
	A_4	创新产出	B_{11}	专利授予数/件
社会发展指数(Q_3)	A_5	劳动者就业	B_{12}	城镇单位就业人员平均工资增长率/%
			B_{13}	城镇从业人数/万人
	A_6	税收贡献	B_{14}	地方政府税收收入/万元
	A_7	贸易环境变化	B_{15}	稀土矿产品进出口比价
	A_8	对国内市场需求的满足情况	B_{16}	国内稀土消费量/吨
生态友好指数(Q_4)	A_9	资源利用	B_{17}	单位能源消费量/(万t/亿元)
	A_{10}	污染排放	B_{18}	单位二氧化硫排放量/(万t/亿元)
			B_{19}	单位废水排放量/(万t/亿元)
	A_{11}	污染治理	B_{20}	环境治理投入占GDP比重/%
			B_{21}	矿山治理投入资金/万元

二、发展指数评价方法选择

综合评价一般使用模糊综合评价法、综合指数法、主成分分析法、熵值法、层次分析法、神经网络法、TOPSIS理想解法及数据包络分析法等[49]。从权重确定角度,上述方法可分为主观赋权法和客观赋权法。主观赋权法主要通过咨询和经验来确定指标权重,代表性方法有层次分析法[50]、模糊综合评价法[51]和综合指数法[52]等;客观赋权法主要依据各指标之间相关关系或者其变异程度来确定评价权重,代表方法为主成分分析法[53]、熵值法[54]和TOPSIS理想解法[55]等。

主观赋权方法能够充分利用权威和经验知识,更利于对含有定性指标的综合评价,但也会对评价的客观性有所影响;因为在带有主观意识赋权过程中,研究者往往不是完全理性的。客观赋权法依靠数据本身特点赋权,看似完全客观,但不一定完全科学;因为仅仅依靠数据本身得出的权重可能无法体现事物内部逻辑性,最终得不到想要的结果。

为了尽量避免以上缺陷,本节选择以熵值法赋权,结合综合指数分析方法对中国稀土矿业发展进行评价分析。综合评价中一个指标的熵①越小,指标变异程度越大,在评价中赋予的权重就越高。由于经济指标中存在正负性质之分,计算权重之前应对指标进行标准化处理。本节以6年的21个指标作为样本,设样本 S_i 在指标 A_j 下的实测值为 C_{ij},建立初始的数据矩阵 $\boldsymbol{C}=(C_{ij})_{6\times 21}$,则

$$y_{ij}=\begin{cases}\dfrac{C_{ij}-(C_{ij})_{\min}}{(C_{ij})_{\max}-(C_{ij})_{\min}} & \text{(指标为正)}\\[2mm] \dfrac{(C_{ij})_{\max}-C_{ij}}{(C_{ij})_{\max}-(C_{ij})_{\min}} & \text{(指标为负)}\end{cases} \quad \text{其中} i=1,2,\cdots,n;j=1,2,\cdots,m \quad (4-1)$$

即得到标准化矩阵 $\boldsymbol{Y}_{ij}$:

$$\boldsymbol{Y}_{ij}=y_{ij}/\sum_{i=1}^{6}y_{ij} \quad \text{其中} 0\leqslant y_{ij}\leqslant 1 \quad (4-2)$$

第 j 个评价指标的信息熵值 e_j 为:

$$e_j=-k\sum_{i=1}^{6}\boldsymbol{Y}_{ij}\ln(\boldsymbol{Y}_{ij}) \quad (4-3)$$

常数 $k=[\ln(m)]^{-1}$,$m=6$,令 $h_j=1-e_j$,则第 j 项指标的权重为:

$$w_j=h_j/\sum_{j=1}^{n}h_j \quad (4-4)$$

在此时间序列数据分析中,以2012年数据为基期年数据,将其他年份数据与基期数据作比值法处理,这样基期年发展指数能够始终为1,其他年份从1开始变化,如此能够明显反映出发展指数的变化趋势。

比值法处理:

$$X_{ij}=\begin{cases}C_{ij}/C_{1j} & \text{(正向指标)}\\ C_{1j}/C_{ij} & \text{(负向指标)}\end{cases} \quad (4-5)$$

式中:X_{ij}——标准化处理之后的矩阵。

则综合发展指数为:

$$E_{iQl}=\sum_{j=1}^{n}(X_{ij}\times w_j) \quad (4-6)$$

---

① "熵"属于物理概念,是物质微观热运动时混乱程度的标志;后由Shannon引入信息论中,表示在一个系统中信息的无序程度,普遍应用于工程技术和社会经济领域。

$$D_i = \sum_{l=1}^{3} E_{iQl} \qquad (4-7)$$

式中：E_{iQl}——第 i 年的第 l 个发展分指数（$i=1,2,3,4$）；

D_i——第 i 年的稀土矿业综合发展指数。

三、稀土矿业发展指数实证分析

为了进一步说明我国稀土矿业发展情况，下面就我国稀土矿业的发展指数问题进行测度和分析。

1. 确立指标体系权重

选择熵值法赋权并结合综合指数分析方法对中国稀土矿业发展进行评价分析，从熵权法计算结果可以看出指标体系权重：经济效益分项指标总权重占 39.37%，技术创新占权重 15.8%，社会发展指数占权重 22%，生态友好指数占权重 22.8%。各指标权重在 0.03~0.09 之间，大部分指标权重差距较小，均在最小值和平均值之间，因此，发展指数的计算不会很大程度上偏向一两个极端指标。总体来讲，指标体系主要注重经济效益发展，技术创新作为发展动力的重要地位，同时兼顾社会发展和生态环境保护。

权重最大指标 B_6 为规模以上工业企业投入产出比率。这一指标在 2012—2017 年期间变小，虽然后两年变化不大，但还是可以说明稀土矿业生产效率在考察期间是下降的。进出口总量在这期间有所波动，但总体增加，2017 年比 2012 年增加 30% 以上，进口数量每年波动较大，但出口量呈总体上升态势。

其他较大权重指标：进出口总量（B_2）、稀土产量占世界比例（B_3）、科研投入经费（B_{10}）。中国稀土产量占世界总产量比例从 2012 年的 90% 下降到 2017 年的 79%，一是由于中国实行稀土生产配额控制（实际总量并没有减少），二是由于外国稀土产量每年有所增加。科研经费投入指标在考察期间经历了先增后减的变化，投入的减少会使技术创新指数下降。结合 B_9 有研发机构的企业数，该项指标逐年增加，由 2012 年的 869 家增至 2017 年的 1483 家，但是科研投入却减少，可见平均科研投入水平很低。

权重最小指标：固定资产投资额（B_4）、国内稀土消费量（B_{16}）、矿山治理投入资金（B_{21}）。固定资产代表稀土矿业再生产扩大情况，在 2012—2016 年没有大的变化，但在 2017 年该项指标缩减了近 1/3。国内稀土消费量总体增加，但在后三年变化不大，因此，所占权重不大。指标 B_{21} 矿山治理投入除 2016 年减少外，其他年份变化很小（图 4-5）。

2. 数据及来源

本研究的指标数据资料主要来源于：工业和信息化部、国家统计局、国土资源部官方网站；2013—2018 年出版的《中国有色金属工业统计年鉴》《中国固定资产投资统计年鉴》《中国国土资源统计年鉴》《中国工业统计年鉴》《中国环境统计年鉴》《中国环境年鉴》《中国劳动统计年鉴》《中国财政年鉴》；各公司公开的财务报表数据。

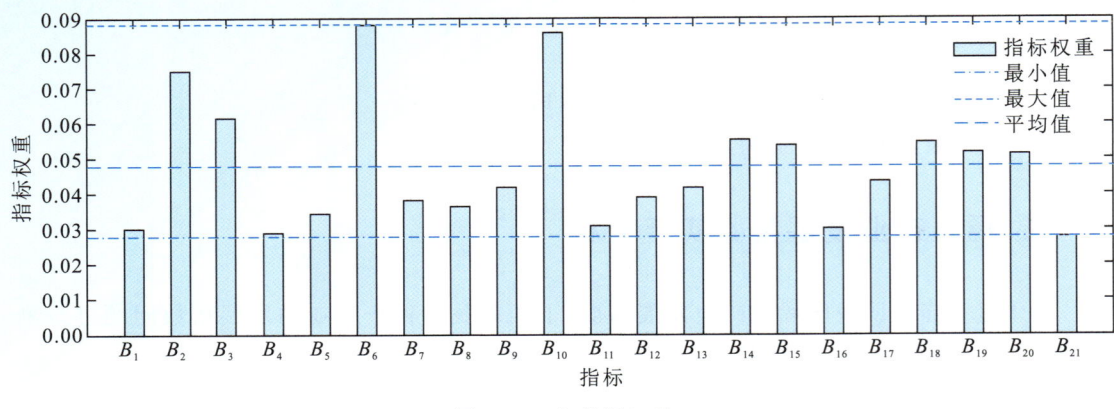

图 4-5 各指标权重

3. 稀土矿业发展指数建立

稀土矿业综合评价指标体系权重确定后,计算得出了2012—2017年中国稀土矿业综合发展指数和四项分项发展指数,其中四项分项发展指数包括经济效益指数、技术创新指数、社会发展指数和生态友好指数(表4-11)。

表 4-11 2012—2017 年稀土矿业发展指数

稀土矿业发展指数	2012 年	2013 年	2014 年	2015 年	2016 年	2017 年
经济效益指数	0.394	0.402	0.410	0.382	0.390	0.404
技术创新指数	0.158	0.178	0.265	0.198	0.197	0.178
社会发展指数	0.220	0.202	0.194	0.166	0.173	0.191
生态友好指数	0.228	0.248	0.251	0.266	0.331	0.400
综合发展指数	1.000	1.030	1.120	1.011	1.090	1.173

4. 研究结果

通过以上研究,我们得到了如下结果。

1)综合发展指数

2012—2017年,中国稀土矿业呈现波动上升趋势,综合发展最佳年份为2014年,当年经济效益指数最佳,生态友好指数和社会发展指数稳定向好。综合发展指数于2015年有所下降,但其后又迅速升至之前水平。从指数看,2015年是分水岭,此前稀土矿业综合发展主要依靠经济效益的提升,之后生态环境的改善成为影响综合发展指数的更重要因素(图4-6)。

2)经济效益指数

经济效益指数走势比较平稳,经历了先升后降又升的发展趋势,最大值出现在2017年。

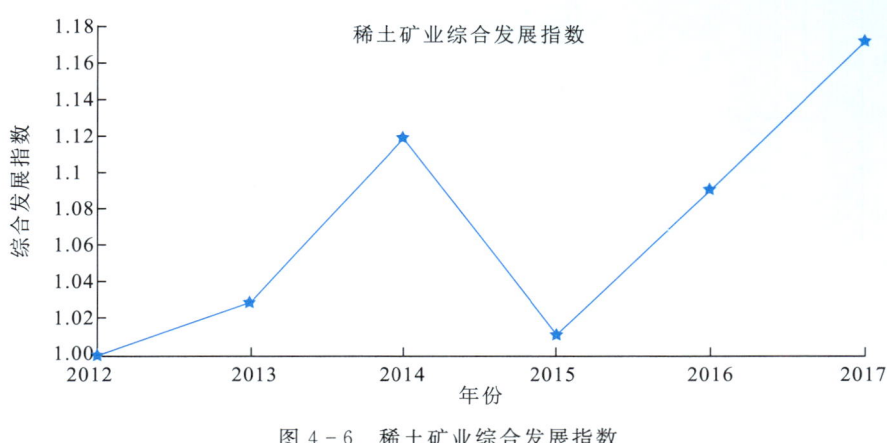

图 4-6 稀土矿业综合发展指数

经济效益指数下滑原因,一是六大稀土集团对国内稀土资源进行整合,一些小型矿山企业被关停,零散企业被合并整合;二是严格控制稀土矿产量,稀土矿业规模维持在一个比较稳定的水平。在生产效率选取指标中,除年产原矿量有所减少,稀土矿产品销售收入、规模以上工业企业利润总额、稀土矿业资源利用工业总产值等指标,都在比期间出现波动,有的甚至下降。

3) 技术创新指数

技术创新指数先升后降,最高值出现在 2014 年。有研究机构的企业持续增加,但专利申请数和科研经费投入在后两年出现下降趋势。2012—2017 年间专利授予数先增后减,2017 年专利授予 5250 项,比 2012 年少了近 700 项。这也说明,部分公司(企业)虽然设置有研究机构,但并没有增加相应的科研经费投入,也就无法确保科技创新水平的提高;要提高创新产出,就必须提高基础科研资金投入。

4) 社会发展指数

社会发展指数整体呈现下降后轻微上升,变化幅度不大。有色金属行业的整体职工工资水平低于全国平均工资水平,工资增长率在考察前期整体下降,但在 2017 年增长率达到 10%。2017 年有色金属采矿业城镇人均工资 55 810 元,采矿业平均工资 69 500 元,这一数据低于全国城镇就业职工平均工资水平。有色金属工业企业对地方政府税收贡献在 2012—2017 年期间先降后升,2017 年对比 2012 年,整体还是呈现下降趋势。

5) 生态友好指数

生态友好指数为唯一呈现持续上升趋势的指数。在污染排放方面,单位工业废水和废气排放呈下降趋势,与 2012 年对比,2017 年废气排放量下降 74%、废水排放量下降 36%。在环境治理方面,环境治理投入占 GDP 比重稳中有降,矿山治理投入资金有所增加。虽然在资源利用方面,单位能耗后期有所上升,但整体而言,从 2015 年到 2017 年,生态环境保护投入成果得以验收,生态友好指数较大幅度上升(图 4-7)。

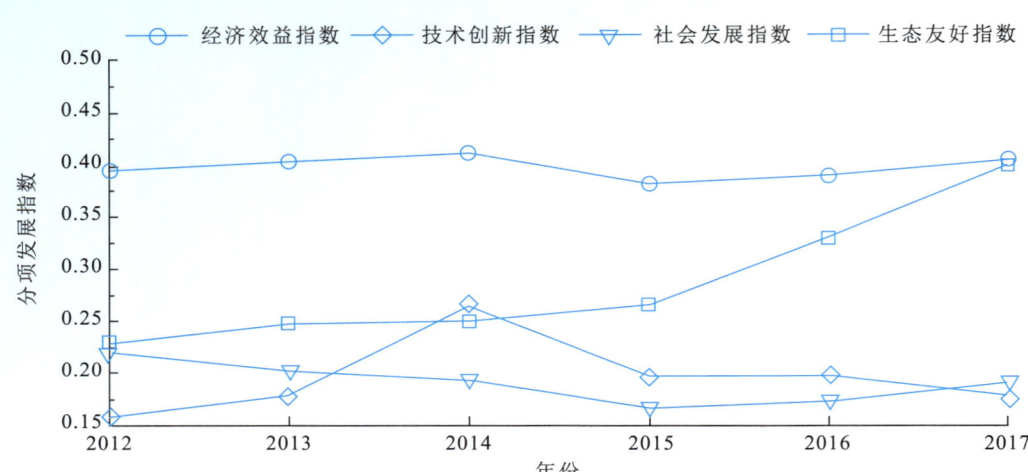

图 4-7　2012—2017 年各分项发展指数

5. 主要结论

通过以上分析我们得到如下研究结论。

(1) 规模以上工业企业投入产出比率、进出口总量、稀土产量占世界的比例以及科研投入经费等指标年度变化较大,固定资产投资额、国内稀土消费量及矿山治理投入资金等指标在此期间变化较小。

(2) 2012—2017 年,中国稀土矿业发展指数呈现出"N"形波动上升趋势,其中发展水平最佳的是 2017 年。从分项发展指数看,经济效益指数＞生态友好指数＞技术创新指数＞社会发展指数。在考察期间,社会发展指数变小幅度最明显,其他三项指数 2017 年都比 2012 年高;除了生态友好指数,其他分项指数总体变化较小。要提高综合发展指数必须先提高社会发展指数,重点解决职工平均工资和对外贸易环境改善等突出问题。

(3) 稀土矿业发展不能只依靠经济效益的提高,生态环境完善对产业发展也能产生非常明显的带动作用,且从长远来看,生态环境的投入可以带来丰厚的回报。我国稀土矿业社会发展指数还有待提高,要从提高采矿业职工工资入手,以稀土矿业发展带动更多人员就业,进而吸引招纳更多的高精尖人才,为稀土矿业企业技术创新注入新的血液和活力,使稀土矿业企业科研机构不再只是表面工程,而是走以技术创新提高资源利用效率、降低单位能耗、提高稀土矿业生产效率的可持续、健康发展道路。

第五节　促进中国稀土矿业健康发展的对策与建议

"十三五"稀土行业转型升级,发展质量和经济效益都得到明显改善和提高,《稀土行业发展规划(2016—2020 年)》提出的规划目标大部分都已实现,但有些还需要继续努力。根据《中国制造 2025》、战略性新兴产业等国家战略和未来产业发展规划,"十四五"及更长时间中国稀土矿业的发展应具备前瞻性和战略眼光。为此,现就促进中国稀土矿业健康发展提出相应的对策与建议。

一、进一步建立和完善行业体系

进一步建立和完善行业体系,形成稀土产业发展规范主要是要做好以下工作。

1. 完善稀土行业创新体系

创新引领未来。发挥科技创新核心引领作用,我国稀土创新体系的主体是企业,导向为市场,用"政产学研用"的思想完善该体系,并在此基础上推进国家与行业的创新中心与服务平台建设。稀土产业的产品可以适用于很多重大领域,《中国制造 2025》提出了与稀土产业相关程度高的十大重点领域,这十大领域包括了信息行业、科技行业及医药行业等。应当重视稀土行业在上述领域的发展前景,积极创新,理论与实际相结合,促进稀土功能材料在上述领域的突破,在完善创新体系的基础上培养有较强创新能力的企业。

2. 进一步加强知识产权保护

重视和加强知识产权保护。中国稀土分离技术处于世界领先地位,但稀土领域几大功能材料最基本的初创技术和基本专利都在国外,比如钕、铁、硼、永磁体,中国企业生产永磁体必须向国外相关公司和企业支付专利费。开展稀土专利战略、知识产权保护机制、基于材料基因工程的稀土磁性、催化、光功能等新材料研究,激励企业申请国外专利,大力支持具有自主知识产权项目的开发,突破一批国家亟需和引领未来发展的稀土新材料及绿色制备关键技术,构建稀土技术核心专利和专利池。要通过挖掘稀土元素本征特性,探索稀土材料新功能,拓展新应用。

3. 强化标准体系建设

发挥科研机构、高校和稀土行业在标准制定中的重要作用,构建标准化平台,进一步完善中国稀土产业标准体系。与此同时推进稀土标准国际化,加强制定重点稀土标准,发挥科研机构和高校以及学术团体的中介作用,提升中国的稀土标准影响力。

二、加强资源生态保护,促进稀土矿业可持续发展

加强资源生态保护,实现稀土矿业的可持续发展主要是要做好以下工作。

1. 加强稀土资源管理

(1)合理调控开采、生产总量。加强对稀土资源勘查、开发、利用统一规划,根据资源形势和市场需求,合理调控开采、生产总量,保障国家经济安全和长远发展需要。严格市场准入制度,除六家大型稀土企业集团外不再新增采矿权。重点完善内蒙古包头、四川凉山、江西赣州、福建龙岩等矿区资源保护和监控设施,加强稀土矿采选项目技术改造,加强对探明的大中型矿产地资源储备和保护,实行统一规划、规模开发、重点监督,推动优质资源合理利用。

(2)按功能分元素管理稀土。按资源稀缺程度、功能开发情况将稀土元素分为战略性、关键性、一般性3类进行分类管理,实现元素价值和经济利益相匹配。加强战略性、关键性产品储备管理,健全国家稀土战略储备体系。进一步强化对中、重稀土元素开采、生产、流通等产业链的全面管理,从重、从严打击稀土非法生产、出口走私、逃避缴纳税款等违法违规的行为。

(3)完备国家稀土战略储备制度。美国、欧盟、日本等地早就对稀土资源进行了战略储备,大量进口中国稀土,并将本国稀土资源矿山进行封存。中国要进一步完善和完备国家稀土战略储备制度,强化资源平衡利用,对以钇为代表的市场滞销重稀土产品实施国家战略收储,减少并逐步停止镨、钕、铽、镝产品国家收储,进一步保障国家稀土资源安全,为国家储备优质战略资源打下坚实基础,促进我国稀土产业健康可持续发展。

(4)重点监管废料综合回收利用领域,确保"打黑去黑"任务目标完成。解决稀土资源无序开采、交易和贱价外流,稀土打黑任重道远,稀土打黑已成为稀土行业供给侧结构性改革的核心。尽可能禁绝私挖滥采和非法加工稀土行为,高频率、高强度、持续化稀土打黑行动,解决稀土行业平稳发展、资源非法外流等问题。同时,加强重点废料综合回收利用领域的监管,加大频次、形成突击检查机制;加大计量监测、远程视频监测、无人机监测应用,在稀土产业链上、中游环节形成产品追溯机制。

2. 加强资源地生态保护

习近平总书记指出,"领导干部对保护生态环境务必坚定信念,坚决摒弃损害甚至破坏生态环境的发展模式和做法,决不能再以牺牲生态环境为代价换取一时一地的经济增长"。在开发中保护,在保护中开发。严格执行国家和地方污染物排放标准,对建设项目和企业环评严格审查,坚决淘汰落后产能。落实行业规范条件,全面推行稀土行业强制性清洁生产审核。以资源和环境保护为抓手,严厉打击稀土生产违法、违规行为,重点打击环境与经济对立、环境与发展对立的违规企业;依据资源开发效率和环境保护要求制定相应技术规范,要求资源产地政府按照环境工程模式来实施管理开发,实施资源和环境保护第一责任人长期追责制度。

3. 加强国际合作,实现互利共赢

加强国际合作,实现互利共赢。鼓励中国稀土企业走出去,利用自身技术、人才、资金和管理优势及专利标准等技术手段,与境外新材料企业和技术研发机构合作,推进国际产能合作,共同开发境外资源及产品深加工,提升国际化营运能力;引进国外专业人才、先进技术和管理经验,支持外资企业重点投向稀土环境治理、废旧产品回收再利用、高端应用及器件制造产业等领域;增进政府、国际金融机构、企业沟通交流与协调,加大稀土企业国际合作融资支持力度,提高中外合作项目质量,实现互利共赢。通过政策联动、行业自律等措施增强我国稀土企业市场话语权。

三、调整优化结构,推动集约化、高端化发展

调整优化结构,推动稀土矿业集约化、高端化发展主要是要做好以下工作。

1. 支持和鼓励稀土矿业集约化发展

支持和鼓励稀土矿业集约化发展,积极推进稀土矿山开采和冶炼分离、资源综合利用集约化生产,将矿山开采、冶炼分离及资源综合利用全部纳入六大稀土集团管理,进一步强化和实施大集团战略,实现稀土集中生产、管理、工艺流程再造。完善集团间协作机制,加强行业自律,维护市场秩序,保持供需平衡,承担社会责任;扶持集团做大应用产业,提升核心竞争力。与此同时,要认真落实和促进内蒙古包头、福建龙岩、四川凉山等重点稀土资源地产业转型升级,延长其产业链,提高产品的附加值;大力支持江西赣州"中国稀金谷"建设;致力海外并购及海外资源开发。

除六大稀土集团外,要鼓励非资源地央企向稀土产业链后端发展,支持鼓励稀土产业链企业兼并重组,在此过程中,国有资本可以实行绝对控股或相对控股,也可参股并推进整体上市,同时应积极引入其他国有资本和非国有资本,实现股权多元化。

2. 加大稀土功能材料开发、高值应用

(1)大力支持和鼓励相关集团公司、科研院所和大学引进稀土新型功能材料和应用技术,"十四五"期间要在高性能稀土磁性材料、LED荧光材料、石油裂化催化材料等领域研发、创新具有自主知识产权的新型稀土功能材料,并实现技术产业化。

(2)进一步加大稀土相关设备研发、生产力度,尽快突破稀土功能材料生产中关键技术装备瓶颈,增加高端产品比例;要花大力气研究、开发稀土富裕元素镧、铈、钇新应用,加强其在金属冶炼、农业、环保等领域的应用,尽最大努力解决应用不均衡问题。

(3)加速推进稀土材料高值应用。"十四五"应加大投资扶持力度,在高性能稀土磁性、储氢、晶体、发光、高频等新材料领域创新发展,在航空航天、轨道交通、海洋工程、工业机器人、高档数控机床、医疗器械等领域拥有话语权。同时,进一步提高关键材料和零部件保障能力,发挥稀土材料在数字化、智能化、网络化建设的支撑作用。

3. 实现上、下游产业协同发展

加强稀土供给侧结构性改革,稳定供需关系,引导价格预期。以资本和技术为纽带,通过上市、增资、并购等手段整合中高端应用产业链,培育新的应用市场。支持与激励下游企业积极参与稀土新材料的研发,重点以工业机器人、节能环保、新能源汽车等终端应用需求为导向,研发具有自主知识产权的稀土功能材料、功能元器件和零部件等并提高生产水平,做到提质增效;进一步推进稀土磁性材料(永磁电机)、稀土发光材料(LED显示器件)、稀土催化材料(工业窑炉脱硝功能器件)、稀土合金材料(汽车及航天航空零部件)等稀土深加工及应用产业一体化发展,形成与终端应用需求相适应的原料供给体系,实现产业链上、下游利益共享、协同发展,实现全产业链优化升级。

四、加快绿色化、智能化转型,构建循环经济

加快绿色化、智能化转型,构建循环经济,推进稀土产业高质量发展,主要是要做好以下工作。

1. 推进上游产业绿色转型

从研发的角度推进上游产业绿色转型，鼓励投入资金研发资源高效性设备，在行业内大力推广采选和冶炼稀土的绿色新工艺的产品。优化升级工厂设备，对生产技术进行改革和绿色创新，争取达到零排放废水，降低资源消耗，在最大限度内减少环境污染。发展循环经济，建立健全回收制度，提升稀土资源综合利用水平。

2. 加快智能化改造

鼓励建设稀土资源基础数据库，集中管理稀土资源、材料、生产工艺数据，健全企业 ERP 体系；建设健全生产过程中的各个管理控制系统，以促进稀土材料数字化和智能化地生产和经营。同时鼓励冶炼分离企业建设数据采集和管理控制系统并将其运用于生产过程中，实现自动采集和智能化控制。

3. 拓展稀土绿色化应用

积极拓展稀土绿色化应用，进一步加强稀土钢及铝、镁合金等轻量化材料的应用研究；大力开展稀土特种玻璃、钇锆陶瓷、抛光剂、化工助剂、污水处理剂、功能材料研发和产业化；着力拓展镧、铈、钇等元素在工业节能、机动车尾气净化、工业窑炉废气脱硝等环保领域的应用；发展铽、镝减量和镧、铈、钇替代镨钕技术，开发低成本稀土磁性材料，推动铈磁体产业化，扩大在电机等领域的应用。

五、完善政策法规体系，加大财政税收金融支持力度

完善政策法规体系，加大财政税收金融支持力度主要是要做好以下工作。

1. 完善政策法规体系

制定和完善稀土管理细则及其配套规章制度，进一步明确地方政府和各级管理部门的权力和责任，最终形成科学的稀土行业管理法律、法规与制度体系；建立覆盖生产、流通、出口各环节的稀土产品追溯系统，严肃查处各类违法违规行为；进一步改进和规范稀土开采、生产总量控制管理办法、稀土行业规范条件等行业相关规定，要不打折扣地认真执行稀土开采、生产总量控制管理制度；建立健全稀土出口企业社会责任报告制度和信用黑名单制度，以及政府储备与企业储备互为补充的稀土产品储备体系，保障国家战略资源安全。

2. 加大财政税收支持力度

加大中央财政税收对稀土产业扶持力度，认真贯彻落实企业研发费用税前扣除政策；充分利用工业转型升级专项等现有资金渠道，对符合条件的稀土高端应用、智能制造等项目给予支持，建立储备项目库、行业数据库和稀土专家库；研究新材料应用保险补偿机制，支持稀土新材料推广应用；在重点资源地稀土产业转型升级试点、建设特色产业基地、培育区域优势产业等方面，中央财政也要继续加大支持力度。

3. 健全投融资保障机制，加大信贷支持力度

加强政府、金融机构、高校、科研院所、企业合作，形成"政金学研企"支撑推动体系；支持

和鼓励地方政府、国有资本、民间资本发行各种稀土产业发展基金,积极引导社会资本流向稀土新材料应用领域,支持并投资创新和成长型稀土企业;采取相关措施,激励各类金融机构创新稀土行业信贷产品和服务,加大信贷支持力度,支持符合条件的稀土企业上市融资、发行债券等。

4. 建立稀土期货交易市场

中国是全球稀土最大供应和消费大国,在全球产量、出口量、消费量均居首位,建立稀土期货交易市场,发展市场经济,实现稀土商品价格透明化、市场化。

第五章　中国建材产业

中国建材产业的发展经历了一个较长的阶段。随着《中国制造 2025：中国建材制造业发展纲要》的发布以及建材产品广泛应用于装备制造、汽车、家居等领域，我国建材产业的发展迈向了品牌化、智能化的高质量转型之路。

根据中国建材产业的发展状况，本章将结合建材产业转型的发展态势，拟从中国建材产业发展的现状、中国建材产业空间布局现状、中国建材产业绩效和中国建材矿产资源产业发展环境等方面对中国建材产业的发展问题进行深入的分析，并提出相应的政策建议，以促进中国建材产业的可持续、高质量发展。

第一节　中国建材产业发展现状

中国的传统建材产业主要集中于水泥、平板玻璃、建筑、卫生陶瓷等行业。目前，中国建材产业的发展正向航天、环保、交通等新型建材产业转型[56]。本节针对中国建材产业的发展现状，就发展历程的三个阶段、中国建材产业的总体情况及中国建材产业发展存在的主要问题分别进行探讨。

一、中国建材产业发展历程

从中国建材产业的发展状况来看，可以将其发展历程大致划分为蓬勃发展、辉煌与转型和补短板、去产能与走出去三个发展阶段。

1. 中国建材产业蓬勃发展的第一阶段

中华人民共和国成立之初，我国的建材工业产业较为落后，产业单一，仅有极少量的玻璃厂、水泥厂和非金属矿厂以及耐火材料、建筑陶瓷企业，基本上都是以原始的手工业生产和粗加工为主，比较传统。

资料表明，1952 年，全国建材工业的总产值不到 9 亿元，建材基建投资仅为 0.53 亿元。经过工业化改造和大力发展，中国的建材工业迎来了快速发展的黄金期。截至 1978 年，中国建材工业总产值较 1949 年以来涨了 18 倍多，已达 165 亿元以上；建材产业的固定资产投资升至 47 亿元，在全国工业部门投资中占比高达 4.3%。从 1949 年一直到 20 世纪 80 年代中期,建材行业的投资有超过 40% 进入到了水泥业。1988 年,水泥业正式成为建材工业的支柱产业。

建材工业的井喷式发展则出现于 21 世纪之后。2012 年,建材产业的固定投资额高达 1.1 万亿元,相较于 1978 年涨了约 66.7 倍。这一时期建材产业投资领域主要集中于非金属矿、水泥制品、混凝土、新型墙体材料等制造工业;而十八大以来,以相关产业、消费端驱动的复合材料、矿物纤维、技术玻璃等新建材产业迅猛发展,为中华人民共和国建材产业的发展铸就了新的篇章。

2. 中国建材产业辉煌与转型的第二阶段

伴随着中华人民共和国的工业化进程,中国建材产业实现了由落后到强大的巨变,新时代建材产业已经向绿色建材和高质量发展转变。

我国从 1949 年水泥产量在世界占比的 2.5% 提升到 20 世纪 80 年代的 13%,并在 2010 年水泥产量高达 23.3 亿 t,占世界水泥产量的一半以上。但从 20 世纪 90 年代以来,我国的建材及其相关产业存在着产能过剩的问题,2016 年我国全行业建材产业主营业务收入达到了顶峰,相当于 1985 年建材主营业务收入的 42 倍(不含通货膨胀等其他因素)。近几年来,随着国家宏观调控的进一步加强与企业自身的转型,我国建材产业的全行业主营业务收入规模逐步稳定在 4.8 万亿～6.19 万亿元之间,中国建材产业结构逐步由粗放型向集约型转变。

3. 新时代中国建材产业补短板、去产能与走出去的第三阶段

我国自 20 世纪 70 年代以后便开始重视建材工艺的引进、吸收与自主研发工作,在降能耗、补短板与去产能等方面进行着不懈的努力。

目前,我国在建材产业的相关子产业中已拥有众多自主知识产权的核心技术;在玻璃纤维、平板玻璃以及水泥产业等其他建材相关子产业的工艺、技术水平先后达到了国际领先地位。例如,在平板玻璃和水泥的生产中,2018 年我国已广泛应用国际通行的先进技术,应用比例分别为 95% 和 99%,建材产业全员劳动生产率相当于 20 世纪 90 年代中期的 17.6 倍,万元工业增加值综合能耗比 21 世纪初减少了 85%,为建材工业的产业升级、提质增效给予了强大支撑。此外,在"一带一路"倡议实施的过程中,中国建材产业的对外经济合作也获得明显提升,主要合作形式逐渐多样化,由基础的劳务合作以及援外项目过渡到工程承包以及对外投资[57]。

二、中国建材产业总体情况

在中国,建材产业是非常重要的材料工业。建材工业囊括了三个门类,即非金属矿及制品、无机非金属新材料和建筑材料及制品。

石灰、玻纤、玻璃、水泥等均为主要的建材产品,其所属的产业即建材产业的子产业。建材产业的子产业涵盖的社会经济范围较广,涉及钢铁、房地产、家具、装饰装修、纺织等众多上、下游产业。子产业与固定资产投资具有高度相关性,并与国家基础产业的发展密切关联。因此,建材产业在行业的发展周期方面与国家宏观经济政策、产业布局及产业发展息息相关,呈现出发展强周期性的特点[58]。

一方面,在2019年深化供给侧结构性改革的基础上,建材行业保持了稳中有进的总目标,在保证效益和质量的前提下,进一步释放了产能,建材产业运行情况总体较好;另一方面,产能过剩等结构性问题尚未得到根本性解决,且建材市场的需求下降、建材企业的动力不足等矛盾依旧存在,行业下行的压力持续积累。

中国建筑材料联合会发布的《2019年中国建材行业经济运行报告》指出:2019年中国建材行业总体运行良好。目前,中国建材行业主要依托混凝土、水泥等子行业的投资驱动;2019年,建材行业主营业务收入约为4.8万亿元,比2018年同期增长了11.5%;利润总额为4 291.5亿元,比2018年同期增长了13.5%;但主营业务收入和利润的增速均有所下降(图5-1)[59],发展质量并不理想。

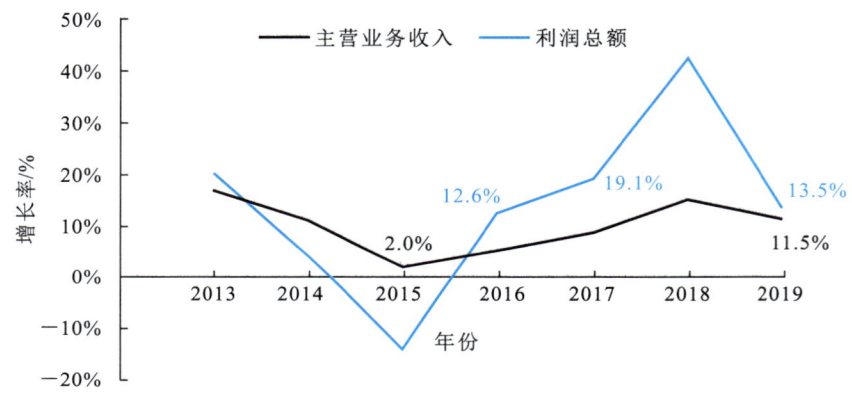

图5-1 2013—2019年规模以上建材行业主营业务收入与利润增速图

(数据来源:国家统计局)

常用建材产品中除石板材、砖、瓦和夹层玻璃外,以水泥、平板玻璃为代表的主要建材产品均保持了较快速度的增长,其中,沥青和改性沥青防水卷材和水泥排水管2019年产量增势迅猛,均超过了20%的增长速度,如表5-1所示。

表5-1 2019年常用建材产品产量及增长率统计表

建材产品	计量单位	产量	增长率/%
玻璃纤维纱	万t	587.7	13
石灰石	万t	94 572.3	12.2
石灰	万t	10 287.3	8.9
高岭土	万t	2 974.2	6.8
萤石	万t	433.4	1.4

续表 5-1

建材产品	计量单位	产量	增长率/%
水泥电杆	万根	1 816.6	2.8
卫生陶瓷	万件	21 955.7	10.7
石板材	万 m³	67 974.5	−1.6
水泥排水管	万 m	6 881.7	20.8
水泥压力管	万 m	573.68	5.0
水泥混凝土桩	万 m	40 968.6	0.2
钢化玻璃	万 m²	52 591.7	4.4
夹层玻璃	万 m²	9 433.6	−3.6
中空玻璃	万 m²	13 851.2	7.6
大理石和花岗石板材	万 m²	44 276.8	−0.8
水泥	亿 t	23.5	4.9
砖	亿块	3 982.2	−3.1
商品混凝土	亿 m³	25.5	14.5
玻璃纤维布	亿 m	25.5	12.2
瓦	亿片	50.5	−15.9
陶瓷砖	亿 m²	101.6	7.5
沥青和改性沥青防水卷材	亿 m²	18.5	22.6
石膏板	亿 m²	31.2	1.8
平板玻璃	亿重量箱	9.3	6.6

资料来源：国家统计局，《中国建材产业经济运行报告》(2019 年)

随着 2019 年建材行业良好的发展势头，以及疫情后重建、"新基建"的出台，国务院常务会议在 2020 年 1 月 3 日提出了促进制造业稳增长的相关配套产业政策扶持[60]，地产投资、制造业投资呈现出回暖态势，建材行业产能显现出扩张信号，总体上具有良好的上升空间和发展态势。

三、中国建材产业发展存在的主要问题

随着中国经济增速逐步放缓和改革开放的不断深入，经济步入了新常态发展阶段，建材工业也由高速增长逐步转变为低速平稳增长态势[61]，但建材产业在扩张过程中依旧存在着制约其长期发展的主要问题。这既有来自外部环境的制约，也有建材产业自身存在的顽疾。

受发展环境和自身因素变化的影响,中国的建材产业在发展过程中存在的问题主要集中在以下几个方面。

1. 制约建材产业发展的外部因素

随着建材产业发展,其外部环境的变化也对其发展产生了重要的影响。总体来看,外部因素主要包括以下几个方面。

1)建材产业利润分布不均

建材产业总体利润走势较好,但产业内部不同子行业的利润存在着明显的差异。与基础建设相关的行业发展态势较好,如水泥产业、建筑卫生陶瓷产业、混凝土产业等增长率均远超15%;但与市场紧密联系的子产业则利润增长不容乐观,部分产业增速下降明显,有些甚至出现了亏损(图5-2)。

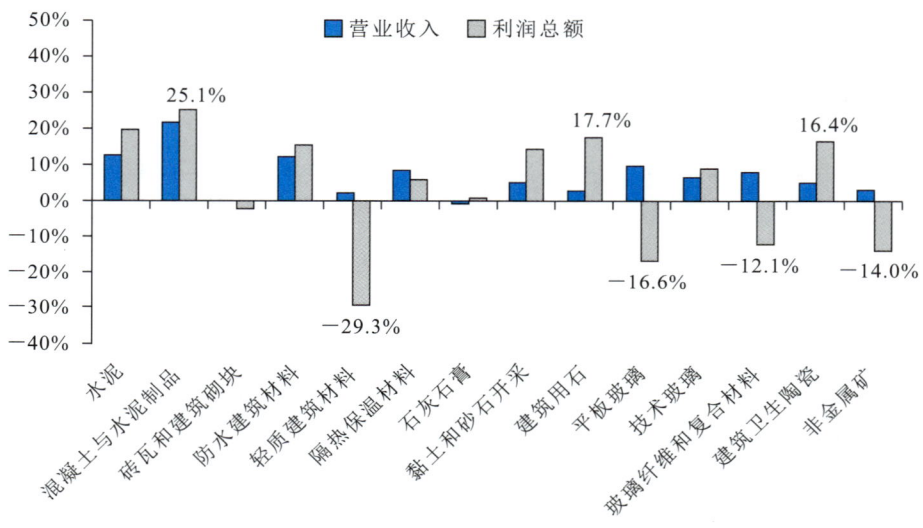

图5-2 建材产业下属子产业营收与利润增长图

[资料来源:《中国建材产业经济运行报告》(2019年)]

2)建材产业总体税负较重

行业内税负较重也是建材产业发展的一大难题。在40多个产业中,作为营业收入中等的行业,建材产业增值税税率高居第五位[62](表5-2)。高税负使得建材产业在国际上的产品定价不具备竞争优势[63],"扩内需"和"走出去"战略难以在产业内实现良好培育,加剧了建材产业的"内卷化"。

2. 制约建材产业发展的内部因素

制约中国建材产业发展的内部因素虽然有许多,但总体来看,主要包括以下几个方面的因素。

1)投资导向明显,内需消费不足

根据《2019年国民经济和社会发展统计公报》显示,2019年中国建材产业营业收入的主要增长源来自混凝土、水泥、砂石等资本驱动的产业[64],而内需消费动力明显不足。建材产业能够得到发展主要是政府及大型国有企业的基建项目托底维持:如 2019 年中国建材产业依托大型工程项目安装工程的固定投资同比增长超过 5.4%,而同期建筑装潢材料的销售额仅增长了 2.8%,同比下降 5.3%[65]。由此可见,内需消费市场疲软,建材产业的"三驾马车"呈现出了"瘸腿"的发展态势,影响了其可持续、高质量的发展。

表 5-2 规模以上主要产业增值税税负汇总表

税负排名	行业类别	税率/%
1	卷烟加工	12.50
2	医药制造业	8.50
3	非金属矿物制品业	5.50
4	造纸及造纸品业	5.00
5	建材产业	4.98
6	电力、热力的生产和供应业	4.95
7	食品饮料	4.50
8	机械交通运输设备	3.70
9	电器机械及器材	3.70
10	农副产品加工	3.50
11	塑料制品业	3.50
12	工艺品及其他制造业	3.50
13	化工产品	3.35
14	纺织服装、皮革羽毛	2.91
15	电子通信设备	2.65
16	商业零售	2.50
17	纺织品(化纤)	2.25
18	金融制品业	2.20
19	商业批发	0.90
20	其他	3.50

资料来源:根据建筑财税圈资料整理

2)产能过剩,行业内无序竞争乱象比较严重

尽管 2020 年的新兴产业如新能源汽车、光伏发电等为建材市场提供了新的扩张空间,但受疫情打击及中美贸易摩擦的持续影响,加上新扩张市场的空间有限,仍然难以满足日益增长的建材产业的供给侧。建材产业中水泥业和混凝土增长速度最快,建筑用石、建筑卫生

陶瓷、黏土和砂石开采、防水建筑材料保持了较快增长,技术玻璃、隔热保温玻璃和石灰石膏处于正增长状态,其他子产业的综合营收和综合利润增长为负(图5-2),增长动力不足,这使得建材产业的总体产能过剩。同时,建材产业内部无序竞争现象比较严重,仅A股和港股上市公司就有高达65家,且多数企业的产品出现明显的同质化竞争现象。整个建材行业的无序竞争乱象对建材产业的健康发展是一个严峻的考验。由图5-3可以看出:华北地区、东北地区、华中地区等区域面临严峻的去产能、调结构等问题。

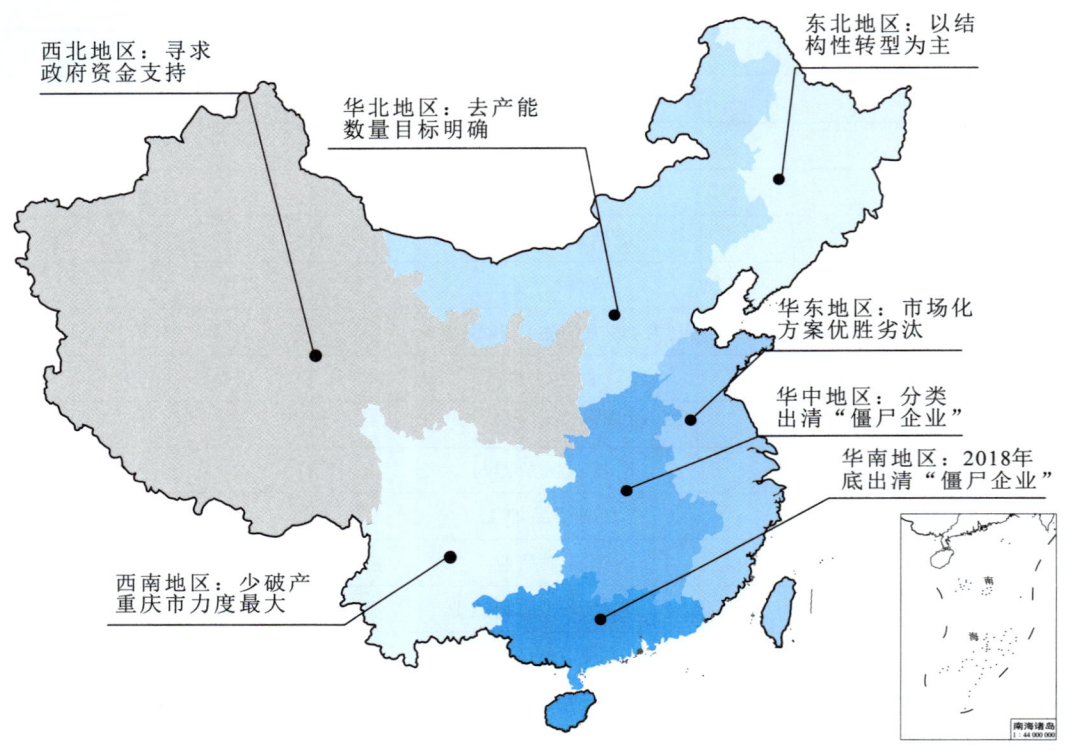

图5-3 规模以上建材产业结构转型大区规划示意图
[以《中国地图 1∶2200万 界线版 无邻图 划线一》(审图号:GS(2019)1831号)为底图]

3)新型建材产业对传统建材产业的冲击与挑战

伴随着传统建材产业如水泥、混凝土产业等在建材产业中占据的主导地位,新型建材产业如建筑卫生陶瓷、新型墙体材料等新型材料亦正在逐步发力。新型建材产业带来的"多功能化、智能化、节能化"等特性对传统建材产业产生了强烈的冲击,以绿色材料、复合材料为代表的新型建材倒逼着传统建材企业发力实施转型升级[64]。《建材新兴产业"三个一批"百项重点项目实施方案》的实施及新兴产业示范园区的启动,使得具备资金支持和政策扶持的新型建材产业给传统建材工业带来了巨大的危机与挑战。

第二节 中国建材产业空间布局现状

本节首先从建材产业空间布局、建材产业发展空间差异分析等方面介绍中国建材产业的空间布局现状,然后从区域、资源、产业和市场四个维度剖析中国建材产业配置的成因及状况。

一、中国建材产业空间布局情况

中国的建材工业产品主要有水泥、钢材和平板玻璃等,常见于日常生活中。这些建材产品作为国家工业生产中的主要原材料,发挥着极其重要的作用。

2019年,我国建材产业规模以上企业为36751家,同比增加了579家;主营业务收入和利润分别为5.3万亿元与4624亿元,较2018年增长了11.5%和13.5%(图5-1)[59],发展态势明显十分平稳。

建材产业在全国各省(市区)均有分布,但因其属于资源禀赋性产业,因此,区域分布呈现出东南多、西北少的态势。中国建材产业的第一梯队主要分布于广东、福建、浙江和山东等沿海发达省(市区)。由于改革开放的先发优势,沿海地区集中了政策优势和资源倾斜,且民间工商业活跃,赶上了建材产业的飞速发展,因此沿海省市的建材企业较多,且实力雄厚;中国建材产业的第二梯队主要集中于资源丰富的中等发展地区,包括河南、湖北、湖南和四川、山西等地,这些省(市区)尽管缺少配套产业和优良的营商环境,但资源丰富,且人力资本相对充裕,具有后发的比较优势。

由于传统建材产业发展比较成熟,因此其区域分布呈现出由资本导向型的东部沿海地区向资源导向型的中西部省市转移的态势。随着中西部地区的产业设施配套以及营商环境的不断完善,建材产业的上、下游产业以及资金将源源不断地注入这些区域。

二、中国建材产业发展空间差异分析

建材产业的发展空间差异程度主要由资源禀赋、产业基础、科技创新实力、市场需求及政策支持程度5个层面决定。中国建材产业的发展空间差异主要体现于区域分布与产业分布的不平衡,而区域分布和产业分布均受到了区域定位、产业规模、原材料、交通、环境承载力、技术水平和人口等诸多方面的影响[67]。

中国建筑材料企业管理协会发布的榜单——"中国建材企业500强"(表5-3)显示:来自广东的企业数量最多,高达80家;其次是来自山东、福建、浙江等地区的建材企业,分别为46家、39家、30家,且多为民营企业或混合所有制企业。

表 5-3　2019 中国建材企业 500 强节选榜单

排序	单位名称	属地	企业性质	主营产品类型
1	中国建材集团有限公司	北京	国有	综合
2	安徽海螺集团有限责任公司	安徽	国有	综合
3	北京金隅集团股份有限公司	北京	国有	综合
4	红狮控股集团有限公司	浙江	民营	水泥
5	华润水泥控股有限公司	广东	多元化股份	水泥
6	建华建材(中国)有限公司	江苏	民营	混凝土制品
7	江苏金峰水泥集团有限公司	江苏	民营	综合
8	华新水泥股份有限公司	湖北	多元化股份	水泥
9	广东联塑科技实业有限公司	广东	多元化股份	塑料管材
10	福耀玻璃工业集团股份有限公司	福建	多元化股份	玻璃
11	中建西部建设股份有限公司	四川	国有	综合
12	山东山水水泥集团有限公司	山东	多元化股份	水泥
13	信义玻璃控股有限公司	广东	多元化股份	玻璃
14	吉林亚泰(集团)股份有限公司	吉林	多元化股份	综合
15	北京东方雨虹防水技术股份有限公司	北京	多元化股份	防水材料
16	九牧厨卫股份有限公司	福建	民营	卫浴产品
17	中国南玻集团股份有限公司	广东	多元化股份	玻璃
18	江西万年青水泥股份有限公司	江西	多元化股份	水泥
19	天瑞水泥集团有限公司	河南	多元化股份	水泥
20	广东兴发铝业有限公司	广东	多元化股份	铝型材

资料来源：中国建筑材料企业管理协会

中国建材产业出现空间分布差异的主要原因：

（1）区域定位的差异。这主要取决于当地的历史发展条件以及工业化发展水平、规模。

（2）产业规模的不同。沿海省(市区)较早出现了产业集群,如福建的晋江建陶,石材为产业群的南安经济开发区,以及南安水暖厨卫产业基地等。这些产业集群所形成的新型建材、智能家居等新型建材产业,产值规模已接近2000亿元。其他区域产业规模相对都比较小,未形成产业集群效应。

（3）技术水平的差异。在水泥产业领域,如湖南的韶峰水泥、安徽的海螺水泥,均起步较早,具有不可替代的技术优势。

（4）环境承载力的差别。如河北秦皇岛的环境承载力强,加上工业基础较好,建材产业成为了当地五大支柱产业之一。

(5)人口数量的不同。工业化人口数量为建材产业提供了人才优势,同时,也降低了劳动力成本和交通运输成本。

三、中国建材产业配置分析

当前,中国建材产业面临着结构化转型、高质量发展等一系列问题,这就需要充分考虑其配置问题。配置问题包括区域配置、产业配置、资源配置及市场配置等层面。

中国建材产业的区域配置主要是根据建材子产业地区的不同来分布的[68];其次是产业配置,以玻璃、水泥为代表的传统建材工业面临的挑战及新型建材工业面临的机遇[69];再次是资源配置,即工业互联网下对建材产业带来的变化;最后是市场配置,根据建材上市公司的表现也能体现出中国建材产业配置中的特点,即资本在资源配置中的推动作用愈发明显,在"中国建材20强企业"中,国有建材资本力量雄厚,混合所有制企业占了相当大的比例,仅4家为民营企业。

1. 区域配置

中国建材产业的建材产品主要集中于水泥、平板玻璃、钢材、石材和陶瓷等。建材产业的分布更倾向于区域的协调性及不同地区产业的空间布局[70],其中水泥产业多分布于华东、华中区域的九个省(市区),共计111 924.89万t,占到了全国的48.03%;平板玻璃产业则呈现出东多西少的特点,西北、西南地区分布较少,而在内陆地区则分布较为均匀,河北、湖北、广东和山东地区平板玻璃产量较多;钢材产量由于历史原因,集中于河北和江苏两省,如邯郸钢铁和江苏沙钢等,仅两省的钢材产值占到了全国钢材产值的35.38%,钢材产值为42 621.07万t。建材产业在京津沪地区分布较少,传统建材产业存在着"地域广、分布不均"的特点(表5-4)。

表5-4　2019年全国各省(市区)主要建材工业产品产量　　　　　　　　　　(单位:万t)

省(市区)	水泥产量	平板玻璃产量	钢材产量
北京	318.69	54.51	170.71
天津	687.74	3 377.12	5 454.95
河北	10 231.49	12 156.03	28 409.66
山西	4 982.4	2 121.65	5 594.25
内蒙古	3 265.87	1 037.69	2 563.77
辽宁	4 608.13	4 422.07	7 254.43
吉林	1 801.84	1 109.17	1 544.24
黑龙江	1 976.52	394.51	781.99
上海	429.99		1 819.69
江苏	16 048.17	3 812.66	14 211.41

续表 5-4

省(市区)	水泥产量	平板玻璃产量	钢材产量
浙江	13 399.94	4 336.85	3 468.25
安徽	13 988.07	3 310.16	3 158.37
福建	9 443.13	4 949.47	3 737.66
江西	9 625.05	320.29	2 795.71
山东	14 357.1	7 488.64	9 289.44
河南	10 465.59	1 983.14	3 837.97
湖北	11 622.84	9 326.85	3 771.58
湖南	11 194.89	2 499.51	2 451.58
广东	16 711.79	9 441.5	4 510.45
广西	11 919.76	458.71	3 346.74
海南	2 019.04	661.74	
重庆	6 752.88	1 592.67	1 136.45
四川	14 172.1	5 384.12	3 308.24
贵州	10 991.07	1 646.48	707.74
云南	12 844.85	1 024.29	2 323.31
西藏	1 080.95		
陕西	6 621.23	2 104.47	2 037.51
甘肃	4 409.48	535.07	936.66
青海	1 339.78	343.47	180.56
宁夏	1 888.55	411.58	306.21
新疆	3 836.76	558.94	1 367.93

资料来源:国家统计局

2. 产业配置

随着全球经济增速放缓,我国建材产业的发展也进入了瓶颈期;同时根据三部一委联合制定的《新材料产业发展指南》中对高性能有色金属材料、复合材料等管理体制进行的规范,将给以玻璃、钢材、水泥为代表的传统建材工业带来前所未有的挑战。

总体来看,我国建材产业在产业配置方面的变化主要体现在:

(1)传统原材料价格攀升带来的建材工业企业利润下滑,行业规模缩减[71]。

(2)新型环保材料(即绿色材料)的应用与推广必将成为未来建材产业的发展方向。这已逐渐成为建材行业业内的共识。

(3)建筑材料的更新换代与创新驱动逐渐成为建材工业企业长期稳定增长的内在动力

和新的增长点。

在新常态产业发展背景下,以装配式建筑和新型建筑涂料为代表的新型建材工业示范基地,逐渐成为未来的区域产业配置的重心[72]。新常态下,与传统建材产业相对的,是新型建材产业的逐渐发展,即以石膏板、复合板材、搪瓷、防水涂料等为核心的新型建材对传统建材产业市场产生了强烈的冲击[73]。新型建材产业除了互补传统建材产业的效果,还在节能减排、循环利用和建筑工艺等方面具有一定的比较优势。目前,新型建材企业分布较为零散,排名靠前的行业公司,如三峡新材、泰安新材、海龙新材等,在东中西部各省(市区)均有分布,新型建材市场亦正在逐步拓展与完善。

3. 资源配置

建材企业的资源配置依赖于科学规划,2020年9月4日,住建部发布的《关于加快新型建筑工业化发展的若干意见》中为新时代下建筑建材工业的资源配置提供了进一步的参考:

(1)推进建材工业的系统化集成设计,包括全产业链协同、专业化协同[74]、技术论证流程等。

(2)提高绿色建材的应用面,尤其是增强绿色建材工业品在装配式建筑中的应用[75]。

(3)建材产业的工业互联网化,通过优化建材工业的供给侧,来达到优化建材产业资源配置的目的。

4. 市场配置

从中国建材产业的市场配置角度来看,根据2019年建材行业资本市场表现,A股市场中建材产业2019年涨幅51%,位列全板块第三名,高于上证指数28.5%,其中,水泥板块>其他建材板块>玻璃板块>耐火材料板块>管材板块。受中美贸易战的影响,陶瓷、玻璃等板块业绩有所下降(图5-4、图5-5)。

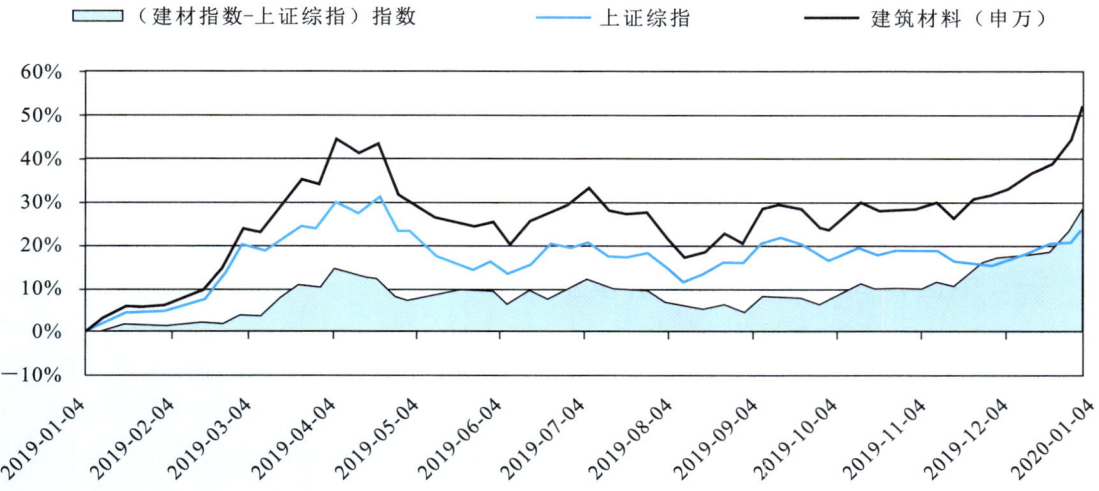

图5-4 2019年建材板块指数与上证综合指数趋势图
(资料来源:Wind、中信建投证券研究发展部)

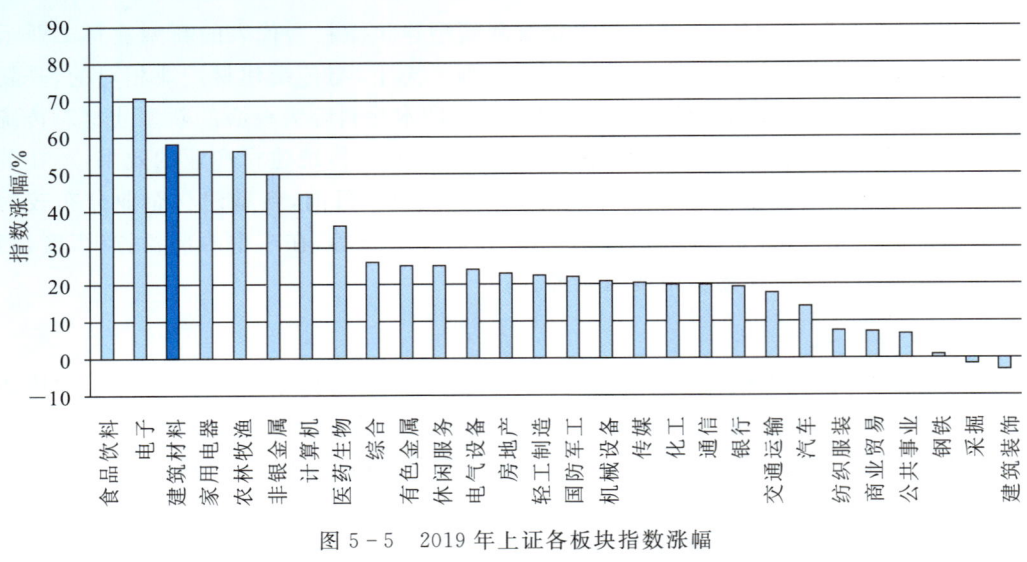

图 5-5　2019 年上证各板块指数涨幅

(资料来源:Wind、中信建投证券研究发展部)

此外,随着旧城改造、竣工回暖等政策的推动,地产业、工程端建材企业集中度的增强,以及新型建材企业业绩和市值的稳步提升,我国建材产业的市场配置集中度将显著提升,将长期保持温和扩张态势。

第三节　中国建材产业绩效分析

根据产业绩效评价中常用模型层次分析法、神经网络绩效评价和数据包络分析等方法的优劣势,在对各种方法适用性进行权衡比较的基础上,选定 DEA 作为建材产业的绩效评价模型;同时,运用 DEA 模型,选取中国建材产业的代表性上市公司,对其绩效做出综合评估,得出相应的评价结论。

一、中国建材产业绩效评价模型

现有研究资料反映,产业绩效评价模型主要有两种形式:一种是基于产业内重点企业的内部绩效评价;另一种是产业内若干企业集中的绩效评价。前者的产业绩效适配度较高,但普适性较差,适用于单个能够代表全行业的企业评价;后者基于若干企业绩效评价的普适性更好,结论更具有广泛性。

第一种是以产业内企业财务能力为核心的绩效评价体系,主要有两类:一是基于 ROI 的投资报酬率评价方法,是杜邦公司开发出的以财务分析为核心的绩效评价方法,比较侧重于产业投资收入和财务成本;二是基于 ABC 的作业成本法评价方法,最早由 CucHzzla 发现并提出,是以产业生产为基准的评价体系,更注重流程与财务的适配性,适用于生产制造类工业企业。

第二种是以产业内企业综合能力为核心的绩效评价体系,主要有三类:一是基于产业供应链的 SCOR 法,从标杆管理以及业务流程出发,即以产业中的业务流程为导向;二是基于平衡记分卡的绩效评价体系,该方法是从组织内部入手,既考虑了财务和流程角度,也兼顾了产业内客户和增长潜力等指标;三是 ROF 绩效评价方法,由 Beamon 提出,即主要考虑产业的资源、输出和柔性测度,即以战略目的为导向,考虑到行业内企业发展的综合能力,通过关键测度来组成一级指标进行绩效评价。

1. 模型比较

基于以上两种研究出发点而产生的绩效评价方法,产生了三种不同的产业绩效评价模型。

1) 层次分析法(AHP)

这种方法由 T. L. Saaty 提出,以简便的方法来解决定量分析的难题。先建立递阶层次结构模型,接着构造判断矩阵,最后要对层次排序并做出一致性检验(包括单排序和总排序),一致性检验时第 k 层总排序的一致性比率如下:

$$CR^{(k)} = \frac{\sum_{j=1}^{n_k} w_j^{(k-1)} CI_j^{(k)}}{\sum_{j=1}^{n_k} w_j^{(k-1)} RI_j^{(k)}}$$

其优点是层次分析法的各因素对绩效评价结果都是清晰且可量化的,并且不需要较多的数据信息,简单实用。缺点也比较明显:一是由于过于依赖定性分析,结论严谨性不足;二是选取指标较多的时候,大量的数据带来的指标权重精确度低等问题。

2) 神经网络绩效评价(BP)

神经网络绩效评价模型是通过对多个指标的权值优化来降低神经网络误差,对产业绩效评价,需要对所选产业数据选取正向化/逆向化指标进行相关性分析,并根据先期的调查情况进行模拟处理,对原有变量通过降维或者筛选等方式辅助神经网络建模,并计算选取的指标权重以及绩效期望值。最后通过数据的测试集进行模拟,得出仿真结果。根据神经网络评价理论得出产业内企业的绩效评级(图 5-6)。

3) 数据包络分析(DEA)

DEA 模型是由 A. Charnes 和 W. W. Cooper

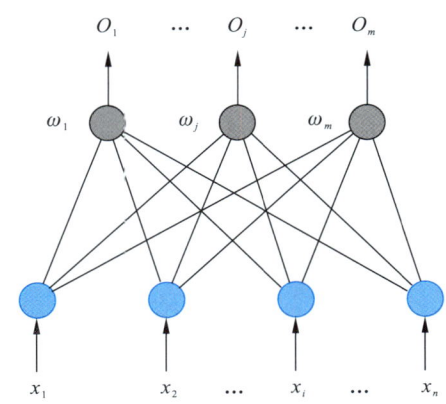

图 5-6 神经网络绩效评价模型示意图

提出的非参数化绩效评价模型,对若干个决策单元进行绩效评价,对多投入多产出转化效率进行分析,适用于产业内不同企业间复杂决策系统的绩效评估[76]。由于决策单元的选取是基于线性规划,因此虽然可以排除较差的评价对象,但应用范围受限(图5-7和表5-5)。

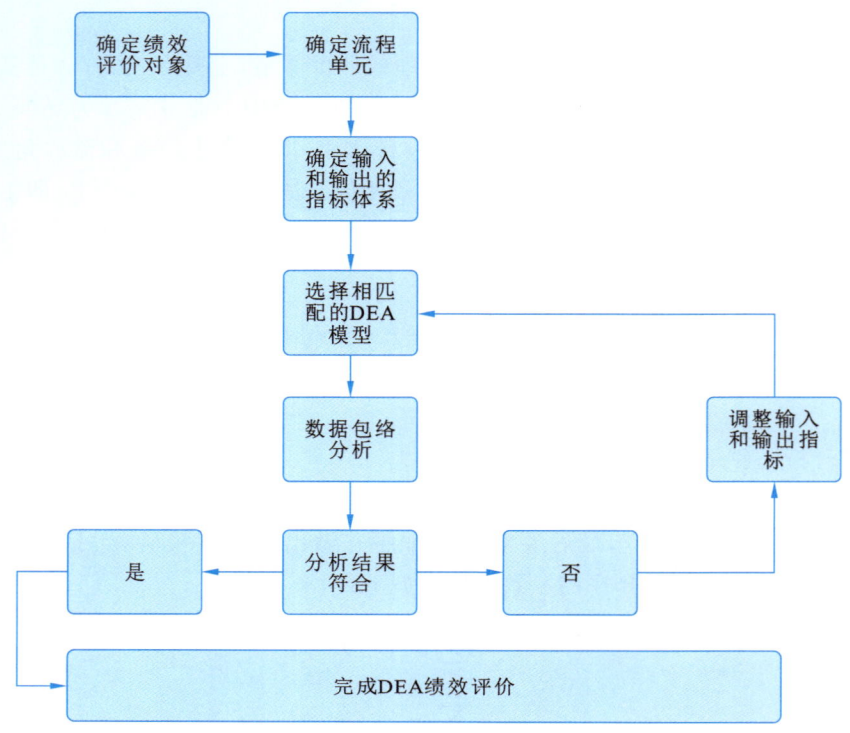

图5-7 数据包络分析流程示意图

表5-5 绩效评价模型的优缺点对比

	层次分析法	神经网络	数据包络分析
使用方式	分层赋权	系统模拟	线性规划
应用范围	层次清晰,指标易选取,但定量数据不全	影响因素较多,指标选取困难	产业内多个决策单元的复杂系统
模型缺点	指标赋权主观成分较重	绩效评价精确程度不足	难以选出最优绩效评价目标
精确程度	↓	↓	↑
应用范围	↑	↑	↓
建材产业适用性	↓	↑	↑

2. 模型确立

在绩效评价模型中,一个产业由若干企业构成,无数企业铸就的生态链和圈层形成了一条产业链,因此,在模型建立时从建材行业中的企业入手,运用 DEA 评价模型评价建材产业中上市公司的生产效率,通过上市公司的绩效评价结果来从企业角度反馈中国建材产业面临的机遇与挑战。

DEA 评价模型评价中国建材工业企业的营运效率,即通过考虑建材工业企业的投入与产出的关系,来比较它在若干个企业中的转化效率[77],本研究针对选取的建材行业上市企业中的企业技术效率来进行绩效评价。假设模型中具有多个决策单元,

$$\begin{cases} \min[\theta - \varepsilon(\sum_{i=1}^{m} S_i^- + \sum_{r=1}^{n} S_r^-)] = v_d(\varepsilon) \\ \sum_{j=1}^{l} x_{ij}\lambda_j + S_i^- = \theta x_0 \\ \sum_{j=1}^{l} y_{rj}\lambda_j - S_r^+ = y_0 \\ \sum_{j=1}^{l} \lambda_j = 1 \end{cases} \quad \text{其中 } j=1,2,\cdots,n$$

式中:x_{ij}——决策单元 j 的第 i 个投入量,$x_{ij} \geqslant 0$;

y_{rj}——决策单元 j 的第 r 个输出,$y_{rj} \geqslant 0$;

λ_j——决策变量,$\lambda_j \geqslant 0$;

ε——非阿基米德无穷小;

S_r^+、S_i^-——松弛变量 $Sr^+ \geqslant 0$、$S_i^- \geqslant 0$;

θ——目标规划值。

当 $S_r^+=0$、$S_i^-=0$、$\theta=1$ 时,决策单元有效;当 $\theta<0$ 时,DEA 失效;当 $\theta=1$、$S_r^+ \neq 0$、$S_i^- \neq 0$ 时,弱 DEA 有效。

二、中国建材产业绩效评价

为了进一步说明中国建材产业的发展情况,这里将对中国建材产业的绩效进行评价。

1. 评价过程

1) 研究指标选取与资料来源

在研究对象的选取方面,选取 A 股市场 29 家建材产业的上市公司作为样本,即上市公司中以建材及其子产业为主营业务的企业。综合 2019 年 A 股建材板块各大上市公司的年报资料,基于建材行业上市公司的现实情况,我们在研究中去掉上市公司中的缺失数据,以及建材公司中的 ST 股,如表 5-6 所示。

表 5-6 决策单元表

华新水泥(600801)	福莱特(601865)	南玻 A(000012)	华立股份(603038)
金隅集团(601992)	福建水泥(600802)	耀皮玻璃(600819)	洛阳玻璃(600876)
海螺水泥(600585)	旗滨集团(601636)	尖峰集团(600668)	宁夏建材(600449)
万年青(000789)	正源股份(600321)	四川双马(000935)	丽岛新材(603937)
冀东水泥(000401)	金晶科技(600586)	深天地 A(000023)	祁连山(600720)
四川金顶(600678)	北新建材(000786)	西藏天路(600326)	东宏股份(603856)
上峰水泥(000672)	博闻科技(600883)	金圆股份(000546)	青松建化(600425)
天山股份(000877)			

本研究选用 2019 年水泥企业的截面数据通过 DEA 模型进行评价,之所以未选用 2018 年数据进行横向比较、建立面板数据的 DEA 模型,是基于以下原因:

(1)2018 年受中美贸易战影响,中国建材产业中的水泥、钢材等子产业处于由非主观因素造成的低谷,数据的参考价值存在偏差。

(2)部分上市公司 2018 年由于复牌、退市、新上市等原因,数据资料难以全面获取[78]。

(3)2019 年 6 月开板的科创板也吸引了不少优质新型建材企业的上市,2018 年的数据可能会造成优质企业的遗漏。

2. DEA 绩效评价路径

根据 DEA 模型评价的指标选取原则,数据包络分析是基于投入和产出的绩效评价模型,评价指标的选取直接影响到评价的客观性和准确性。徐顽强等(2012)[79]曾经选用总资本、员工数、成本、收入、利润作为评价指标对 2010 年建材行业的 40 家上市企业进行数据包络分析,由于部分上市企业未披露员工总人数且国有上市公司中的劳务派遣制员工并未计算在内,因此存在着误差。本研究对该项评价指标进行了改进,将员工数替换为应付职工薪酬,选用总资本 x_1(单位:万元;投入一)、营业成本 x_2(单位:万元;投入二)、应付职工薪酬 x_3(单位:万元;投入三)作为输入指标;营业收入 y_1(单位:万元;产出一)和净利润 y_2(单位:万元;产出二)作为输出指标,用 W_i 表示技术无效公司改进前的值,V_i 表示技术无效公司改进后的理想值,采用数据包络分析中的 CCR 模型和 BCC 模型进行评价,在 VRS 假设下选择投入导向,运用数据分析软件 DEAP 对 29 家建材产业及相关子产业的 A 股上市公司的效率和构成分布进行测算,数据处理结果如表 5-7 所示。

表 5-7 29家建材企业DEA有效性评价结果

建材公司	综合技术效率	纯技术效率	规模效率	规模效益	被参考次数
华新水泥	1.000	1.000	1.000	—	9
金隅集团	0.772	1.000	0.772	drs	0
海螺水泥	0.982	1.000	0.982	drs	1
万年青	1.000	1.000	1.000	—	9
冀东水泥	0.814	1.000	0.814	drs	1
四川金顶	0.789	1.000	0.789	irs	11
上峰水泥	1.000	1.000	1.000	—	14
福莱特	0.748	0.75	0.998	irs	0
福建水泥	0.909	0.931	0.976	irs	0
旗滨集团	0.836	0.84	0.994	irs	0
正源股份	1.000	1.000	1.000	—	0
金晶科技	0.699	0.704	0.993	irs	0
北新建材	0.796	0.889	0.895	drs	0
博闻科技	0.494	1.000	0.494	irs	5
南玻A	0.732	0.734	0.998	drs	0
耀皮玻璃	0.748	0.759	0.985	irs	0
尖峰集团	0.865	0.876	0.987	irs	0
四川双马	1.000	1.000	1.000	—	0
深天地A	0.771	0.814	0.947	irs	0
西藏天路	0.743	0.744	0.999	irs	0
金圆股份	1.000	1.000	1.000	—	1
华立股份	0.757	0.824	0.919	irs	0
洛阳玻璃	0.676	0.685	0.987	irs	0
宁夏建材	0.832	0.839	0.993	irs	0
丽岛新材	0.847	0.983	0.862	irs	0
祁连山	0.838	0.841	0.997	irs	0
东宏股份	0.919	0.986	0.931	irs	0
青松建化	0.778	0.783	0.994	irs	0
天山股份	0.829	0.847	0.979	drs	0

注：表中irs为规模效益递增，drs为规模效益递减，—为规模效益不变。

3. 结果

从表 5-7 可以看出，华新水泥（湖北）、万年青（江西）、上峰水泥（浙江）、正源股份（四川）、四川双马（四川）和金圆股份（浙江）这六家上市公司均位于生产前沿，占比 20.69%；29 家上市建材企业多位于东部和南部地区；除了博闻科技排位较后，其他建材企业分布较为均衡；部分建材企业可能存在着非 DEA 有效的情况（图 5-8）。

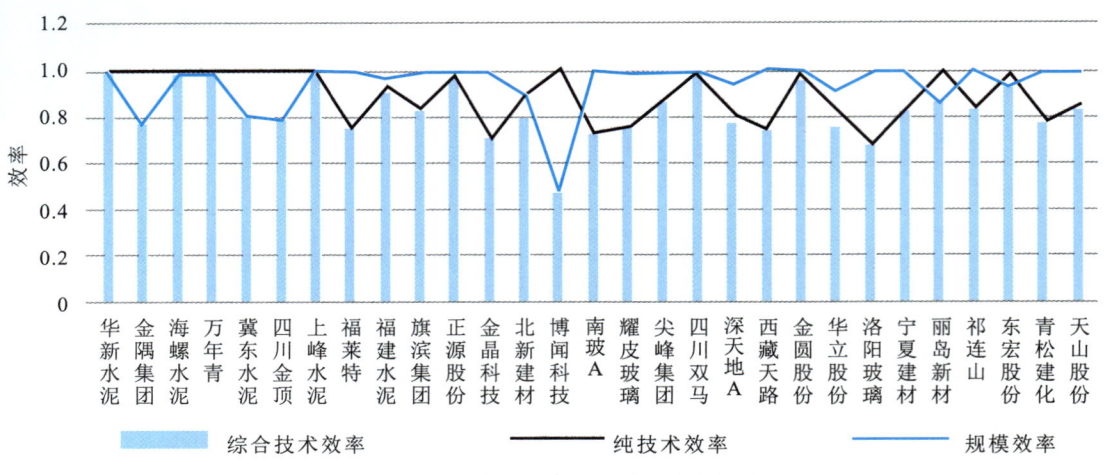

图 5-8 29 家建材上市企业技术效率折线图

若 DEA 评价无效，则通过有效前沿面进行投影来对评价过程进行优化：

$$\begin{cases} x_a = S^{-*} + \theta^* x_0 \\ y_a = S^{+*} + y_0 \end{cases}$$

式中：(x_a, y_a)——(x_0, y_0) 的有效前沿面投影；

θ^*——综合技术效率；

S^*——纯规模效率；

σ^*——纯技术效率。

由图 5-8 可知，福莱特、福建水泥、旗滨集团、金晶科技、南玻 A、耀皮玻璃、尖峰集团、深天地 A、西藏天路、华立股份、洛阳玻璃、宁夏建材、祁连山、青松建华和天山股份的规模无效性＞纯技术无效性，其他建材上市公司则是纯技术无效性＞规模无效性。因此，对于这些规模效益递增的建材工业企业，在现有规模不变的条件下，追加一定投入的前提下可以获得更多的产出效率；反之，对于处于规模效益递减的建材工业企业，应当适当减少建材工业的资产规模，来达到提高产出效率的目的。

三、结论

根据以上研究，我们得到如下结论。

1. 提高建材产业企业的技术有效性可以促进优质公司的技术更迭

通过29家建材上市企业的分析,我们可以得出如下结论:

(1) 不同区域的效率存在较大差异。在选取的建材行业上市公司样本中,位于东南沿海和建材资源禀赋较高地区(如四川、湖北和江西等)的企业效率相对更高。

(2) 上市公司样本中,2019年绝大多数建材企业的规模效益是递增的。出现此现象的原因,应该是既有"新基建"和"2025制造计划"等政策的扶持,也有企业自身对劳动生产效率的提高。

(3) 技术有效(即位于生产前沿面)的建材行业上市企业较少。在29家上市公司中仅有六家,而上市公司一般代表着建材企业中相对优质的公司。因此,在新的时期,整个中国建材产业的技术迭代和产业的转型升级还有很长的路要走。

2. 建材企业不同类型企业的技术效率与规模收益会保持相应的平衡

从建材企业的投入指标和产出指标DEA模型评价结果来看,建材企业的分布总体较为均衡,存在投入指标过剩和产出指标不足的情况较少。在上市公司样本中,以综合类建材工业为代表的企业和以水泥等传统建材作为主营业务的企业、以新型建材作为主营业务的企业之间技术效率与规模收益会保持相应的平衡,即总比例一定,过剩的技术投入不会影响到规模收益值的大幅度增加。

第四节 中国建材矿产资源产业发展环境分析

随着"新基建"和"2025制造计划"等国家宏观层面政策的倾斜及微观层面新型建筑材料的开发、完善与利用,中国建材产业面临着难得的发展机遇,同样也面临着严峻的挑战。为此,本节将运用SWOT分析法,对中国建材产业的发展环境进行系统的梳理和分析(图5-9)。

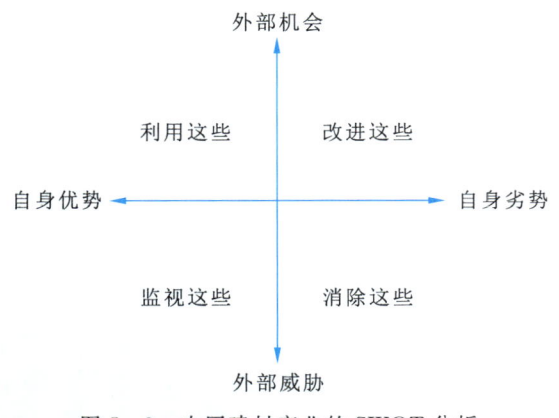

图5-9 中国建材产业的SWOT分析

一、中国建材产业发展面临的机遇

随着中国工业化的步伐,中国建材产业一步步成长起来。目前,中国建材产业已处于世界领先地位,在水泥、陶瓷、平板玻璃等众多细分领域位列世界第一[80]。

建材产业除了满足内需,也伴随着"一带一路""亚投行"的基础设施建设而"走出去"。一方面,中国的建材产业的海外贸易面临着前所未有的发展机遇。具有国资背景、实力更为雄厚的建材企业,如中国建材集团,早已在亚非欧等数十个国家建立了分部,并在建材子产业的全领域进行布局;通过《中国-东盟自由贸易协定》,国内已有不少建材企业在柬埔寨、越南等东南亚国家的市场中占据较大份额。另一方面,随着"中国制造"的逐渐强大,中国建材产业的技术更新也促进了新旧产能交替,新型建材虽未成为主流,但也对国内外市场产生了强烈的冲击,中国建材产业的转型升级面临着前所未有的发展机遇。

二、中国建材产业发展面临的挑战

中国的建材产业除了发展机遇外,也面临着严峻挑战。既有来自外部的挑战,也有来自内部的突破[81]。外部的挑战包括疫情对传统建材行业外部的冲击,全球经济不景气对建材产业绿色发展带来的挑战,以及其他系统性风险所带来的建材产业转型的挑战;内部的挑战主要包括企业间的同质化竞争和恶意压价造成了建材产业利润率下降。具体来说,中国建材产业发展面临的挑战主要集中于以下三点。

(1)新型建筑材料对传统建筑材料的冲击[82]。如3D打印技术对传统建筑材料的冲击、施工单位对复合建筑材料(如金属雕花板、液体壁纸等)的应用对传统装修材料的冲击与挑战。

(2)受系统性风险(中美贸易战和疫情)的影响。我国建材产品出口受挫,既有来自生产端的影响,即建材工业品(如水泥、平板玻璃等)低负荷甚至零负荷运转,抗风险能力不足;也有来自需求端的影响,主要包括建材工业的下游产业——地产与基建,因贸易战的持续和疫情暴发带来的下行压力较大,而政府针对建材行业的逆周期调整,也是一种挑战。

(3)传统建材市场和大型企业对中小企业技术升级的打压与恶性竞争。伴随着我国地产调控政策的不断落实,建材装配、建材家居等卖方过剩问题非常突出,出现了严重的同质化竞争乃至恶性竞争,所带来的行业洗牌对建材企业转型升级也是一次挑战。

三、中国建材产业发展优势分析

总体来看,中国建材产业的发展优势主要有以下几点。

(1)中国建材产业规模较大。中国的水泥产量、陶瓷产量等均位居世界第一,可以形成规模集聚效应,加快推进新型建材工业的"三个一批"项目,发挥产业规模优势,带动相关行业及建材配件产业的发展。

（2）中国是制造业大国，建材产业技术装备较完备，技术较先进。水泥工业、新型墙体工业、玻璃材料等工业居于世界领先地位，在世界建材贸易体系中具有技术优势和价格优势。

（3）中国的产业链齐全，产业链延伸以及科技创新等相对容易。如上游的钢铁产业、铝加工业、纺织业、化工行业及下游的基建与地产都与建材工业密不可分。一方面建材工业的发展能够推动上、下游产业供应商的跟进，另一方面上、下游产业的技术革命也势必带来建材产业的扩张。

（4）海内外市场需求大，政策措施支持。这为中国的建材工业企业提供了广阔的市场空间，既有对内的"新基建"和"中国制造2025"帮助国内建材企业拉动内需，也有对外的"一带一路"等机遇帮助国内建材企业走出去，建筑材料市场前景明朗。

四、中国建材产业发展劣势分析

中国建材产业的发展劣势主要有以下几点。

（1）中国建材产业发展不平衡，协调发展指数较低。伴随建材工业消费增速放缓，建材产业内的中小企业由于生产效率低、销售渠道单一，导致在建材工业分工中的核心竞争力较弱，出现了发展疲弱和竞争激烈等现象。

（2）建材资源导向型城市面临着资源枯竭问题。产业层次更偏向于粗加工、附加值低的建材产业[83]，且部分建材工业企业存在着落后产能及高能耗、高污染的转型问题，尤其是水泥、电解铝等传统建材行业的污染较为严重[84]。

（3）部分地区和建材企业的要素保障不足。水电能源及劳动力等生产要素成本不断攀升所带来的生产成本的压力，影响了建材企业的经营信心，对外则过于依赖原材料要素，资源利用效率不足。

（4）区域与区域间、企业与企业间的不当竞争带来了恶性竞争加剧。如装配式建筑、新型材料等领域市场份额的恶性争夺，以及熟料生产线下的水泥企业市场价格的持续走低等，都对中国建材产业的健康发展产生了不利的影响。

第五节 促进中国建材产业发展的政策建议

截至目前，中国建材产业已经有了较快、较大的发展，但从总体上看，其发展仍然不充分，特别是支撑国家战略性新兴产业、新能源产业和进入重点领域的新材料发展等领域，既存在进入的领域有局限，即使已进入的玻璃基新材料、特种功能陶瓷、矿物功能材料和高性能碳纤维等领域，也存在着其量和占比都严重不足的问题。要真正实现中国建材行业高质量发展，实现产业的转型升级的伟大目标，主要支撑是由传统产业为主体向建材新兴产业发展，由建材制造业向建材服务业延伸[85]，推进绿色发展；同时，从中国建材产业经营模式、产业结构调整、产业发展方式以及产业区域布局等方面进行优化，以促进中国建材产业的可持续、高质量发展。

一、促进中国建材产业经营模式变革的政策建议

中国建材产业的营商环境正在经历传统向互联网变化的过程。目前,中国建材产业的经营模式主要有三种:一是摊位批发零售模式,二是连锁专营店,三是卖场模式。

经营模式的变革,首先需要的是建材行业的信息化,即缩短销售周期和产业链。这就需要建材产业具备新时代的经营理念、高效的客户服务、专业的产品落地和稳定的技术支持。除了解决建材产业经营中的信息盲区难题,更要整合建材工业上、下游产业的供应链,解决建材行业、市场信息不对称问题,增强商品流通效率,形成建材产业的生态闭环,促进建材产业的健康和可持续发展。

此外,由于"中国制造2025"的政策扶持,中国建材产业的智能化、高质量化转型也迫在眉睫,由以传统工艺为主导的产业经营模式需要向新、旧产能相结合的新型高质量建材经营转变,如水泥业和平板玻璃行业的数控技术、智能控制与加工、废弃物综合利用等新技术的加入,使得传统建材产业经营方式从过去的粗放式、高污染向着新技术、绿色化方向变革,只有这样,在技术上主导产业经营模型,中国建材产业才能更加稳固的全方位达到国际领先标准。

二、促进中国建材产业结构调整和优化的政策建议

中国建材产业结构存在着产业层级丰富、生产技术先进等优点,但针对新型建材产业及建材工业智能化、环保化发展的需要,结构层面亟待调整与优化。为此,就促进中国建材产业结构调整和优化提出如下政策建议:

1. 需要建立健全公开、透明的建材工业企业污染管控和生产引导机制

通过合理的建材工业企业的污染情况进行调控,对建材工业企业的生产规模和行业发展的方向施以适当的引导,来避免建材行业内的无因竞争[86],促进建材工业企业的技术更新,提高生产效率。通过这一机制,以应对建材工业全产业的下行压力,尤其是针对建材工业产业动能转换中配套政策和资金支持的连贯性,有效连接供给侧与需求侧,以减缓因新冠肺炎疫情造成对建材行业的平稳性形成的强大冲力。

2. 培育建材产业消费增长动力,加快建材行业供给侧结构性改革

传统建材产业如水泥、玻璃等子产业的新、旧动能转换迫在眉睫:一是通过投资驱动,二是通过消费驱动,而消费对建材工业的增长具有举足轻重的地位,既要积极推进现代陶瓷、玻璃纤维等新材料的结构调整,又要引导培育建材工业消费市场,如推进绿色新型建材在建筑工业和上、下游产业的应用,提高行业规范标准,加快供给侧结构性改革[87],激活建材工业品消费潜力。

3. 强化对建材产业外部环境的评估,进行预期调控

在疫情影响以及供给侧结构性改革的深化,建材产业中生产要素价格的波动(如原材

料、能源等），应强化对其调控与检测，对外部环境的变化所带来产业的波动提前做好预防，对可能到来的风险妥善进行评估，为建材工业企业的供给侧结构性改革提供良好的外部环境，以支持建材工业企业在应对新形势下的结构化转型做好预期的防控，促进建材产业在"中国制造2025"中创新与质量并驾齐驱。

三、促进中国建材产业发展方式变革的政策建议

根据以上分析，就促进中国建材产业发展方式变革问题提出如下政策建议。

1. 统筹规划，精准定位

把中国建材产业布局放到"一带一路"、全球层面规划，增进中国建材工业企业和"一带一路"沿线周边国家与地区的贸易合作、技术互助。统筹"一带一路"沿线国家的建材工业技术规模、产业基础以及原材料的资源禀赋，从而规划建材产业转型的方向，以及中国建材产业与上、下游行业在全球的定位。

2. 产业集群，重点突破

建材产业优先发现重点产业，强化产业整合，以优势资源带动全产业链共同发展，形成产业集群，集聚建材产业规模效应。增加建材工业企业的产业联动，延伸建材工业链条，促进具有优势规模的上、下游产业链形成。

3. 质量导向，集约发展

中国建材工业产业布局应当在国家政策和市场需求的引领下，以质量为中心，扩大新材料技术为核心的建材产业规模，增强中国建材工业企业在全球市场的核心竞争力，提高建材工业品的附加值。

4. 资金支持，重点扶持

产业的发展、技术的升级需要大量资金的投入，建材工业需要增强财政金融的支持力度，投入符合国家建材产业布局的产业项目，并积极引入社会资本，激励民间资本投入高新技术产业孵化的建材工业企业。

四、促进中国建材产业区域布局优化的政策建议

为促进中国建材产业区域布局进一步优化，现提出如下政策建议。

1. 科学编制建材工业产业规划和区域布局

布局的选择对建材工业的发展至关重要，如我国建材产业中的陶瓷工业所依赖的瓷土和高岭土分别集中分布于广西和山东地区，其他地区建厂易产生较大的沟通成本和交易成本，因此，应当进行合理的产业规划，充分发挥资源要素禀赋，推动建材工业布局的优化。

2. "外引内培"，形成集群产业，增强区域联动

一方面"外引"，即通过专业招商、产业引资等方式，有针对性的注入资本，引导建材工业

企业;另一方面"内培",即发掘建材工业企业的内在驱动潜力,支持产品自主研发、建材工艺创新,形成区域间资本的流动与技术的交流。

3. 建材工业合理选址,减少运输成本,与区域基础设施形成配套

随着中国"一带一路"倡议的展开,尤其是连接东南亚、国际大通道的工业产业布局,需要建材产业充分参与,以平板玻璃、水泥工业、卫生陶瓷等为主营业务的建材工业企业更要慎重选址,以减少区域间的沟通成本,同时也要关注区域布局时当地有关建材产业的基础设施,与建材工业产业配套。

4. 发挥区域与行业间科技、人才力量的协同效应

充分利用建材工业企业所在地的科技创新条件,支持建材产业园示范区经验的推广,加强建材产业的智能制造与绿色制造,并发挥当地的人才效应,与高校、科研院所形成产学研合作,聚焦中国建材产业发展的新态势,实现行业科技创新和区域建材工业人才培养体系,培养一批高水平研发、生产、管理、销售人才,为建材产业充分发挥行业与区域间的要素禀赋做领航人。

第六章　中国化工矿业

　　化工矿业是指为化工企业提供化学矿产原料的基础工业。它包含化工地质勘探、化学矿山建设和矿物采选等方面,属于化工原料非金属矿业,是基础的矿山采掘工业。现代化工矿业包含的矿种有磷矿、硫铁矿、钾盐、硼矿、重晶石、萤石、盐矿、芒硝、白云岩和蛇纹石等20多种,大部分为固体矿,少部分为液体矿,其中,磷、硫、钾矿石资源是生产化肥和硫酸的主要原料。我国当前正处于工业化快速发展的进程当中,化工矿业的发展与化肥工业和化工产业的发展密不可分。它具有支农支化的双重属性和功能。因此,化工矿业的发展顺应了国家建设,满足了人民生活的需求,是我国国民经济和社会发展的重要组成部分,并具有重要的基础性支撑作用。

　　本章主要从中国化工矿业发展现状、空间布局现状、绩效分析、发展指数分析、发展环境分析和促进中国化工矿业发展的政策建议六个方面对中国化工矿业发展情况进行全面的分析并提出相应的政策建议,以促使中国化工矿业全面走上高质量和可持续发展的道路。

第一节　中国化工矿业发展现状

　　由开采并利用化工矿产资源而形成的化工矿业对于整个国民经济的发展有着至关重要的作用,是中国矿业的一个重要分支。建国至今,化工矿业的发展已经拥有71年的历史,从空白到蓬勃的发展历程离不开一代又一代建设者的辛勤付出和艰苦努力。本节从以下三个角度对我国化工矿业发展现状进行具体分析:首先,回顾1949年初期到21世纪以来,我国化工矿业在队伍建设、资源勘探及行业发展方面的历史进程;其次,从化工矿产资源概况、开发与利用情况、化工矿业经济运行情况三个方面对我国化工矿业发展现阶段总体情况进行具体介绍;最后,在借鉴相关文献的基础上,指出我国化工矿业发展在技术、环保、供需和企业发展等方面存在的问题,以促进化工矿业的可持续发展。

一、中国化工矿业发展历程

1. 中华人民共和国成立及计划经济时期:从无到有(1949—1978 年)

　　1949年以前,由于地质勘查技术的落后和专业人员的缺失,相应的勘查开发工作未引起人们的重视,化学工业的基础十分薄弱,对磷、硫、钾、硼、萤石、重晶石等的总体需求量很少,整个行业并没有形成完整的产业体系,我国化工矿业几乎空白,只有少数地质学家展开了调查,初步估算我国磷矿储量约4763万t,分布在江苏海州一带,硫铁矿资源储量约数千万吨,分布在安徽、广州和四川等地。这些矿山大都是手工开采,生产方式落后,产量很低,当时的化工矿业发展所需的原材料主要依靠进口。

1949年,中华人民共和国成立,经济复苏,万象更新。为了保证农业生产对化肥的急需和冶金、有色、建材工业及人民生活对化工矿产资源的需求,在毛主席"开发矿业"的号召下,化工矿产勘探工作取得重大进展,化工行业主管部门把发展化肥工业放在首位。1953年,在重工业部的组织下成立了中国第一支化工资源勘探大队,先后共经过三次重组,于1972年正式建立了16个省(市区)化工地质队。为了进一步协调区域勘探工作,1978年在原省(市区)地质队基础上又成立了矿山企业直属的大区化工地质队。队伍成立以来,共完成253项勘探普查工作,提交247份地质报告;新发现磷矿269处、硫铁矿294处,新增查明硫铁矿1.67亿t、磷矿6.5亿t;到1978年,我国磷矿产量已达1138万t、硫铁矿产量687万t[88]。至此,中国化工矿业经历了从无到有的发展过程,为我国化工事业发展提供并生产了众多化学矿产原料和产品,逐步形成了一支较为专业的资质队伍。

2. 改革开放以后:飞速发展(1978—2000年)

党的十一届三中全会后,我国改革开放的大幕逐步拉开,化工矿业迎来了飞速发展的机遇。化工矿业先后对全国163个全民所有制化学矿山进行了整顿。化工部调整了基本建设路线,停缓建了几个条件不成熟的矿山,确定广东云浮硫铁矿、湖北荆襄王集磷矿、青海察尔汗钾矿等为重点工程,加快了建设进度。同时,还对贵州瓮福磷矿和湖北宜昌磷矿进行了总体规划和可行性研究[89]。在队伍建设方面,1978年,化工部化学矿山地质研究所正式成立,在往后的20多年里,在与各省(市区)化工队伍的共同协作之下,我国化工矿业科技水平有了大幅度提高。在行业发展方面,1987年在全国化学矿山工作会议的倡导下,各化工企业纷纷改革转型,化工矿业从单一资源开发开始向矿肥结合、矿化结合和多种经营的方向发展,并取得了明显的实效;在化工矿产资源开发方面,2000年,我国磷矿产量已达到1937万t、硫铁矿产量达973万t、钾肥产量为72万t[90]。同时,改革开放以来,我国化工矿业在队伍建设、资源勘探和开发方面也取得了的显著成果。目前,我国化工矿业经营体系已成规模,总体发展飞速。

3. 新世纪以来:砥砺前行(2000年—至今)

21世纪以来,随着工业化和城镇化建设进程的加快,化工矿业的发展短板逐渐暴露,化工产品供需失衡、化工企业产能不足、化工矿产资源紧缺、部分矿产对外依存度较大、开采技术落后、资源浪费等问题都进一步限制了化工矿业的发展。为了有效地解决以上问题,政府进一步放宽地质勘探投入的限制,开拓了商业性的地质工作,初步形成了化工矿产矿业权市场[91]。

2002年起,在中化地质矿山总局的部署下,中国矿业协会编制了化工矿业"十五""十一五""十二五"等发展规划,为化工矿业的发展指明了方向。到2006年,国内化工矿业共有开采企业3300多家,从业人员达21万多人,年产化工矿石量1.08亿t,对解决当时我国突出的就业问题发挥了十分重要的作用。此外,2006年全国矿产资源潜力评价项目将磷、硫、钾、硼、萤石和重晶石纳入了全国重要矿产资源,而化工矿产品的生产也分为了国内、外两个市场分别供应,其价格由市场进行调节。

至2019年,随着一批化工矿业生产基地的不断壮大,我国磷矿产量已达9 332.4万t、硫铁矿产量达1 317.3万t,除钾等少部分资源外,大部分化工矿产资源已经充分满足了化工产业发展的需求,并在国际市场上占有一定的优势。

总之,进入新的世纪以来,中国化工矿业的发展虽然经历了瓶颈,但在党中央和相关部门的部署和领导下,化工矿业砥砺前行,整体实力逐渐增强,走上了环保、节约和可持续发展之路。

二、中国化工矿业发展总体情况

1. 化工矿产资源概况

化工矿产资源的特殊属性决定了它在保障国民经济及国防安全方面发挥重要的作用。我国化工矿产资源种类丰富,品种齐全,在化工地勘队伍的艰辛付出下,已基本摸清了磷、硫、钾、硼、重晶石等27种战略矿产资源的"家底"。表6-1统计了我国主要化工矿产资源储量情况,根据自然资源部的矿产资源报告,截至2018年,我国硫铁矿资源查明储量已达63亿t,与2006年相比增长了16.45%,预估的资源潜在量为184亿t,目前资源查明率仅为24.80%,其中大部分硫铁矿类型是煤系沉积型,主要分布在安徽、云南和广东等地[92];磷矿是我国的优势矿产,资源储量位居世界第二,但资源查明率仅为31.40%,其中大部分为沉积型磷块岩,储量中约85%为中低品位胶磷矿,质量较差,主要分布在云南、贵州、湖北和四川等地[93];2018年,我国钾盐储量已达10.16亿t,约占世界储量的8%,目前资源查明率达33.90%,矿产类型以现代盐湖钾盐矿为主,集中分布于青海和新疆地区[94];此外,2018年我国芒硝查明储量为1 172.97亿t,位居世界首位[95]。资料表明,我国是一个化工矿产资源种类丰富、分布比较广泛和开发利用历史悠久的国家。

表6-1 中国主要化工矿产资源查明储量

矿产种类	查明储量/亿t		增幅/%	潜在量/亿t	资源查明率/%
	2006年	2018年			
硫铁矿	54.10	63.00	16.45	184.00	24.80
磷矿	169.82	252.82	48.88	560.00	31.40
钾盐	8.81	10.16	15.32	20.00	33.90
重晶石	3.83	3.73	-2.61	14.00	20.10
硼矿	0.73	0.78	7.71	2.89	29.30
芒硝	207.70	1 172.97	464.74	—	—
钠盐	13 126.10	14 240.94	8.49	—	—

2. 开发与利用情况

1)生产情况

总体来看,我国大部分化工矿产资源仍然采取的是常规开采方式,即露天开采和地下开采;少部分采取特殊开发的方式(主要是卤水井渠开采)。化工矿产选矿的方法众多,主要包括浮选、重选、磁选、溶解和结晶等方式[96]。开采后的化学矿产主要用于生产化肥和化工产品,应用于农业、食品、医药等众多行业,在国民经济和社会发展中具有广泛的用途。图6-1统计了2014—2019年我国磷矿、硫铁矿、磷肥、钾肥和硫酸产品的产量情况。其中,随着我国经济的快速发展,磷矿(折 P_2O_5 30%)的生产规模呈现较为稳定的增长趋势。资料表明,2014年产量为 7 879.18 万 t,2019年产量已达 9 332.40 万 t,5 年来产量增长了 18.44%;硫铁矿(折 S 35%)5 年来产量基本稳定在 1 300 万 t 左右的水平,其中,2019 年产量达 1 317.30 万 t;而磷肥 2019 年产量(1 211.70 万 t)与 2014 年(1 339.50 万 t)相比呈现负增长状态,增长幅度为－9.54%;钾肥随着开发利用程度的不断提高,5 年来产量增长飞速,截至 2019 年产量已达 762.20 万 t,增长幅度高达 40.01%;硫酸(折 100%)是重要的工业原料,我国硫酸 5 年来产量基本稳定在 8 500 万 t 的水平,其中,2019 年硫酸产量就达到了 8 935.70 万 t,增长幅度为 4.48%(图 6-1)。

此外,与其他国家相比,我国磷矿、重晶石和芒硝等资源的产量已达世界前列[97],富有实力。目前,我国的化工矿产资源已经得到了有效的开发,并已对国民经济和社会发展产生了重要的基础性支撑作用。

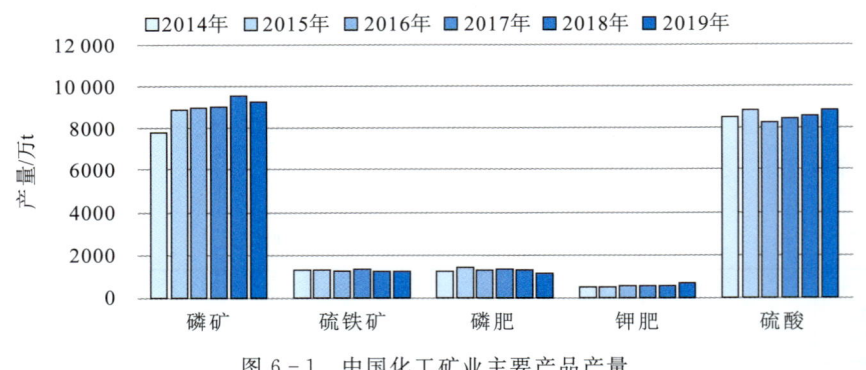

图 6-1 中国化工矿业主要产品产量

(资料来源:中国化学矿业协会)

2)进出口情况

表 6-2 统计了 2014—2018 年我国化学矿产品进出口数量及金额变化情况。由表 6-2 可知,2018 年我国的化学矿产品出口数量达到 546.7 万 t,同比减少 8.39%;进口数量为 1 219.9 万 t,同比减少 1.05%;2018 年化学矿产品进出口数量差额为－673.2 万 t。在金额方面,从总体上来看,化学矿产品贸易总额增长显著,但由于我国化学矿产品消费量高,导致主要短缺化学矿产品对外依赖程度高。目前,我国化学矿产品出口数量及金额都远小于进

口,进出口贸易存在逆差。但从时间趋势上来看,我国化学矿进出口差额呈现波动性缩小的趋势。

表6-2　2014—2018年中国化学矿产品进出口情况

项目	2014年	2015年	2016年	2017年	2018年
出口数量/万t	597.3	502.9	502.9	596.8	546.7
进口数量/万t	1 184.7	1 324.5	1 301.7	1 232.8	1 219.9
出口金额/万美元	118 145.1	98 533.0	98 533.0	100 178.0	143 554.0
进口金额/万美元	193 950.4	207 139.0	141 858.0	153 746.0	203 465.0

资料来源:中国化学矿业协会

此外,据中国化学矿业协会统计,2019年我国化肥(实物量)共出口2 773.7万t,以氮肥(49.86%)和复合肥(41.15%)出口为主,数量分别为1 383.0万t和1 141.5万t,而磷肥和钾肥出口量仅为181.8万t和67.4万t,共占化肥总出口的8.98%;2019年化肥共进口1 115.3万t,其中钾肥进口占比84.13%,数量达到938.3万t,而氮肥和复合肥进口量分别为21.2万t和155.8万t,占比1.90%和13.97%;除钾肥外,我国化肥进出口处于贸易顺差,具有一定的出口优势(图6-2)。

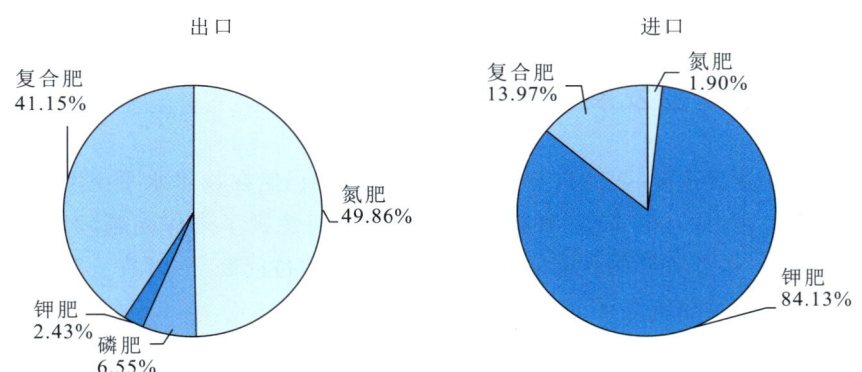

图6-2　2019年中国化肥(实物量)进出口情况

3)勘探投资情况

据自然资源部矿产资源报告统计,2017年我国化学矿采选业全年共完成投资144.5亿元,同比减少32.2%;钾肥制造业全年投资91.9亿元,同比增长4.9%;而磷肥制造业全年实际完成投资101.5亿元,同比减少19.4%。此外,2018年我国磷矿勘查投入达0.84亿元,同比减少-15.2%,全年钻探工作量为14万m,同比增长40%;而钾盐勘探投入达1.43亿元,同比增长19.2%,全年钻探工作量为5万m,同比增长150%。除钾资源外,全行业实际完成投资和资源勘探投入均有明显的减少趋势,可见,钾资源的开发与利用仍是我国化工行业发展的重点。

3. 经济运行情况

根据中国化学矿业协会统计,2019年全国规模以上化学矿采选业企业总计248个,其中亏损企业数占比19.76%,数量为49个,同比增长16.70%(表6-3)。

表6-3 2018年和2019年化学矿产采选业整体经济运行情况

经济指标	2018年/万元	2019年/万元	增长/%	经济指标	2018年/万元	2019年/万元	增长/%
产成品	185 849	206 308	11.01	利润总额	245 661	190 328	−22.52
存货	441 254	457 911	3.77	流动资产均额	2 707 056	2 734 136	1.00
产品销售费用	148 391	161 343	8.73	资产总计	5 569 354	5 533 288	−0.65
管理费用	239 403	224 376	−6.28	负债合计	3 398 729	3 365 835	−0.97
财务费用	105 586	91 809	−13.05	营业收入	3 488 410	3 493 271	0.14
利息支出	93 437	85 463	−8.53	营业成本	2 609 207	2 668 787	2.28

从总体来看,2019年的全行业经济指标与2018年的相比有些许恶化,主要表现为全行业利润总额大幅下降,亏损企业数量增多,产销存在缺口,库存进一步增多,除财务费用和管理费用外,各项费用和成本均有所提升,企业压力进一步增大。

三、中国化工矿业发展存在的主要问题

我国化工矿业发展至今,虽然取得了飞速的进步,但仍然在技术水平上和世界其他先进国家间存在一定差距;并且由于早期的粗放式过度开采,忽视了环保问题,对环境造成的污染较为严重。此外,矿产资源的供需问题及企业的规模效益问题等,都在一定程度上阻碍了我国化工矿业的可持续稳定发展。

1. 品位与技术问题

我国化学矿产资源虽然较为丰富,但品质较差,相应的开采选矿技术水平落后,因而造成了总体开采成本较高,资源利用水平较低。从资源品位来看,我国磷矿资源贫多富少,杂质成分较多,需选别后才能用于磷肥生产,而国际上磷矿资源以磷灰石为主,品位较富并且容易选别;我国硫资源以硫铁矿为主,而其他国家则以自然硫和精炼硫磺为主,制造硫酸的成本比我国更低,污染也更小。从技术水平来看,国外大部分化工矿企业都已经实现了自动化和机械化,而我国除国有大中型企业外,大部分中小企业技术和装备十分落后,主要还是人力开采[98]。

2. 环保问题

私营企业开采化工矿产的比重较大,由于矿产资源缺乏监管,开采技术落后,受经济利

益驱动,在开采过程中部分地区很可能存在无证开采、乱采滥挖的现象。此外,由于部分化工矿产资源的勘查活动相对滞后,矿产资源地质工作程度不高,使得一些矿山没有详细的地质资料和开发利用方案,资源总体情况不清;造成生产过程中仅对主矿种、主矿体进行开采,对于伴生矿及其小矿体往往不能充分利用和处理,无法做到主次兼采、贫富兼采;由此产生的采富弃贫、采易弃难、优矿劣用等行为对资源造成了浪费的同时也严重地破坏了生态环境,例如盐湖卤水提钾时,排放的卤水会造成镁害,破坏盐湖生态环境。因此,我国的化工矿业企业应尽快落实生态环境保护的主体责任,切实承担起环保的责任和义务,全面重视环保问题[99]。

3. 供需问题

化工矿产资源是化工矿业发展的基础,但当前化工矿产企业勘查找矿投入不足,资源消耗过度,造成后备矿产储量减少,储采比例失衡。此外,部分化工矿产存在产能过剩或短缺,对外依存度较大等问题[100]。表 6-4 统计了 2018 年主要化工矿产品的供需情况,其中,2018 年硫酸产量为 8 636.4 万 t,表观消费量为 8 603.7 万 t,产量占表观消费量的 100.4%,硫资源供需基本达到平衡;而磷肥(折含 P_2O_5 100%)产量为 1 365.2 万 t,表观消费量为 882.6 万 t,产量占表观消费量的 154.7%,存在产能过剩的情况。此外,2018 年钾肥(折含 K_2O 100%)产量为 623.1 万 t,表观消费量为 1 054.1 万 t,产量仅占表观消费量的 59.1%,供需存在较大缺口,只能依靠进口才能够满足需求。因此,钾资源存在对外依存度较高的问题。

表 6-4 2018 年主要化工矿产品供需情况

产品名称	产量/万 t	进口量/万 t	出口量/万 t	表观消费量/万 t	产量/表观消费量/%	进口/表观消费量/%	对外依存度
硫酸	8 636.4	95.3	128.1	8 603.7	100.4	1.1	−0.4
磷肥	1 365.2	26.2	508.8	882.6	154.7	3.0	−54.7
钾肥	623.1	450.4	19.4	1 054.1	59.1	42.7	40.9

资料来源:中国化学矿业协会

4. 企业问题

企业是产业发展的核心,而我国化工矿业在发展过程中一直存在企业规模小、规模效益差等问题,并且大部分是私营企业,基本上没有形成规模经济。从规模上来看,据国研网统计,2016 年我国规模以上工业中,化学矿开采企业共有 316 家,其中,国有及国有控股企业(32 家)占比 10%,而私营企业(147 家)占比 47%;并且,化学矿开采企业中大中型企业仅有 42 家,仅占比 13%。从效益上来看,据中国化学矿业协会统计,2019 年我国化学矿开采亏损企业为 49 家,占比 20%,亏损企业数量同比增长 16.7%;化学矿开采企业的利润总额为 190 328 万元,同比减少 22.5%;化学矿开采亏损企业增多,利润总额下降,行业的整体效益较差。此外,化工矿业企业还存在税负重、债务负担重及社会压力大等问题,进一步制约了化工矿业的发展[101]。

第二节　中国化工矿业空间布局现状

化工矿业是依赖化学矿产品开发与利用的产业,我国化工矿业逐渐形成了与化学矿产资源分布存在高度关联性的空间格局。本节以磷矿、硫矿及钾肥和相关产品为代表分析我国化工矿业空间布局现状。首先从省(市区)视角分析化工矿业主要产品和企业的空间布局情况;其次,从区域视角分析我国化工矿业发展存在的空间差异;最后,从区域配置、产业配置、资源配置及市场配置四个方面,分析我国化工矿业配置情况和存在的关键性问题,并结合相关学者研究,针对性地提出优化配置的见解。

一、中国化工矿业空间布局情况

由于各省(市区)化工矿产资源禀赋的不同,我国化工矿业分布也存在一定的地区差异,下文主要以磷、硫、钾矿采选业和对应的下游企业(化肥和硫酸工业)为例,对我国化工矿业的空间布局情况进行简要介绍。

1. 磷矿

1) 磷矿采选业

磷矿采选业是开发磷矿石的基础化工矿业,它的空间布局情况与磷矿石资源的地理分布密切相关。从磷矿石资源分布来看,截至 2019 年年底,湖北省是我国磷矿储量最高的省份,储量占比 29.37%,大部分磷矿集中分布在鄂西和鄂东北区域,并形成了宜昌、荆襄、保康、兴山和大悟五大矿区,磷矿石开发利用前景广阔;云南省的磷矿储量位居第二,占比 18.58%,以昆阳磷矿为代表;贵州省位居第三,磷矿储量占比 16.58%,形成了开阳—息烽磷矿区、瓮安—福泉磷矿区、织金—清镇磷矿区和铜仁—松桃磷矿区共四个典型矿区[102]。从磷矿石采选企业地区分布来看,2018 年我国磷矿采选共有 208 家企业,其中湖北省磷矿采选企业数量最多为 99 家,占比 47.60%;云南省(40 家)和贵州省(35 家)磷矿采选企业数量次之,分别占比 19.32% 和 16.83%;从磷矿石(折 P_2O_5 30%)产量分布来看,截至 2019 年底,湖北、贵州和云南 3 省是我国磷矿石生产的主要地区,产量分别为 3 732.13 亿 t、2 504.06 亿 t 和 2 027.28 亿 t,各自占全国磷矿石总产量的 39.99%、26.83% 和 21.72%,而四川等省份磷矿石产量不足 800 亿 t,占比不超过 10%(图 6-3)。

2) 磷肥行业

我国磷矿目前消费结构模式较为单一,产业布局中磷肥、黄磷、磷酸盐和磷化物的比例依次是 71%、7%、6% 和 16%,形成了以磷肥为主,其他化合物为辅的产业格局[103]。图 6-4 统计了 2019 年我国磷肥(折 P_2O_5 100%)产量的地区分布情况,由图 6-4 可知,湖北磷肥产量居首位,为 279.39 亿 t,占全国总产量的 23.06%;贵州磷肥产量位居第二,为 252.24 亿 t,占比 20.82%;四川和云南磷肥产量分别为 189.67 亿 t 和 176.20 亿 t,占比 15.65% 和

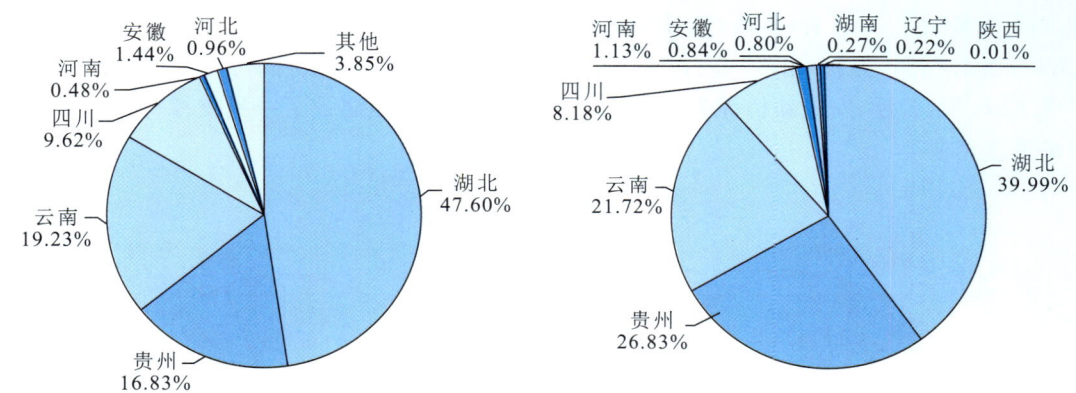

图 6-3 2019 年我国磷矿石采选企业（左）和产量（右）地区分布情况
（资料来源：中国化学矿业协会）

14.54%，位居第三、第四。2019 年，湖北、贵州、四川和云南四省（市区）产量占比我国磷肥总产量的 74.07%，而其他省（市区）的磷肥产量占比均不足 10%。

图 6-4 2019 年我国磷肥产量的地区分布情况

2. 硫矿

1）硫铁矿采选业

硫元素主要用于制造硫酸，进而为化肥和其他化工产品的生产提供原料。我国硫资源主要以硫铁矿为主，广泛分布在四川、安徽、贵州、云南、内蒙古和广东五省（市区），约占全国硫铁矿储量的 70%。由于各省（市区）硫铁矿矿床类型和开采难度的差异，我国硫铁矿产量和采选企业分布情况与储量分布情况略有不同。图 6-5 统计了 2019 年我国硫铁矿（折含硫 35%）产量和采选企业的地区分布情况。广东省硫铁矿产量居首位，为 346.46 亿 t，占比 26.30%；其次是江西省，硫铁矿产量为 287.47 亿 t，占比 21.82%；安徽省硫铁矿产量位居第三，为 262.81 亿 t，占比 19.95%；而其他各省（市区）硫铁矿产量均不超过 70 亿 t，占比不到

6%。截至2019年年底,全国硫铁矿采选企业共有85家,主要分布在四川、辽宁、安徽、广东和江西等省(市区),各省(市区)硫铁矿采选企业数量分别占比15.29%、11.76%、10.59%、5.88%和4.71%,五省(市区)共占比48.24%。总体来说,我国硫铁矿产量分布较为集中,形成了以广东云浮、安徽新桥等为代表的硫铁矿生产基地,也建设了一批支撑行业发展的硫铁矿采选企业[104]。

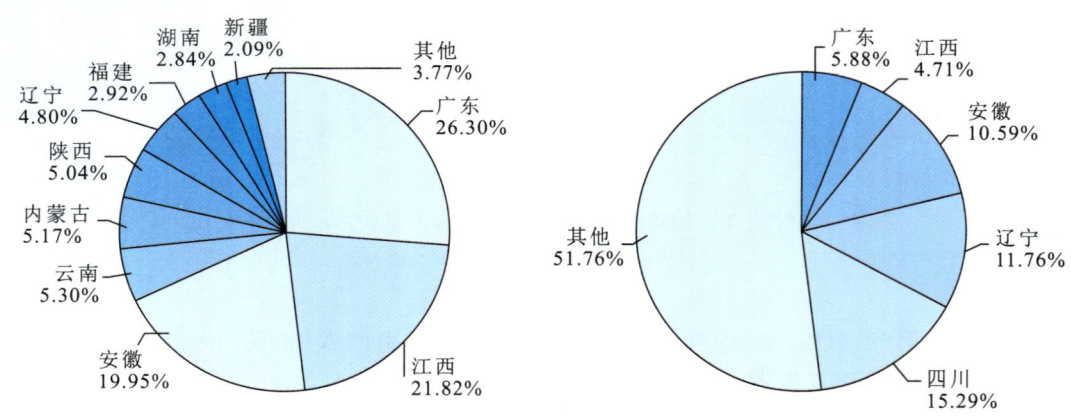

图6-5 2019年我国硫铁矿产量(左)和采选企业(右)的地区分布情况

(资料来源:中国化学矿业协会)

2)硫酸行业

据中国化学矿业协会统计,2018年我国硫酸制造业企业约有412家,而硫酸产量的地区分布情况如图6-6所示。2019年硫酸产量位居第一的省(市区)是云南,产量为1 460.21亿t,占比16.34%;其次是湖北,产量为848.92亿t,占比9.50%;贵州、四川、安徽和山东等省(市区)的硫酸产量在500亿~700亿t之间,占比6%~8%;内蒙古、河南等省(市区)硫酸产量在420.49亿t以下,占比不足5%。总体来说,我国硫酸产业布局主要集中在磷复肥产地和工业发达地区[105]。

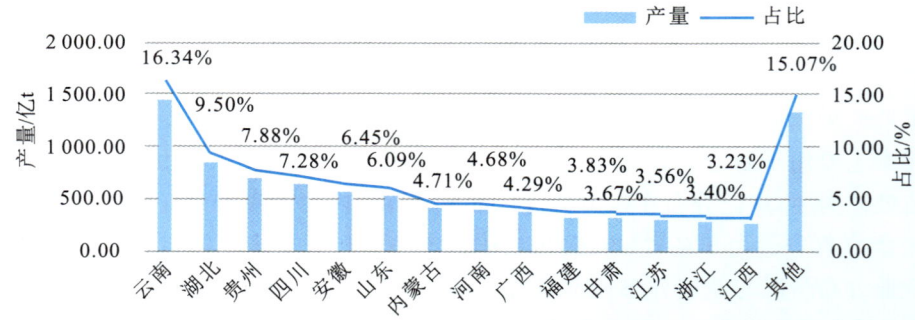

图6-6 我国硫酸产量地区分布

3. 钾盐与钾肥

钾是植物生长所依赖的营养之一,以钾盐为原料制造的钾肥产品对于粮食生产具有重要作用。我国钾盐资源相对稀缺,受勘探和开采技术的限制,钾肥产量还不能完全满足需求,因此,大部分钾盐产品都依赖进口。目前勘查探明的钾盐资源以盐湖钾盐为主,主要分布在西部地区的青海柴达木盆地、新疆罗布泊和四川海相盆地等区域[106]。

根据中国化学矿业协会统计,2018年我国钾盐矿采选企业共有79家,其中青海和新疆共有29家,占比36.7%,以青海盐湖工业集团有限公司、国投新疆罗布泊钾盐有限责任公司等为代表[107]。此外,图6-7统计了2019年我国钾肥产量的地区分布情况,由图可知,2019年,青海钾肥产量位居第一,占比69.25%;新疆钾肥产量位居第二,占比12.09%;河南、山东和湖北等省(市区)钾肥产量分别占比5.57%、2.24%和2.09%;而重庆、河北等地区钾肥产量位居后列,占比不足2%。总体来看,西部地区是钾肥产业的集中区域,其产量占比81.34%。

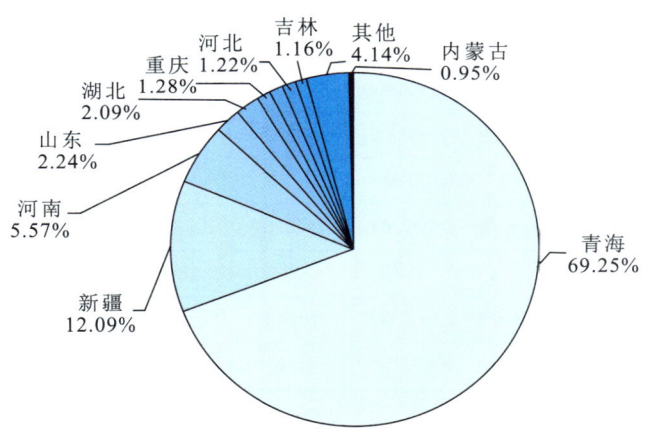

图6-7 2019年我国钾肥产量的地区分布情况

二、中国化工矿业发展空间差异分析

下文将从更广阔的区域视角,进一步分析中国化工矿业发展的空间差异问题。总体来看,中国化工矿业发展的空间差异主要呈现如下特征:

1. 产量较为集中,发展各具特色

根据区位理论和产业集群理论,矿业产业往往在矿产资源产地的一定空间距离内集聚。首先,将全国34个省级行政区划分为华北、西北、东北、华东、华中、西南和华南共七大区域。然后,再分别统计各区域主要化工矿业的产量数据情况(表6-5)。其中,2019年磷矿采选业磷矿石产量主要集中于华中和西南区域,产量分别为3 862.53亿t和5 294.96亿t,共占比98.13%;磷肥产量也主要集中于华中和西南区域,产量分别为297.38亿t和645.36亿t,共

占比77.80%;而北方和东部地区是磷矿石和磷肥的主要消费区域,产量却供不应求,因此,我国磷矿和磷肥产业形成了"南磷北运"和"西磷东调"的格局[108]。2019年,我国硫铁矿采选业硫铁矿产量主要集中于华东和华南区域,产量分别为620.32亿t和356.81亿t,共占比74.18%;而硫酸产量主要集中于华东、华中和西南区域,产量分别为2 383.03亿t、1 439.07亿t和2 976.63亿t,共占比76.08%;硫酸与硫铁矿产量分布格局存在较大差异的主要原因在于,硫铁矿制酸在硫酸生产中的比例正大幅度减小[109]。钾肥产量分布主要集中在西北区域,2019年产量为625.52亿t,占比82.07%,形成了以西部盐湖为核心的钾资源生产格局,但产量有限,国内消费主要还是依靠进口。

表6-5 2019年中国主要化工矿业产量的空间分布情况

类别		全国	华北	西北	东北	华东	华中	西南	华南
磷矿	产量/亿t	9 332.36	75.08	1.00	20.11	78.67	3 862.53	5 294.96	0.01
	占比/%	100.00	0.80	0.01	0.22	0.84	41.39	56.74	0.00
磷肥	产量/亿t	1 211.66	56.10	25.25	0.50	155.91	297.38	645.36	31.16
	占比/%	100.00	4.63	2.08	0.04	12.87	24.54	53.26	2.58
硫铁矿	产量/亿t	1 317.28	68.09	95.33	63.17	620.32	37.43	76.13	356.81
	占比/%	100.00	5.17	7.24	4.80	47.09	2.84	5.78	27.09
硫酸	产量/亿t	8 935.74	674.54	591.64	243.48	2 383.03	1 439.07	2 976.63	627.35
	占比/%	100.00	7.55	6.62	2.73	26.67	16.10	33.31	7.02
钾肥	产量/亿t	762.18	16.63	625.52	10.14	29.39	58.37	17.94	4.19
	占比/%	100.00	2.18	82.07	1.33	3.86	7.66	2.35	0.55

资料来源:化工矿业协会统计报告

总体来说,以磷、硫、钾元素为代表的化工矿业发展都较为集中,有利于规模开发。其中,磷硫产业集中在华东、华中和西南区域,钾肥产业集中在西北区域,产业发展各具特色,并形成了与区域资源禀赋相匹配的空间格局。

2. 分布有所差异,各地均衡发展

我国化学矿采选企业以中小企业为主,根据零距离商务网(http://www.09635.com/)录入的化学矿采选业中小企业名录进行归纳整理,得到如图6-8所示的化学矿采选中小企业地区分布情况图。由图6-8可知,统计出的化学矿采选中小企业数量为1160家,其中,华中和西南区域化学矿采选中小企业数量最多,分别为300家和376家,占比26%和32%,超出全国化学矿采选中小企业总量的一半。而华南、华北、西北、东北和华东区域化学矿采选中小企业数量均在96家左右,占比在7%~10%之间波动。总体来说,我国化工矿业在企业数量的空间分布上虽然存在差异,但除了西南地区和华中区域较为集中外,其他各区域企业数量发展都比较均衡。

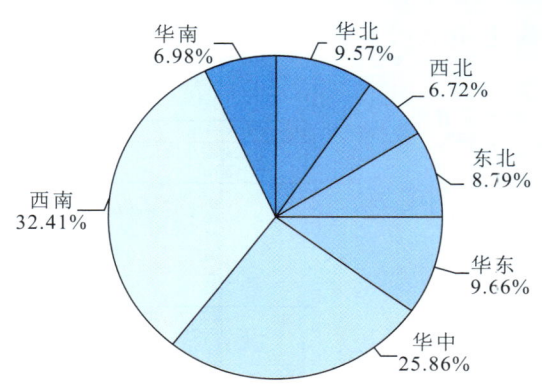

图 6-8　2019 年中国化学矿采选中小企业的地区分布情况

三、中国化工矿业配置分析

本小节将从区域配置、产业配置、资源配置及市场配置四个方面,对我国化工矿业配置情况进行分析。

1. 区域配置

化工矿产资源的开发作为快速改变资源流量及流向空间布局的有效手段,可大幅带动区域经济快速发展。如前文所述,我国化工矿产资源种类丰富、品种齐全,其中磷矿以中低品位胶磷矿为主,资源集中分布在湖北、贵州、云南和四川等地,而磷矿采选企业的空间布局情况与磷矿石资源的地理分布密切相关,也集中分布于上述地区。硫铁矿类型大部分是煤系沉积型,资源主要分布在广东、江西、安徽和云南等地,产量分布较为集中,形成了以广东云浮、安徽新桥等为代表的硫铁矿生产基地。钾盐资源以现代盐湖钾盐矿为主,约 80% 的钾盐资源分布于青海和新疆地区,产生了一批以青海盐湖工业等为代表的钾盐矿采选企业。总体来说,我国化工矿产资源及采选企业多集中分布在南方和西部的内陆区域,与北方和东部沿海经济发达的消费区域距离较远。区域配置的特点体现为南方和西部的化工矿产资源向北方和东部调运。

2. 产业配置

化工矿业除了核心的化学矿采选业,向上关联到地质勘查业,向下关联到农业和化学原料及化学制品制造业,形成了一条完整的产业链。图 6-9 统计了 2019 年我国化工矿业产业链中规模以上企业类型和布局情况,其中规模以上化学矿开采企业仅有 248 家,占比 3.14%。产业链下游企业中,2019 年规模以上基础化学原料制造企业数量达到了 4979 家,占比 62.95%,其中大多企业以有机化学原料制造(2348 家)和其他基础化学原料制造(1237 家)为主。规模以上肥料制造企业共有 1964 家,占比 24.83%,其中大多企业以复合肥制造(864 家)和有机肥制造(632 家)为主。规模以上化学农药制造企业共有 719 家,占比

9.09%。总体来看,在我国化工矿业产业配置中,下游化学矿产品加工制造企业数量远多于核心的化学矿采选企业数量,并且产业链下游企业类型主要集中于基础化学原料制造。

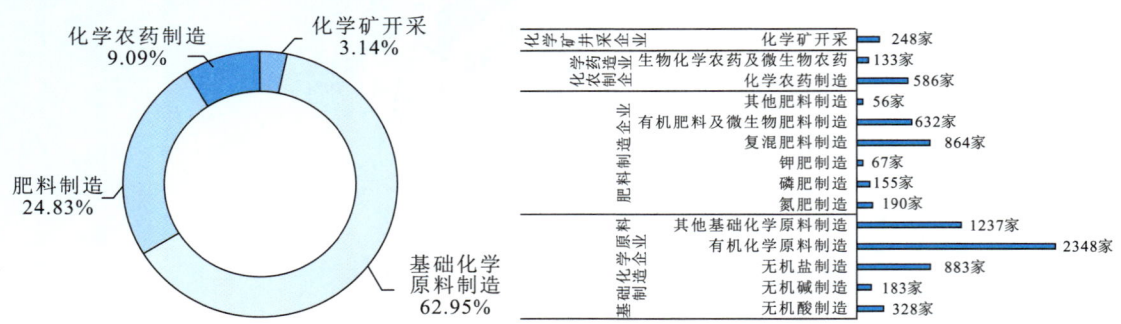

图6-9 2019年我国化工矿业产业链中规模以上企业类型(左)及布局情况(右)

3. 资源配置

对于化工矿业而言,合理的资源配置可有效促进化工矿石可持续应用和化工矿业的可持续发展。我国化工矿产资源开发利用历史悠久,经历了从主要依赖进口,矿肥发展首位,到逐步自给自足,矿肥矿化结合发展,以及未来绿色高质量发展的路径。从资源储量来看,我国化工地质找矿成果显著,探明化工矿产资源多达27种,多种化工矿产资源储量位居世界前列,资源保障程度进一步提升,但由于技术限制目前矿石资源查明率仅达30%,资源发展潜力巨大。从资源开发利用情况来看,化工矿生产已经基本满足了化肥及化工等行业对矿物原料的需求,但化工矿产资源品位低下,贫矿多富矿少,资源综合利用率不高,中低品位矿石资源开发利用仍是产业未来发展的重点。从资源优化配置角度来看,我国化工矿业在发展过程中,仍存在着钾资源的对外依存度大,磷资源产能过剩的特点。

4. 市场配置

从市场配置来看,我国化工矿业产品的供需情况主要依靠国内、外两个市场进行调节。据统计,2019年我国化学矿共进口1 332.3万t并出口522.9万t,其中未碾磨磷灰石进口7.0万t,出口27.0万t;重晶石进口11.3万t,出口100万t。下游产品中钾肥共进口938.3万t,出口67.4万t;硫酸进口43.9万t,出口172.8万t;而磷肥净出口高达181.8万t。总体来说,我国磷矿等大部分化工矿产资源及产品已经完全满足了国内市场需求,钾等部分短缺资源及产品对外依存度依然较大,但基本可以通过国外市场进口的方式实现供需平衡。

从市场行情来看,中国化学矿业协会行业经济运行分析板块显示,2019年国内磷矿石价格小幅震荡整体弱势运行,氯化钾及萤石价格走势稳定,但硫磺价格行情持续下滑。下游产业中主要化肥品种价格虽仍处相对高位,但整体呈连续下行态势。截至2019年年底,中国化肥综合价格指数同比下跌10.5%,受国际价格影响,磷肥价格下跌9.6%,钾肥价格跌幅为9.7%。预计未来国内下游市场中化肥供过于求的局面仍将持续,化工矿业将进入质量、品牌和技术等综合实力的全面竞争时代。

第三节 中国化工矿业绩效分析

对化工矿业绩效进行分析评价有利于更好地了解行业的整体营运状况,以便针对性地做出调整,从而促进化工矿业的可持续发展。本节将首先对有关行业绩效评价模型进行比较,以确立化工矿业财务绩效评价指标体系,并选取20家化工矿业上市企业2019年15项经济指标数据作为样本;其次采用时序主成分分析法构建化工矿业财务绩效评价模型;最后对化工矿业企业2010—2019年的财务绩效水平进行分析评价。结合评价结果特别是存在的问题提出建议,以促进化工矿业经济的高质量发展。

一、中国化工矿业绩效评价模型

目前,我国化工矿业发展并没有形成专属的绩效评价体系,而且现有与化工矿业绩效评价模型有关的文献也相对较少。因此,本书在结合学者针对相关行业绩效评价研究的基础上,通过比较,以确立适合中国化工矿业绩效评价的模型。

1. 模型比较

绩效是指预期收益与实际收益的比值,用来描述某项行动的效果,按照评价内容常常可以分为财务性的和非财务性的绩效评价。结合学者针对化工矿业及相关行业的研究,非财务性绩效评价模型大致可包括以下几个方面:一是对环境绩效进行分析,从环保角度考察企业的绿色发展能力,如杨占萍[110]选取21项指标构建了矿业企业的环境绩效评价模型;而王超等[111]采用投入、工业总产值和二氧化碳排放指标,构建非参数全局GML指数模型,研究了工业行业环境绿色生产的绩效。二是对发展绩效进行分析,从多方面考察企业的综合发展能力,如朱莉华[112]就研究了煤炭企业高质量发展绩效,并从财务、环保、可持续发展和责任等维度选取共26个指标构建了绩效评价模型。三是对企业的技术水平能力和社会责任等因素进行绩效考察,如刘伯恩[113]从市场、资源及环境等维度出发,构建了中国矿业企业的社会责任绩效评价体系,而苗鹏等[114]从安全管理、生产管理和员工管理三个方面对煤炭采掘绩效进行评价。

财务性绩效评价更侧重于企业的经营成果,模型构建采用的指标多用于反映企业和行业的经济运行状况,如孙柏茹、孙桥等和刘萍等[115-117]就采取了反映企业在盈利、营运、偿债和成长四个方面能力的经济指标构建模型,分别对采矿业、有色金属矿业及化工行业的财务绩效进行了综合评价。从总体上来看,非财务性绩效模型与财务性绩效模型相比,虽然能更全面的反映企业在环保和创新等方面的综合发展实力,但选取的指标有些需要依靠主观评价,而且不同的化工矿业企业所披露的非财务性信息数据存在较大的差异,绩效评价模型在多个企业进行比较时难以达到统一的评价标准。但财务性绩效评价模型选取的经济指标主要依赖于公司的财务年报,指标体系相对来说更加成熟,并且公正客观,易于统计性比较。

鉴于此,本书主要对化工矿业上市企业的财务绩效进行评价,以衡量我国化工矿业的整体经济运行情况。

2. 模型确立

根据完整性、科学性、稳健性、一致性和可行性的原则,本书综合考虑化工矿业上市企业的特征,通过筛选上市企业财务年报中的各项经济指标,最终选取了15个使用频率较高的经济指标,并构建了我国上市化工矿业企业财务绩效的评价指标体系,如表6-6所示。

表6-6 中国化工矿业财务绩效评价指标体系

目标	经济指标
化工矿业财务绩效评价指标体系	X_1:成本费用利润率
	X_2:总资产报酬率
	X_3:营业利润率
	X_4:销售净利率
	X_5:总资产周转率
	X_6:固定资产周转率
	X_7:流动资产周转率
	X_8:股东权益比率
	X_9:资产负债比率
	X_{10}:流动比率
	X_{11}:速动比率
	X_{12}:现金比率
	X_{13}:资本积累率
	X_{14}:总资产增长率
	X_{15}:固定资产增长率

财务绩效指标体系权重确定的方法众多,综合考虑数据可得性和实际可操作性,本书最终采用SPSS 19.0软件进行时序主成分分析以确定各项经济指标的权重,从而构建化工矿业财务绩效评价模型,以分析化工矿业10年的财务绩效水平。主成分分析法是一种多元统计的方法,通过提取原始变量的主要成分和各成分特征值来计算综合得分,可以达到简化指标和降维目的。本书采用的数据主要来源于新浪财经和巨潮资讯网提供的上市公司财务年报,在对上市企业进行筛选时,需对证券代码以"ST"开头上市企业进行剔除,例如湖北宜化(ST宜化)和六国化工(ST六化)等,因为这类企业财务状况出现异常,作为样本可能会影响化工矿业财务绩效的最终评价结果。筛选后的20家化工矿业上市企业如表6-7所示,企业的经营范围涉及磷、硫、钾、萤石等化学矿采选加工以及下游的化肥硫酸制造等方面。由

表6-7可知,样本内化工矿业企业2019年的净利润绝大部分为正值,其中,中化国际净利润最大,为159 760万元,而多氟多2019年的净利润为负42 073万元,此外,样本内共有九家企业2019年净利润相比2018年来说出现负增长。

表6-7 样本内化工矿业上市企业情况表

企业名称	经营范围	净利润/万元	同比增长/%	企业名称	经营范围	净利润/万元	同比增长/%
云天化	磷矿采选	17 759	−73.87	鲁北化工	磷硫化工	24 144	147.37
兴发集团	磷化工	39 291	−401.92	湖南海利	化肥化工	11 067	32.95
澄星股份	磷化工	13 664	58.77	云图控股	磷化工	21 868	50.46
中盐化工	碱盐化工	108 262	634.93	东凌国际	钾矿采选	4 664	47.90
欣龙控股	磷化工	181	115.06	司尔特	磷硫采选	25 050	−61.88
宏达股份	磷化工	8 408	2 756.49	巨化股份	氟化工	91 806	−1 264.88
青松建化	硫酸	13 326	158.09	多氟多	氟化工	−42 073	−552.43
中化国际	矿化肥	159 760	−510.68	永太科技	氟化工	26 056	−170.41
粤桂股份	硫矿采选	5 647	−26.83	兴业矿业	硫矿采选	10 220	272.84
史丹利	化肥农药	10 386	−86.22	云南能投	盐酸芒硝	28 631	165.95

二、中国化工矿业绩效评价

下文将以20家化工矿业上市企业2019年经济指标数据为样本,采取SPSS 19.0软件通过主成分分析法构建化工矿业绩效评价模型,对我国化工矿业2010—2019年的财务绩效水平进行分析评价。

1. 评价过程

1) 数据标准化和适应性检验

在进行分析之前,首先需对样本数据进行 Z 标准化处理,以消除各项经济指标间量纲差异的影响,标准化后的各项经济指标数据符号记为 ZX。其次需对标准化的样本数据进行KMO和Bartlett球形检验,适应性检验的结果如表6-8所示。结果显示,KMO检验的值为0.504(大于0.50),Bartlett球形检验的近似卡方为351.175,自由度为105,显著性水平为0.00(小于0.05),说明标准化后的样本数据适合进行时序主成分分析。

表 6-8 2019 年样本数据 KMO 和 Bartlett 球形检验

KMO 值	Bartlett 球形检验		
	近似卡方值	自由度	显著性水平
0.504	351.175	105	0.000

2)主成分提取

主成分提取的目的是尽可能将上述 15 个经济指标所携带的信息进行提取并简化,用主要成分来衡量化工矿业企业的绩效水平,避免由于经济指标含有重叠信息而影响化工矿业绩效评价的准确性。主成分提取包括以下三个步骤。

(1)首先是看各个经济指标提取的公因子方差,本书提取的各经济指标的共同方差为 1,并且所有经济指标的信息提取度都大于 0.75,说明各项经济指标丢失的信息量不多,提取的效果较好。

(2)其次是看经济指标解释的总方差,表中那些特征值大于 1 的特征根就是从初始的 15 个经济指标中提取出来的主要成分,实现了较少的指标携带较多的信息,在保证数据信息损失最小的前提下达到了降维的目的。由表 6-9 可知,化工矿业绩效评价体系中初始的 15 个经济指标共提取出了 5 个主成分,并且累计贡献率达到了 89.82%,说明这五个主成分可以反映初始经济指标 89.82% 的信息,总体的效果较好。

表 6-9 2019 年经济指标解释的总方差

主成分	初始特征值			提取平方和载入			旋转平方和载入		
	合计	方差贡献率%	累积方差贡献率%	合计	方差贡献率%	累积方差贡献率%	合计	方差贡献率%	累积方差贡献率%
F_1	5.690	37.934	37.934	5.690	37.934	37.934	4.114	27.427	27.427
F_2	3.021	20.143	58.077	3.021	20.143	58.077	4.012	26.749	54.176
F_3	2.445	16.297	74.374	2.445	16.297	74.374	2.345	15.631	69.807
F_4	1.284	8.562	82.936	1.284	8.562	82.936	1.503	10.020	79.827
F_5	1.032	6.883	89.819	1.032	6.883	89.819	1.499	9.991	89.819

(3)最后,采用最大方差法对样本数据的初始载荷矩阵进行正交旋转,得到正交旋转后的成分矩阵,如表 6-10 所示。由表 6-10 可确定各个主成分代表的实际意义。

表 6-10 2019 年样本数据正交旋转后的成分矩阵

指标	成分				
	F_1	F_2	F_3	F_4	F_5
销售净利率	0.927	0.184	−0.255	0.039	−0.001
营业利润率	0.909	0.183	−0.315	−0.063	−0.042
成本费用利润率	0.901	0.251	−0.260	−0.060	−0.019
总资产报酬率	0.807	0.245	0.126	0.411	0.019
资本积累率	0.799	−0.029	0.482	−0.058	0.039
速动比率	0.142	0.917	0.174	−0.219	0.071
流动比率	0.125	0.908	0.247	−0.154	0.099
资产负债比率	−0.294	−0.862	0.161	−0.147	−0.179
股东权益比率	0.227	0.817	−0.286	0.291	0.175
现金比率	0.067	0.789	−0.049	−0.377	0.044
固定资产周转率	−0.175	0.042	0.922	0.009	0.054
总资产周转率	−0.150	0.024	0.858	0.429	−0.006
流动资产周转率	0.127	−0.252	0.272	0.792	−0.129
固定资产增长率	−0.181	0.201	0.055	0.106	0.894
总资产增长率	0.217	0.136	0.000	−0.422	0.772

注：提取方法使用主成分分析法；旋转法为具有 Kaiser 标准化的正交旋转法，矩阵旋转在 8 次迭代后收敛。

由表 6-10 可知，第一主成分（F_1）中销售净利率、营业利润率、成本费用利润率、总资产报酬率以及资本积累率等指标的成分载荷较大，明显大于其他经济指标，因此，F_1 用来反映化工矿业上市企业盈利能力方面的财务绩效水平；第二主成分（F_2）中速动比率、流动比率、资产负债比率、股东权益比率以及现金比率等指标的成分载荷明显大于其他经济指标，因此，F_2 用来反映化工矿业上市企业偿债能力方面的财务绩效水平；第三主成分（F_3）中固定资产周转率和总资产周转率指标的成分载荷较大，因此，F_3 用来反映化工矿业上市企业营运能力方面的财务绩效水平；而第四主成分（F_4）中只有流动资产周转率指标的成分载荷较大，因此，F_4 只用来反映化工矿业上市企业流动资产周转情况的财务绩效水平；第五主成分（F_5）中固定资产增长率和总资产增长率等指标的成分载荷明显大于其他经济指标，因此，F_5 用来反映化工矿业上市企业成长能力方面的财务绩效水平。

3）主成分得分和综合得分的计算

如上文所述，采取主成分分析法共提取出了五个主成分，这些主成分充分反映了化工矿业上市企业在盈利、偿债、营运、流动资产周转及成长共五个方面能力的财务绩效水平。根据主成分得分系数矩阵可以进一步计算出各化工矿业上市企业主成分得分情况（其中反映盈利能力绩效水平的 F_1 得分计算表达式如下所示，说明各主成分得分是系数与各个经济指标标准化数据乘积的总和,同理可以计算主成分 F_2、F_3、F_4 和 F_5 的得分情况)。具体如下:

$$F_1 = 0.223 \times ZX_1 + 0.187 \times ZX_2 + 0.228 \times ZX_3 + 0.230 \times ZX_4 - 0.013 \times ZX_5 + 0.021 \times ZX_6 + 0.017 \times ZX_7 - 0.073 \times ZX_8 + 0.034 \times ZX_9 - 0.031 \times ZX_{10} - 0.028 \times ZX_{11} - 0.041 \times ZX_{12} + 0.289 \times ZX_{13} + 0.104 \times ZX_{14} - 0.061 \times ZX_{15}$$

$$F_2 = -0.020 \times ZX_1 + 0.014 \times ZX_2 - 0.039 \times ZX_3 - 0.039 \times ZX_4 + 0.045 \times ZX_5 + 0.011 \times ZX_6 - 0.019 \times ZX_7 + 0.243 \times ZX_8 - 0.236 \times ZX_9 + 0.252 \times ZX_{10} + 0.253 \times ZX_{11} + 0.215 \times ZX_{12} - 0.121 \times ZX_{13} - 0.131 \times ZX_{14} - 0.041 \times ZX_{15}$$

$$F_3 = -0.042 \times ZX_1 + 0.050 \times ZX_2 - 0.066 \times ZX_3 - 0.056 \times ZX_4 + 0.326 \times ZX_5 + 0.427 \times ZX_6 + 0.011 \times ZX_7 - 0.194 \times ZX_8 + 0.103 \times ZX_9 + 0.137 \times ZX_{10} + 0.116 \times ZX_{11} + 0.034 \times ZX_{12} + 0.310 \times ZX_{13} + 0.054 \times ZX_{14} - 0.055 \times ZX_{15}$$

$$F_4 = -0.062 \times ZX_1 + 0.249 \times ZX_2 - 0.063 \times ZX_3 + 0.009 \times ZX_4 + 0.195 \times ZX_5 - 0.133 \times ZX_6 + 0.521 \times ZX_7 + 0.345 \times ZX_8 - 0.208 \times ZX_9 - 0.091 \times ZX_{10} + 0.133 \times ZX_{11} - 0.223 \times ZX_{12} - 0.199 \times ZX_{13} - 0.242 \times ZX_{14} + 0.215 \times ZX_{15}$$

$$F_5 = -0.026 \times ZX_1 + 0.041 \times ZX_2 - 0.031 \times ZX_3 + 0.010 \times ZX_4 - 0.001 \times ZX_5 - 0.012 \times ZX_6 + 0.026 \times ZX_7 - 0.067 \times ZX_8 - 0.041 \times ZX_9 - 0.089 \times ZX_{10} + 0.116 \times ZX_{11} - 0.128 \times ZX_{12} + 0.023 \times ZX_{13} + 0.529 \times ZX_{14} + 0.667 \times ZX_{15}$$

主成分得分计算完成后,可以进一步计算化工矿业上市企业最终的财务绩效情况。财务绩效由各主成分得分与对应的方差贡献率及累计方差贡献率综合计算所得,计算公式如下:

$$财务绩效 = (F_1 \times 27.427\% + F_2 \times 26.749\% + F_3 \times 15.631\% + F_4 \times 10.020\% + F_5 \times 9.991\%) \div 89.819\%$$

2. 结果

根据上述主成分得分以及综合绩效得分的计算公式,利用标准化后的样本数据很容易计算出化工矿业上市企业的绩效得分情况,表 6-11 显示了 2019 年 20 家化工矿业上市企业五个主成分得分及综合绩效水平计算结果。

表 6-11 2019 年化工矿业上市企业财务绩效水平

企业名称	F_1	F_2	F_3	F_4	F_5	绩效
巨化股份	-0.19	2.36	0.87	1.21	-0.53	0.87
鲁北化工	1.97	0.28	-0.10	0.54	0.79	0.81
司尔特	0.61	0.70	0.27	-0.33	0.76	0.49
湖南海利	0.45	0.02	1.24	-0.07	0.42	0.40
中化国际	0.29	-0.35	2.90	-1.06	-0.25	0.34
粤桂股份	-0.69	0.22	0.28	1.09	2.84	0.34
云南能投	1.26	0.46	-0.53	-2.13	0.80	0.28

续表 6-11

企业名称	F_1	F_2	F_3	F_4	F_5	绩效
东凌国际	-0.06	2.26	-1.34	-0.95	-1.11	0.19
史丹利	-0.81	0.91	0.17	0.76	-1.04	0.02
中盐化工	0.73	-0.79	-0.60	1.89	-0.81	0.00
永太科技	0.61	-0.57	-0.25	-0.18	0.14	-0.03
青松建化	0.19	-0.31	-1.00	0.75	-0.17	-0.14
欣龙控股	-0.98	0.52	-0.05	-0.36	0.32	-0.16
兴发集团	0.02	-1.29	0.20	0.52	0.56	-0.22
云图控股	-0.28	-0.65	0.42	0.42	-0.74	-0.24
宏达股份	-0.21	-0.62	-0.28	0.95	-0.91	-0.29
兴业矿业	0.90	-0.86	-1.75	-0.35	0.09	-0.31
澄星股份	-0.21	-0.85	-0.25	-1.54	-0.80	-0.62
云天化	-0.72	-1.08	0.67	-0.50	-1.42	-0.64
多氟多	-2.89	-0.36	-0.87	-0.65	1.04	-1.10

1) 各主成分得分存在较大区别

由表 6-11 可知,就 F_1 而言,2019 年 20 家化工矿业上市企业中共有十家上市企业的盈利能力得分为正,其中,鲁北化工、云南能投和兴业矿业三家企业的盈利能力得分最高,为 0.90 及以上,而以氟化工为主营业务的企业多氟多 2019 年的盈利能力得分最低,为 -2.89;就 F_2 而言,2019 年样本企业中有 55% 的企业偿债能力得分为负,巨化股份及东凌国际两家企业偿债能力得分最高分别为 2.36 和 2.26,而兴发集团和云天化企业的偿债能力得分最低,为 -1.29 和 -1.08;就 F_3 而言,有九家化工矿业上市企业的营运能力得分为正值,中化国际和湖南海利的营运能力得分最高为 2.90 和 1.24,但兴业矿业 2019 年的营运能力得分最低为 -1.75;就 F_4 而言,同样有 55% 的企业得分为负值,其中,中盐化工、巨化股份及粤桂股份的流动资产周转能力得分最高,为 1.89、1.21 和 1.09,而云南能投、澄星股份和中化国际得分最低;就 F_5 而言,样本内一半企业 2019 年的成长能力得分为正,其中,粤桂股份和多氟多的未来成长能力得分最高,东凌国际、史丹利和云天化三家企业的成长能力得分最低。

2) 企业的综合绩效水平优劣差异明显

从化工矿业企业总体财务绩效水平来看,样本内 50% 的化工矿业企业 2019 年的综合财务绩效为负值,即低于平均财务绩效水平。其中,只有巨化股份和鲁北化工共两家企业的综合财务绩效水平超过 0.8,得分分别为 0.87 和 0.81,说明这两家企业财务结构发展相对均衡,经营情况较为优越;司尔特和中盐化工等共八家企业的综合财务绩效水平得分在 0.00~0.49 的区间内,这几家企业财务经营情况相对良好;而永太科技和多氟多等十家企业综合绩效水平得分为负,特别是多氟多的财务绩效水平最低,为－1.10,说明这十家企业的财务经营存在一定劣势,有待通过进一步财务结构调整改善整体经营水平。

三、结论

本书采用主成分分析法对20家化工矿业上市企业2019年15个初始经济指标进行分析评价,提取出五个主成分用来反映化工矿业企业在盈利、偿债、营运、流动资产周转及成长共五个方面能力的财务绩效水平,并依据每个主成分的贡献率进一步构建了化工矿业上市企业的综合绩效评价模型,通过计算分析2010—2019年化工矿业主成分得分和综合财务绩效水平后得出以下结论。

1. 化工矿业财务绩效结构失衡

表6-11统计了2019年化工矿业企业主成分得分情况,比较各企业主成分得分可以发现,大部分化工矿业企业存在财务绩效结构不平衡的问题。主要表现为化工矿业企业在经营过程中只重视某一方面财务水平的发展,忽视了企业在盈利能力、偿债能力、营运能力、流动资金周转能力和未来成长能力方面的整体发展情况,导致化工矿业企业在某一主成分的得分过高,而其他主成分的得分过低,最终的财务绩效整体水平不高。例如,东凌国际企业2019年的F_2得分较高,但F_3、F_4和F_5得分较低,说明东凌国际企业的偿债能力较强,但营运能力、流动资金周转能力和未来的成长能力欠佳,东凌国际企业的财务绩效结构存在不合理问题,导致最终企业的整体绩效水平只有0.19;兴业矿业企业的盈利能力较强,但偿债能力和营运能力较差,多氟多企业的未来发展能力较强,但盈利能力较差,导致兴业矿业和多氟多最终的财务绩效水平只有－0.31和－1.10,位居样本企业总体绩效水平的末位;此外,中化国际、云南能投和史丹利等企业都存在财务绩效结构不平衡的问题,说明化工矿业企业在未来发展过程中需进一步注重财务水平的全面均衡提升。

2. 化工矿业财务绩效水平欠佳

图6-10统计了2010—2019年我国20家样本上市化工矿业企业财务绩效水平变化情况。从总体上来看,只有巨化股份、司尔特、史丹利、中化国际和粤桂股份共五家上市企业2010—2019年的财务绩效水平基本上为正值,即大于平均绩效水平;而青松建化、中盐化工、澄星股份、云天化和宏达股份共五家企业这10年间的财务绩效水平基本上为负值,即低于平均水平;其余十家企业十年来的财务绩效水平在正负值间上下波动。

从时间趋势上来看,大部分化工矿业企业这10年来的财务绩效水平随时间趋势恶化,2019年的财务绩效水平明显低于2010年;从2010—2019年财务绩效的平均水平上来看,20家样本企业中55%的化工矿业企业10年间的平均财务绩效水平低于0,绩效表现欠佳(绩效值在－0.50～－0.02之间),只有巨化股份十年间的平均财务绩效表现较好(绩效值为0.85),其余化工矿业企业十年间的财务绩效表现一般(绩效值在0.07～0.58之间)。

总体而言,化工矿业企业2010—2019年的财务绩效水平欠佳,化工矿业的经济运行情况需要通过进一步的优化来进行调整,从而实现化工矿业的高质量和可持续发展。

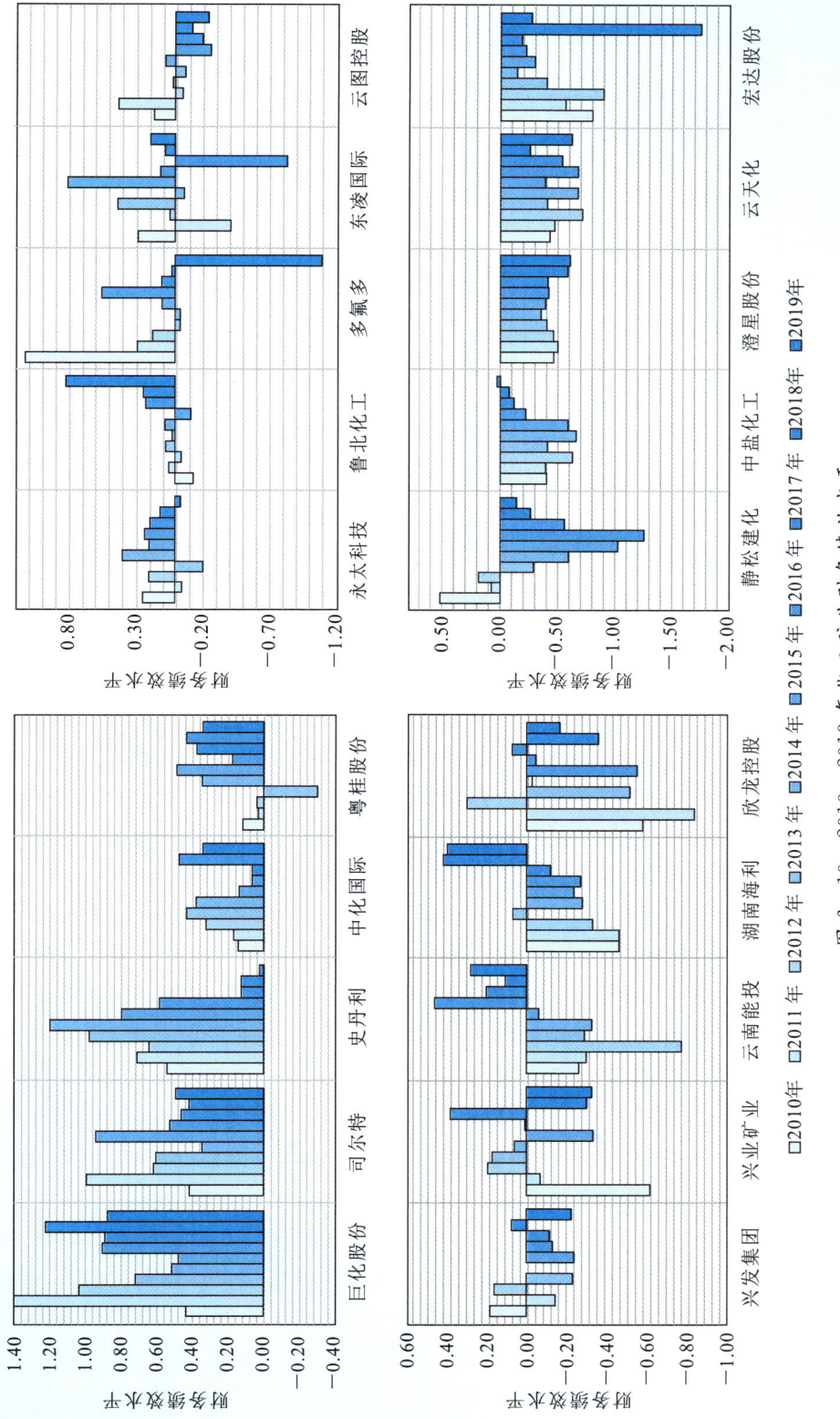

图6-10 2010—2019年化工矿业财务绩效水平

第四节 中国化工矿业发展指数分析

遵从可持续发展和绿色发展的理念，对化工矿业发展指数进行分析和评价，有利于了解行业的整体发展实力及水平，也有利于绿色矿业政策的制定和实施。本书在结合相关学者针对矿业行业发展指标体系及评价方法的相关研究基础上，通过综合比较构建化工矿业企业可持续发展指标体系模型，并以云天化企业2016—2019年的数据为例，采用层次分析法和差异驱动法确定权重并测算企业的可持续发展指数，间接地衡量我国化工矿业行业的发展水平。

一、发展指数评价指标体系构建

目前，针对化工矿业发展指数进行评价的研究尚少，本书结合化工矿业发展的特点，通过比较相关学者的研究，对化工矿业可持续发展指标体系进行构建。

（一）相关研究综述

矿业的可持续发展、绿色发展和循环经济发展评价是当前研究的热点，其中，矿业的可持续发展是指在保证环境质量和不破坏矿产资源的前提下促进矿业产业的经济持续增长，强调的是经济和自然的和谐共生，有诸多学者对矿业及相关行业可持续发展进行了评价，如周晓山等[118]在对矿区可持续发展进行评价时，认为矿区是社会、经济、资源和环境的复合系统，因此从这四个维度选取指标构建了矿区可持续发展的评价体系；宋彧等[119]分析了石墨产业可持续发展的特点，从发展的社会与自然环境、发展力和发展协调度等维度出发，根据综合性、代表性和可操作性原则构建了中国石墨产业可持续发展的评价指标体系。

绿色发展和循环经济发展是对可持续发展研究的进一步深化，二者的侧重点有所不同，矿业绿色发展是对传统粗放式发展模式的创新与改进，强调在矿业产业经济发展过程中的绿色化及生态化，重视环境和绿色因素对可持续发展的影响。针对矿业及相关行业绿色发展评价的研究众多，如黄洁等[120]从资源、环境、绿色及安全四个维度选取指标构建了我国矿业绿色发展的指数评价体系；而苏美权[121]遵循"压力-状态-响应"模型，从经济增长、资源环境及绿色支持角度选取指标，对湖南省矿业经济绿色发展做出了针对性分析。

矿业循环经济发展侧重于矿产资源的节约和循环利用因素对可持续发展的影响，如沙景华等、侯俊华等和刘琳琳等[122-124]的研究均从上述维度出发构建指标体系对矿业、铀矿业和煤炭企业的循环经济进行分析评价。从总体来看，学者在对矿业发展指数进行分析时，常常考虑它在经济发展、社会贡献、资源环境和技术创新等方面的综合协调水平，从多方面多层次对可持续发展能力进行评价。

2. 指标体系构建

结合绿色发展和可持续发展的理念,分析评价化工矿业的可持续发展能力和水平,对于促进化工矿业经济的高质量和稳定增长具有十分重要的意义。鉴于化工矿业涉及的化学矿产资源种类众多,针对行业的整体数据信息也并不完善,因此,在综合学者研究的基础上,通过构建指标体系衡量化工矿业上市企业的可持续发展能力水平,间接分析化工矿业行业的整体发展情况。秉承综合性、代表性和可操作性原则,本书从经济营运、社会责任、资源环境和技术生产四个维度选取指标,构建化工矿业企业的可持续发展指数评价体系,具体框架如图 6-11 所示。

其中,经济营运类指标中有四个变量,主要用于反映化工矿业企业在盈利、偿债、运营及未来发展方面的综合经济水平;社会责任类指标中有六个变量,在职员工人数和税费缴纳比重反映了化工矿业企业为社会发展解决的就业人数和做出的经济贡献,安全投入比重和千人负伤率反映了化工矿业企业安全生产的责任,客户综合满意度和每年公益捐助额反映了化工矿业企业的社会形象和责任担当;资源环境类指标中有九个变量,单位产量 NO_x(氮氧化物)排放及单位产量能耗等指标反映了化工矿业企业每单位化学矿生产对环境资源的影响程度,废水减排量、SO_2 减排量、矿山复垦植被率和环保投入比重反映了化工矿业企业绿色发展的支持力度;技术生产类指标中有七个变量,每年专利权获得量和研发投入比重等变量反映了化工矿业技术创新水平,化学矿产能及主要化学矿产量等变量反映了化工矿业企业的生产实力。

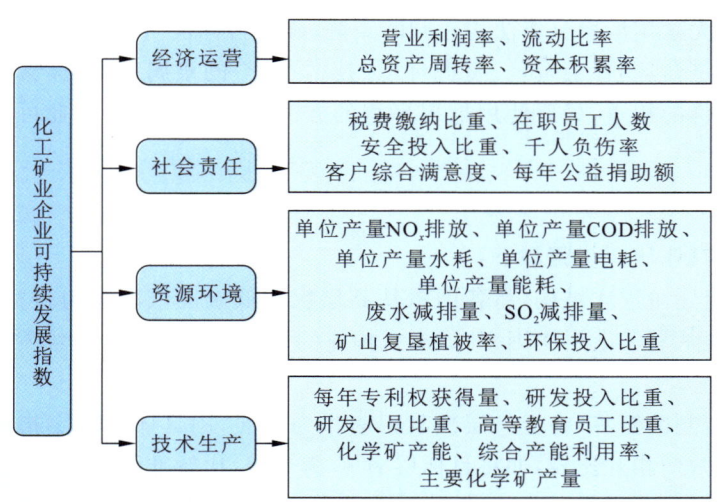

图 6-11 中国化工矿业企业可持续发展指数评价体系

二、发展指数评价方法选择

本部分在综合比较的基础上采用层次分析法和差异驱动法中均方差法相结合的模式，对化工矿业可持续发展指数进行评价。

1. 相关方法综述

综合学者研究，可持续评价的方法大致可以分为主观和客观两大类型，主观赋权方法包括层次分析法、模糊综合评价法等，需要依靠主观评判才能将定性评价转化为定量评价。其中层次分析法是通过递阶层次结构和判断矩阵来确定各指标权重并计算最终得分的方法，其应用较为广泛，如李金禄[125]采用层次分析法确定了鄂尔多斯煤化工产业可持续发展体系的权重。模糊综合评价法是基于模糊数学隶属度理论求取权重的方法，相关研究如宋彧等[119]采用多级模糊综合评价的方法确定石墨产业可持续发展评价体系的权重。

客观赋权方法中应用最为广泛的是主成分分析法，如王筠[126]和苏小雪[127]选取资源、环境、经济和社会等方面的指标应用主成分分析法分别对吉林省石油工业、陕北能源化工的可持续发展进行了评价。此外，也有部分学者认为层次分析法等主观赋权的方法评价受个人影响的因素较大，故选取主客观赋权方法相结合的模式对发展指数进行综合评价，如吴洁[128]采用层次分析法和均方差法对化工企业循环经济情况进行评价；而李俊杰等[129]则采用层次分析法和熵权法进行评价。

综合考虑相关学者研究成果可以看出，主客观相结合的方法更能科学地确定各指标权重，因此，本书首先采用层次分析法构建判断矩阵，确定目标层（化工矿业企业可持续发展指数）与准则层（经济营运、社会责任、资源环境、技术生产）的隶属权重，其次采取均方差法确定各变量层中指标的权重，最后使用加权平均的方法计算化工矿业企业可持续发展的综合水平。

2. 层次分析法研究基本步骤

层次分析法具体研究步骤如下：

第一步，确定递阶层次结构，将各因素从高层次到低层次依次分为目标层、准则层和变量层，下层次因素从属于上层次因素，如本书构建的化工矿业企业可持续发展指标体系即为递阶层次结构。

第二步，构造判断矩阵，将上一层次某因素作为参照，用具体的数字指标对本层次各因素的重要性进行两两相互比较，如将目标层 A 作为参照，比较准则层 B_1、B_2、B_3 和 B_4 的相对重要性，构造的判断矩阵如表 6-12 所示。其中，α_{12} 表示当 B_1 指标与 B_2 指标相比时，B_1 指标的相对重要程度，α 为 1～9 中的整数，α 越大表示相对重要程度越高；$1/\alpha_{12}$ 表示当 B_2 指标与 B_1 指标相比时，B_2 指标的相对重要程度，其值大小与 α_{12} 互为倒数。

表 6-12 判断矩阵

A	B_1	B_2	B_3	B_4
B_1	1	α_{12}	α_{13}	α_{14}
B_2	$1/\alpha_{12}$	1	α_{23}	α_{24}
B_3	$1/\alpha_{13}$	$1/\alpha_{23}$	1	α_{34}
B_4	$1/\alpha_{14}$	$1/\alpha_{24}$	$1/\alpha_{34}$	1

第三步,根据判断矩阵计算各指标权重,并进行矩阵的一致性检验,检验的目的是尽可能降低由于客观判断造成的决策失误。首先需要根据判断矩阵的最大特征根 $\lambda_{\max}$ 计算一致性指标 CI,然后选取合适的随机一致性指标 RI(表 6-13),并根据式(6-1)进一步计算一致性比值 CR,只有当 CR 的值小于 0.1 时才认为判断矩阵通过了一致性检验,即确定的各指标权重较为合理[130]。

$$\begin{cases} CI = \dfrac{\lambda_{\max} - n}{n-1} \\ CR = \dfrac{CI}{RI} \end{cases} \quad (6-1)$$

表 6-13 平均一致性指标 RI 取值

n	1	2	3	4	5	6	7	8	9
RI	0.00	0.00	0.58	0.90	1.12	1.24	1.32	1.41	1.45

三、具体评价过程

云天化是以磷矿石采选、化肥生产和精细化工为主要业务的上市企业,公司拥有的磷矿资源较为丰富,磷矿石剥采、浮选生产技术较为先进,现有原矿生产能力 1 450 万 t,擦洗选矿生产能力 618 万 t,浮选生产能力 750 万 t,是我国最大的磷矿采选企业之一,因此本节以云天化企业为研究对象具有一定的代表性。通过构建的化工矿业企业可持续发展指标体系,收集处理该企业 2016—2019 年的相关数据,并运用层次分析法和均方差法对其可持续发展指数进行综合测评,间接衡量化工矿业可持续发展情况,相关数据主要来源于上海证券交易所披露的企业年报、企业财务报告以及企业社会责任报告。

1. 数据无量纲化处理

在具体评价之前需对原始数据进行无量纲化处理,避免由于数据统计单位差异对评价结果造成的影响,常用的处理方法是极值处理法,通过数据组中的极大值和极小值对数据进行极小型转化,具体可分为正向指标处理和负向指标处理[式(6-2)]的方式,其中 X_{ij} 和 Z_{ij} 分别是第 i 个评价对象第 j 个指标的原始数据和无量纲化处理后的数据,M_j 和 m_j 分别为第

j 个指标数据组中的极大值和极小值。

$$Z_{ij} = \begin{cases} \dfrac{X_{ij}-m_j}{M_j-m_j} & (0 \leqslant Z_{ij} \leqslant 1) \\ \dfrac{m_j-X_{ij}}{M_j-m_j} & (-1 \leqslant Z_{ij} \leqslant 0) \end{cases} \qquad (6-2)$$

在本书构造的化工矿业企业可持续发展评价体系中,千人负伤率、单位产量 NO_x 排放、单位产量 COD 排放、单位产量水耗、单位产量电耗及单位产量能耗等指标均为负向指标。这类指标取值越大,说明化工矿业企业安全风险和资源环境损耗越大,化工矿业企业可持续发展水平越低;而其余指标均为正向指标,其取值越大说明化工矿业企业可持续发展能力越强。

2. 权重确定

权重的确定主要分为两大部分,一是确定目标层和准则层的权重关系,其次是确定准则层和变量层的权重关系。在确定目标层和准则层权重关系时,本书采用了层次分析法,其核心是构造判断矩阵,经综合考虑,本书参考李金禄[125]的研究,利用文献引用统计法和产业分析法的方式对判断矩阵加以构造。文献引用统计法主要是通过在知网、维普、万方等学术平台上,利用关键词搜索确定含有经济运营指标、社会责任指标、资源环境指标、技术生产指标的相关文献数量,对准则层中各个指标的相对重要程度加以评判,统计的结果如表6-14所示。从表中含有各指标的学术文献数量总和上可知,学者对技术生产指标和经济运营指标的关心程度远大于其他指标,对资源环境指标的关心程度远大于社会责任指标。

表6-14 文献引用统计结果　　　　　　　　　　　　　　　　（单位:篇）

类型	知网	维普	万方	总计
经济运营指标	1966	19 494	22 861	44 321
社会责任指标	253	1099	8630	9982
资源及环境指标	485	795	17 257	18 537
技术生产指标	2747	14 001	27 761	44 509

文献引用的统计结果对化工矿业发展来说缺乏一定的针对性,因此,采用产业分析法进一步评判。从产业分析的角度来看,化工矿业是以化学矿产资源开采为主的产业,企业的经济营运和可持续发展很大程度依赖于矿产资源储量及采选的技术水平,并且近年来随着绿色发展理念逐步深化,国家对化工矿业的绿色和环保发展提出了更高的要求,如生态保护红线制度建设及国家发展和改革委员会《产业结构调整指导目录》中明确指出将对严重浪费资源、污染环境的工艺、技术、装备和产品进行淘汰,因此,针对化工矿业可持续发展来说,资源环境指标和技术生产指标具有同等重要程度,重要性大于经济运营指标和社会责任指标。

综上所述,可利用层次分析法构造化工矿业企业可持续发展目标层和准则层的判断矩阵,如表6-15所示。利用层次分析法分析软件"yaahp"对判断矩阵一致性和各指标权重加以计算,得到经济营运、社会责任、资源环境和技术生产指标的权重分别为0.134 4、

0.048 1、0.384 0 和 0.433 5，矩阵一致性指标 CR＝0.072 0(小于 0.1)，说明判断矩阵通过了一致性检验，确定的各指标权重较为合理。

表 6－15　判断矩阵

可持续发展	经济营运	社会责任	资源环境	技术生产
经济营运	1	5	1/4	1/5
社会责任	1/5	1	1/6	1/8
资源环境	4	6	1	1
技术生产	5	8	1	1

$$\begin{cases} \overline{Z}_j = \dfrac{1}{n}\sum_{i=1}^{n} Z_{ij} \\ \sigma^2 = \dfrac{1}{n-1}\sum_{i=1}^{n}(Z_{ij}-\overline{Z}_j)^2 \\ W_j = \dfrac{\sigma_j^2}{\sum_{j=1}^{m}\sigma_j^2} \end{cases} \quad \text{其中 } j=1,2,\cdots,26 \qquad (6-3)$$

在确定准则层和变量层指标权重时，参考吴洁[128]的研究采用差异驱动法中的平均方差的方法确定权重，避免权重受主观因素评判的影响。它主要是依靠变量指标方差所占比重来确定权重情况，其中，Z_{ij} 表示各指标无量纲化处理后的取值，$\overline{Z}_j$ 和 σ^2 分别是 j 指标的均值和方差，W_j 是 j 指标在准则层 m 中方差所占的比重。经过计算，我们得到了化工矿业企业可持续发展指标体系系数权重情况，具体情况如表 6－16 所示。

表 6－16　化工矿业企业可持续发展指标体系权重

目标层	准则层	权重	变量层	权重
化工矿业企业可持续发展指数	经济营运	0.134 4	营业利润率	0.295
			流动比率	0.206
			总资产周转率	0.283
			资本积累率	0.215
	社会责任	0.048 1	税费缴纳比重	0.206
			在职员工数量	0.143
			安全投入比重	0.155
			千人负伤率	0.139
			客户综合满意度	0.164
			每年公益捐赠额	0.192

续表 6-16

目标层	准则层	权重	变量层	权重
化工矿业企业可持续发展指数	资源环境	0.3840	单位产量 NO_x 排放	0.090
			单位产量 COD 排放	0.115
			单位产量水耗	0.094
			单位产量电耗	0.155
			单位产量能耗	0.105
			废水减排量	0.135
			SO_2 减排量	0.101
			矿山复垦植被率	0.095
			环保投入比重	0.110
	技术生产	0.4335	每年专利权获得量	0.125
			研发投入比重	0.130
			研发人员比重	0.128
			高等教育员工比重	0.149
			化学矿产能	0.182
			综合产能利用率	0.155
			主要化学矿产量	0.130

3. 评价结果

对云天化企业 2016—2019 年的数据进行标准化处理后,根据表 6-16 中化工矿业企业可持续发展指数评价体系的权重,应用平均加权的方法计算出云天化企业可持续发展综合水平,结果如表 6-17 所示。

表 6-17 可持续发展水平评价结果

类别	权重/%	2016 年	2017 年	2018 年	2019 年
经济营运水平	13.44	0.00	0.76	0.83	0.80
社会责任水平	4.81	0.64	0.19	0.62	0.52
资源环境水平	38.40	0.63	-0.06	-0.13	0.06
技术生产水平	43.35	0.37	0.65	0.43	0.67
可持续发展综合水平	100.00	0.43	0.37	0.28	0.45

1）资源环境水平相对最差

从各个分指标得分情况来看，云天化企业近年来经济营运水平、技术生产水平和社会责任水平得分相对良好，而资源环境水平得分相对最差。其中，2019年云天化经济经营水平达到0.80，技术生产水平及社会责任水平分别为0.67和0.52，而资源环境水平得分仅为0.06。从时间趋势来看，2016—2019年云天化企业经济营运和技术生产水平有很大提升，但社会责任和资源环境水平有一定恶化，其中，社会责任水平从0.64降至0.52，资源环境水平却从2016年的0.63降至2019年的0.06。

2）可持续发展能力有待提升

从可持续发展综合水平来看，云天化企业可持续发展水平整体不高，其中，由于很大程度受到资源环境因素的负面影响导致2018年可持续发展水平最低仅为0.28，但2019年由于经济营运和技术生产的优势，使得云天化企业最终的可持续发展水平提升至了0.45，说明该企业的发展并不稳定，可持续发展能力有待提升。

四、结论

本节在综合学者针对矿业及相关行业发展指数评价研究的基础上，结合绿色发展和可持续发展的理念，从经济营运、社会责任、资源环境和技术生产四个维度，选取共26个指标构建递阶层次结构的化工矿业企业可持续发展评价体系，并运用层次分析法和平均方差相结合的主客观赋权方法，以磷矿采选利用为主的化工矿业企业云天化为例，对2016—2019年化工矿业企业的可持续发展综合水平进行分析评价，间接衡量化工矿业可持续发展情况，评价结果发现：

1. 化工矿业可持续发展水平整体不高

本节选取的云天化企业在磷矿采选利用方面具有的优势。分析其可持续发展水平具有一定的代表性，但从评价的结果来看，近年来云天化企业的可持续发展水平却在0.28~0.45之间波动，总体处于中等水平，可持续发展能力有很大的优化空间，需要进一步加强和提高。

2. 化工矿业可持续发展受资源环境和技术生产因素影响较大

从评价结果来看，云天化企业可持续发展水平很大程度受到资源环境因素的负面影响，而技术生产因素的优势很大程度正面提升了可持续发展综合水平，因此，化工矿业在未来发展过程中，应深入实施可持续发展和绿色发展的理念，加强对矿产资源和其他能源的节约综合利用，并加大对环保的投入，减少对环境的污染，以促进化工矿业可持续发展能力的全面提升。

第五节　中国化工矿业发展环境分析

我国化工矿业在漫长的发展过程中形成了一定的发展优势和劣势,也将面临更多的机遇和挑战,只有了解化工矿业的发展态势,才能针对性地做出调整,促进化工矿业的可持续发展。SWOT分析是一种基于系统分析思想,通过搭配比较各种因素以针对性制定战略的方法,广泛应用于矿产资源规划之中。因此,本节运用SWOT分析的方法,对我国化工矿业的发展环境进行分析。

一、中国化工矿业发展面临的机遇

步入21世纪后,随着我国经济的快速发展和全球一体化进程的加快,化工矿业迎来了新的发展机遇。下文结合我国国情,从高质量发展、需求增长和政策扶持三个角度具体分析我国化工矿业发展面临的机遇。

1. 中国化工矿业高质量发展的机遇

化工矿业的发展需要完善的配套服务,包括为资源流、资金流、技术流、人才流、信息流提供服务的各类服务载体(市场或中介机构),需要在各级政府高效组织、引导下,市场各方主体共同合作。从1949年到21世纪以来,由于各方的共同合作,我国化工矿业行业的规模体系已逐渐完善,在地质找矿、化工矿生产等方面均取得重大进展,形成了较为有利的发展环境,为我国化工矿业的高质量发展提供了机遇。具体表现在:

(1)在地质勘查方面,逐渐形成了一批比较为专业的队伍,找矿技术和装备有了大幅提升,探明化工矿产资源如磷硫钾等共27种,且大部分矿产资源探明储量逐年递增,为我国化工矿业的可持续发展提供了后备资源保障。

(2)在化学矿方面,大部分矿石资源和产品已经充分满足了国内市场需求,优良的价格和质量,在国际市场出口上也具有一定的优势。

(3)同时,我国也建成了一大批实力较为雄厚的企业,为化工矿业的发展提供了充分的资金、技术人才和管理经验支持。

(4)此外,工业企业配套水平提高,为矿山企业生产配套及降低成本带来了机会,也为其高质量发展提供了新的机遇。

2. 中国化工矿业需求增长的机遇

我国化工矿业分为国内、外两个市场分别进行经营,在构建"以国内大循环为主体,国内国际双循环相互促进的新发展格局"的过程中,化工矿业将迎来新的发展机遇。在国内市场方面,化工矿业生产并提供了化肥和硫酸等众多产品,广泛被应用于各行业领域之中,深入到人们生活的方方面面,尤其在农产品种植和其他工业产品生产方面发挥重要作用。随着国内经济的好转,社会发展对资源需求仍然强劲,国内市场对化工矿产品的需求必然出现增长趋势,从而带动和促进整个行业的发展。在国际市场方面,"一带一路"倡议的提出进一步加强了我国与沿线国家的经济合作和贸易往来,扩宽了国际市场,让化工矿业与国际经济接轨,增加需求的同时,促进了化工矿产品的出口。此外,国际市场上化学矿资源充足,为我国充分利用国内外市场进行资源配置提供了便利,也为引进国外资金和先进技术,转变我国化工矿业经济增长方式提供了更好的机遇[131]。

3. 中国化工矿业政策扶持的机遇

政府及相关部门近年来下达并采取了一系列政策措施,为我国化工矿业发展提供了优良的环境和政策扶持,政策支持水平的提高创造了新的发展机遇。例如,国家出台了《关于加强地质工作的决定》《关于加强地质工作发展矿业经济的若干意见》。各级政府对加强地质工作的重视程度日益提高,鼓励支持化工矿业发展的政策日趋完善,为全面加强地质工作和发展化工矿业经济营造了有利宏观形势[132]。国家发展改革委员会发布了《产业结构调整指导目录(2019年本)》,进一步鼓励了硫矿、中低品位磷矿、萤石矿等资源勘探开发,以及尾矿和伴生资源的综合利用;并对产能低下和技术落后的相关企业进行淘汰,以调整产业结构,促进化工矿业的高效发展①。同时,我国化工矿业的法律体系已经逐渐完善,矿业资源资产产权制度改革已经提上进程,这都为我国化工矿业提供了更好的发展环境。

二、中国化工矿业发展面临的挑战

近年来,加快生态文明建设,促进经济与生态环境的和谐发展成为了国家工作的重点。化工矿业作为传统的化工矿产采掘业,要想秉承环保理念进行经济转型,并走可持续发展的道路,必将面临更多的挑战。

1. 中国化工矿业绿色发展的挑战

党的十九大后,生态文明建设得到各行业发展的重视,矿业领域也积极响应号召,推进了绿色矿山建设工作。绿色矿山是对传统矿业的变革,是指秉承绿色发展的理念,依靠科学技术进步,科学合理的开采矿石资源,加强经济发展与生态保护的协调性,并尽可能降低对生态环境的破坏,以实现矿区环境生态化、开采方式科学化、资源利用高效化、企业管理规范化和矿区社区和谐化的目标。绿色矿山理念提出后,相应的管理政策体系逐渐形成,全面推进绿色矿山建设成为了矿业发展的首要任务[133];但我国化工矿业在传统粗放式的发展之中,多数矿山企业仍以初级矿产品为主,深加工产业发展缓慢,主要依靠资源消耗支撑矿业经济的增长。资源综合利用、节约利用和循环利用尚显不足,在化学矿开采和选矿时,不重视对生态环境的保护,产生的废水和未经处理的伴生资源都会对生态环境造成严重的影响,导致资源开发与生态环境保护之间的矛盾日益尖锐。与此同时,由于国家对环境保护政策日趋严格,矿产资源的开发和矿业产业成本将增加。严峻的资源节约和生态环境压力、亟待

---

①资料来源:中国矿业协会官网"行业政策"栏(http://www.ccmassociation.cn)。

提高的管理水平是化工矿业前进征程中的"拦路虎",对我国化工矿业绿色发展提出了新的要求和挑战。

2. 中国化工矿业市场竞争的挑战

随着我国经济实力的逐渐增强,国内市场逐步与国际市场接轨,化工矿业的发展也必将面临更多的市场竞争挑战。首先,国内从事化工矿业的真正达到规模的只有少部分企业,并且承担了化工矿业生产的主要责任,此外大部分企业以销售初级产品为主,缺乏多元化产业结构和市场竞争能力,国内市场这种产业结构不合理的现象,为大部分化工矿业企业参与市场竞争增加了难度。其次,国外从事化工矿业企业的技术和设备都相对成熟,企业规模和生产能力远超国内企业,并且较低的生产成本、较好的产品质量、优良的价格及品牌效应都使得国外化工矿业企业更具竞争力。最后,我国化工矿及相关产品在出口时,很容易遭受贸易国的绿色和技术性贸易壁垒,例如欧盟的REACH法规就对农药和化肥产品的标准做出了严格的限制和要求,为我国化工矿业在国际市场上的竞争带来了挑战。

3. 中国化工矿业可持续发展的挑战

如何促进中国化工矿产资源的可持续使用,成为了化工矿业可持续发展的重要挑战。一方面,我国化工矿产资源虽然种类多样,储量上与其他国家相比具有相对优势,但一旦开采,化工矿产资源短时间内是无法迅速再生的,也没有可以替代的清洁能源可以使用。另一方面,我国对化工矿产品的需求量较大,产量较多,意味着开采使用的力度较大,并且很多企业开采的技术和工艺水平不成熟,方式不合理,资源的总体利用效率并不高,综合利用产值占矿业总产值比例小,很容易造成化工矿产资源的损害和浪费,未来节约与综合利用的潜力还巨大。

三、中国化工矿业发展优势分析

我国化工矿业形成了以矿肥和矿化为主,独具特色的产业结构体系,在化学矿产资源、创新发展等方面都具有一定的优势。新时代背景下只有充分发挥我国化工矿业的发展优势,才能促进化工矿业的经济转型,提升综合实力和对外竞争力。

1. 中国化工矿业资源发展的优势

我国化工矿业发展所依赖的化学矿石资源种类齐全,储量和产量都较为丰富,化工矿业在发展上具有一定的资源优势。首先,在化学矿资源种类方面,从1949年到21世纪以来,在地质勘查队伍的艰辛付出下,我国探明化工矿产资源多达27种,多种类型的化学矿产资源可以很好满足不同行业的需求。其次,在化学矿资源储量方面,我国多种化学矿石资源储量位居世界前列,具备发展相关产业的资源优势,如我国探明芒硝储量位居世界首位,芒硝矿区数量较多,成矿类型也较为齐全[95]。最后,在化学矿资源产量方面,2019年我国磷矿产量已达到9332万t,与重晶石和芒硝等资源的产量位居世界前列,富有实力。此外,在"走出去"战略的支持下,我国也加快了境外化学矿山的开发工作,为我国化工矿业发展提供了后备资源保障[135]。

2. 中国化工矿业创新发展的优势

中国是一个注重创新发展的国家,在化工矿业专业性人才培养和技术创新方面具有优势。一方面,我国是一个教育大国,高等教育在校规模已超过 3647 万人,许多高校都有地质类、化工类及管理类等与化工矿业相关的学科专业,为化工地质勘查找矿、化学矿开发利用相关技术研发、化工矿业企业经营管理等提供了许多高素质和专业性的人才。此外,政府部门也设立了许多地质科研机构,加强了对地质勘查的投入;许多化工矿业企业也都和高校有相关的科研合作,如云南磷化、湖北三宁矿业、青海盐湖等大型磷、硫、钾矿山企业都相继建设了博士后工作站。这都为我国化工矿业创新发展提供了技术资金支持和人力资源保障。另一方面,我国化工矿业虽然技术与国外存在差距,但在科研人的致力拼搏下,也取得了不错的进展。例如,我国化工矿业科技工作者先后开发出了有效处理难选磷矿石的选矿工艺、浮选药剂、浮选设备、尾矿和尾矿水处理等配套技术,对于提高矿产资源保障程度都具有重要的意义。同时,许多矿山企业的回采率大幅提升,并且实现了智能化和绿色化开采,完成了数字化和绿色矿山的建设。

四、中国化工矿业发展劣势分析

我国化工矿业由于资源禀赋的差异、生产技术的相对落后及企业自身规模的限制,使得在发展过程中存在一定的劣势。

1. 中国化工矿业资源禀赋的劣势

我国化工矿业虽然资源种类齐全,储量丰富,但大多矿产资源的禀赋和品位相对较差,含有的共伴生资源和杂质成分较多,需要通过进一步的采选和加工处理,才能达到生产和使用的标准。如,我国硫铁矿和磷矿就以低品位贫矿为主,其中,硫铁矿富矿(含 S≥35%)只占总储量的 1.89%,而磷矿富矿(含 P_2O_5≥30%)占比不到 10%;硼矿生产出的矿物原料也存在质量较低的问题。我国大部分化工矿山的规模不大,能使用的矿山在区域分布上以小区块和零星分散的中小型矿为主,大型矿山的数量十分有限。此外,我国探明钾盐资源储量十分有限,且多为贫矿。2018 年我国钾肥产量只有 623.1 万 t,进口量却达到 450.4 万 t,对外依存度高达 40.9,存在资源短缺、对外依存度较高的问题。这些资源禀赋的差异均增加了我国化工矿业的发展劣势。

2. 中国化工矿业技术差距的劣势

我国化工矿业发展至今,已经形成了较为专业的队伍体系,相应的技术和装备设施也更加完善,但不可否认的是,目前大部分技术还与国外存在一定差距;国内先进技术也并没有完全普及,大部分中小企业仍然采用落后的技术和设备,在技术研发和引进方面缺少足够的资金支持,因此我国化工矿业在技术发展上还存在一定的劣势。未来发展应该进一步加强科研投入,并给予中小企业一定的政策优惠和奖励,促进化工矿业企业向规模化和集约化发展。此外,还应大力推广先进采选技术,逐步淘汰落后的生产工艺,提升化工矿业企业对中低品位矿石和共伴生资源的综合回收利用水平,促进行业整体循环经济发展。

3. 中国化工矿业区位差异的劣势

西部欠发达地区,经济水平较低,人才吸引力不高,多数矿山的管理者、员工及周边群众的思想观念相比中东部地区较为传统,矿山经营理念较为落后,接受新技术、新方法的意愿不强,对于建设绿色矿山这种前期大量投资且经济收益偏低的行为难以完全理解,更难以全力支持[135]。此外,一些从事化工矿业的地区仍然采取粗放式开采模式,尚未全面贯彻落实绿色发展理念,缺乏有效的协同运作机制,交通运输条件落后,对环境的污染和破坏仍然严重。

4. 中国化工矿业企业发展的劣势

2019年我国规模以上的化学矿采选企业只有248家,数量十分有限,大部分化工矿业企业还是以中小企业为主,总体的规模体系不大;此外,我国化工矿业企业大部分实力不足,资金投入较低,经营效益较差;因此,我国化工矿业在企业发展上具有一定的劣势。在企业生产能力方面,以硼矿企业为例,我国约90%的企业硼酸产能不大于5万t,而美国硼砂公司和土耳其埃蒂矿山集团的硼矿产品产能却达到49.5万t和91.4万t[136]。在企业经营方面,2019年全国规模以上的化学矿采选企业利润总额为190 328万元,同比减少22.5%;下游基础化学原料制造业和肥料制造业利润总额为11 025 633万元和2 203 207万元,同比减少30.5%和38%。总体来说,从事化学矿及相关产品的企业经营效益欠佳,企业发展存在劣势。

第六节 促进中国化工矿业发展的政策建议

改革开放以来,中国化工矿业突飞猛进,在各方面取得不错的进展,但也遇到了新的发展瓶颈。在经济新常态背景下促进化工矿业高效发展,要充分发挥矿业在国民经济中的基础产业作用,一方面加快资源勘查进度,提高矿产资源回收利用水平,并建立安全有效的资源开发供应体系,增强化工矿产资源后备保障能力;另一方面积极落实绿色矿山建设,提高行业准入门槛,完善污染防控治理机制,促进化工矿业绿色可持续发展。

一、促进中国化工矿业经营模式变革的政策建议

化学矿产资源开发从资源的勘探、采选、加工到最终的销售,其中的每一个环节都与化学矿山企业的经营管理活动密不可分,为了保障化工矿业可持续发展能力,除了鼓励积极开发化工矿产资源外,还需提升矿山企业生产经营水平,并进行体制机制创新,培育并重点支持一批市场占有率高、竞争能力强、环境友好型的核心骨干企业,以促进中国化工矿业经营模式向高质化进行变革。

1. 提升矿山企业生产经营水平

化学矿山企业的生产经营水平很大程度决定了化学矿产资源的后续保障能力，对于矿业经营模式变革和可持续发展有较为深远的影响。化学矿山企业生产经营水平的提升主要依赖于以下几方面：一方面，应制定科学合理的评价指标体系，并加强矿山经营的内部控制和约束，提升矿山开采过程中资源消耗的监测与核算力度，促进化学矿山企业降耗减排；另一方面，按照化学矿山规模及特点采取针对性管理措施，适当增加新建矿山准入门槛，淘汰一批生产技术水平落后的老旧矿山；适当提高大型矿山绿色化建设标准，树立行业典范，并针对小型矿山经营情况，采取逐年提升标准的发展措施，最终实现绝大部分化学矿山生产技术和设备先进，经营水平全面提升，并形成以化学矿生产开发为主，多种经营格局的开放化、绿色化、全球化和多元化的经营模式。

2. 进行体制机制创新

在促进化工矿业经营模式变革的过程中，推进绿色化学矿山建设和化工矿业市场管理的创新体制机制，离不开政府和企业的共同作用。首先，在绿色化学矿山建设方面，地方政府应当推行绿色行动新机制，对绿色化学矿山的建设实行政府主导、企业行动、社会监督和第三方评估模式，做到行政透明，为绿色化学矿山建设营造良好的投资与生产环境。其次，在已建成的绿色矿山企业与周边非绿色矿山企业之间建立共同责任机制，发挥先进化学矿山企业的辐射带动作用，做到重大问题集体决策，具体任务明确划分，形成共担风险、共享利益、合作共赢的化学矿山经营模式。最后，严格把控化学矿山绿色开采标准，做到新建和生产化学矿山的环境破坏"何时产生，何时治理"，并可通过拓展绿色金融渠道，形成多渠道创新治理资金的筹措机制，来解决老旧化学矿山的遗留环境问题。

在化工矿业市场管理方面，首先，需进一步加强矿业权市场的监管，通过进一步规范并完善化工矿业产业中资本市场的风险披露及监察机制，推进矿业权信息透明化、公开化，促进矿业经济的健康发展。其次，需全面完善矿业融资机制，充分发挥政府、地勘单位、企业等各方面的积极性，形成多渠道投入地质勘查的融资机制，并增加化学矿产资源勘查开发和综合利用的采、选、冶技术创新、升级以及矿山环境修复治理的资金投入。最后，在资本营运方面，需鼓励支持引导核心化学矿山企业通过兼并重组及融资上市等方式扩大规模，并通过产业政策、技术政策、经济政策进行宏观调控，提升化学矿山企业市场引领能力及综合竞争力。此外，还需制定合适的税收机制，通过降低磷、硫、钾支农矿产品资源税和磷矿石出口关税，大力培养磷硫钾化学矿产品市场竞争力；并为采取清洁生产、有效减少污染排放和提升综合能耗利用水平的化工矿业企业提供一定的税收优惠，进一步减轻化学矿山企业的税收负担。

二、促进中国化工矿业结构调整和优化的政策建议

产业结构优化调整可为化工矿产资源合理开发利用提供保障，亦可为化工矿业经济持续增长提供充足动力。在经济新常态和高质量发展的新形势下，应以市场为导向，以资源为基础，并坚持科技兴国战略，秉承规模效益和集约化经营原则，加快技术创新，提高企业规模

化生产水平,促进化工矿业产业结构调整与优化,最终实现我国化工矿产资源的可持续利用,推动国民经济和社会的可持续发展。

1. 规模结构调整

提高化工矿业产业集中度是矿产资源结构调整的重点之一。政府需进一步规范化学矿产资源开发秩序,全面整顿淘汰开采技术落后、开采回采率和选矿回收率较低的企业,并强化核心国营矿山作用,提高矿产资源利用效益,促使化工矿业产业适度集中、实现布局优化,合理规划;也可适当提高化学矿山最低开采规模和化工矿业行业的最低准入门槛,通过制定相应的产业准入标准,从源头上对不符合产业发展理念的化工矿业企业加以限制,提升产业集约化水平。

调整矿业企业结构。培养大型矿业企业和企业集团,逐步提高大中型矿业企业总数和所占比例;依法破产、关停、抑制"贫""弱""病"的小企业,引导具备生产条件、技术设备先进的合法小型矿山企业,通过联营等形式走共担风险、合作经营的集约化发展之路,并促进优势大中型企业,按照市场经济规律,通过兼并重组及融资上市等多种形式,建立现代化的区域性和综合性矿业集团。此外,应进一步建立并完善战略性化学矿产品和资源储备机制,以磷、萤石、重晶石等优势矿种为主,联合大中型化学矿山,合理布局规划,实行保护性开采特定化学矿种的重要矿产地储备机制,并进一步落实相关政策,增强储备地保护和管理力度。

2. 技术结构调整

重视化工矿业行业整体技术创新,不断加大科研力度,为化学矿采选及相关产品生产提供可靠和先进的设备及工艺技术;并严格把控行业的绿色生产标准,提升矿产资源回收利用水平,加快矿业经济发展的技术升级,促进化工矿业企业向技术密集型进行转变。这具体表现在:一是提高矿山开采回采率,努力提高机械化生产能力,降低开采损失率和矿石贫化率。二是提高矿山资源综合利用率和总回收率,重视共伴生矿采选技术研究,开展"贫、杂、细"矿物回收。三是加强尾矿回收研究,以开采历史长,尾矿中有用组分含量高的矿山为重点,充分回收资源。四是严格源头管理和过程控制,严格矿山建设工程初步设计审查,对达不到设计要求的化工矿山企业,实行停业整顿,以此进一步推动生态区内矿山企业管理水平的提高。

3. 产品结构调整

化学矿产资源的开发与利用其实是资源优势向经济优势转化的过程,只有进一步扩宽化学矿产品生产产业链才能将资源的价值充分利用和提高。因此,应基于化学矿产资源的优势和市场需求,积极发展和延伸产业,并进一步开发磷硫等矿石资源深加工和精细化工产品,提高化工矿业产品的附加值。同时,在产业布局上,还需注重培养化工矿业支柱产业,建立优势化工矿种产业集群基地,并围绕生态经济做文章,依托区域内大型化工矿业集团,建立生态型产业体系和循环经济型产业园区,以加快化工矿业产品结构调整,促进产业整体技术升级。

三、促进中国化工矿业发展方式变革的政策建议

传统化工矿业发展模式以及落后的采选和利用技术在很大程度上制约了生态环境与矿业经济的和谐发展,因此在生态文明和绿色矿山建设的当下,促进化工矿业可持续发展,关键是转变传统矿业经济发展方式,走出一条技术创新、循环发展、绿色崛起和高质量发展之路。

1. 建设绿色矿山

化工矿业需以绿色低碳发展为方针,始终将环境保护置于首位,突破创新并转变传统发展方式,实现矿业经济与环境保护的协调统一;通过加强化学矿山生态环境保护与治理,将化学矿产资源开采对环境的破坏降至最低,走出一条绿色矿业之路。培育并重点支持一批市场占有率高、竞争能力强、环境友好型的核心骨干企业,并发挥企业辐射带动作用,引导化工矿业逐步摒弃一些高投入、高消耗、高污染和高损害的发展方式。加大矿产资源勘查力度,建立战略性资源矿产地储备机制,为化工矿业发展提供后备资源保障。发展绿色矿业、加快建设绿色化学矿山,树立开采方式科学化和矿山环境生态化的发展理念,重视化学矿山开发中的废地和植被复垦工作,实现化学矿产资源智能采选、充填和深加工一体化,矿区环境治理和矿地关系和谐的绿色可持续发展模式。

2. 促进循环经济发展

按照循环经济的理念,提高选冶技术,加快转变粗放式、掠夺式的生产方式,积极推进化工矿业循环经济发展进程,是我国化工矿业经济工作的一项重要任务。首先,要充分调动地勘队伍的找矿积极性,推进矿产资源勘查开发的理论、方法和技术自主创新,做好共伴生矿产的综合评价工作,在找矿方面努力取得新的重大进展,为做大做强高新化工矿业经济提供资源保障。其次,需要进一步增加对化工矿产资源的二次开发使用力度,大力提升化学矿尾矿和共伴生资源的利用率及回收率,并通过贯彻落实科学发展观念,秉承经济、资源和环保效益相统一的原则,以最少的资源消耗和环境代价为基础,最大限度开发化工矿业潜力水平。最后,应结合化工矿产资源特点,积极提升产业内先进工艺和技术水平,降低化学原矿入选品位,提升中低品位矿产资源利用率,并以硫铁矿制酸烧渣、中低品位磷资源的利用和磷伴生资源回收,磷矿石制磷铵产生的磷石膏的利用等为重点,加快化工矿产资源循环经济建设。

3. 以高新技术促经济发展方式转变

发展高新矿业是加快推进新型工业化、扩大产业规模和做大经济总量的有效途径。在政策支持方面,要将高新化工矿业发展纳入国民经济和社会发展长远规划与年度计划,并正确处理好整体与局部,长期与近期的利益关系,实现化工矿产资源的经济效益最大化。政府管理部门还需全面整顿和规范化工矿产资源的开发秩序,维护公平、公正的地质勘查和矿业发展环境,并在税收、资源使用及技术创新等方面提供优惠政策扶持,以保证高新化工矿业的健康发展。在技术创新方面,要把科技进步和自主创新作为高新化工矿业经济发展的主

要动力,发挥自主创新对做大做强高新化工矿业经济的支撑、引领作用,并依靠技术创新,加大化工矿产品深精加工力度,搞好化工矿产资源的综合开发,促进高新矿业经济又好又快发展。

四、促进中国化工矿业区域布局优化的政策建议

良好的矿业区域布局将有助于优化资源的空间配置,提升化工矿业整体经济运行效率。在化工矿业转型升级的当下,需按照合理的发展规划,逐步调整和优化矿业布局,并结合"走出去"战略,立足国内外矿业市场,才能形成合理的区域发展格局,实现化工矿业的均衡发展和绿色持续发展。

1. 合理制定矿业发展规划

按照统筹规划、因地制宜、发挥优势、规模开采、集约利用的原则,积极做好矿业经济分区布局。顺应国内产业结构优化调整的政策趋势,秉承矿产资源领域循环经济发展的理念,积极推进化学矿产资源深加工产业体系建设,形成规划—建设—投产的滚动机制。按照《全国主体功能区规划》要求,发挥国家重点开发区作为支撑地区经济增长、带动周边区域发展的基础制度的作用,严格实施基地建设功能区划,优化布局,挖掘全区可持续发展的潜力。探索空间发展格局与主体功能区制度相协调的机制,并进一步构建科学合理的勘查格局、矿业开发格局、工业发展格局、生态安全格局。

2. 逐步调整和优化布局

利用布局逐步调整和优化,有效遏制破坏性开采行为。并在化学矿资源较为丰富的地区建立综合性的化学矿业区域开发供应基地,保持矿产资源持续稳定供给能力的平稳提升。依托区域内大中型化工矿业企业的技术、设备、人才和管理优势,培养一批骨干企业,并通过加大区域内技术研发和交流共享,发挥龙头企业辐射作用和带动作用。进一步加强化工矿业企业和有关地矿单位的战略合作,充分发挥各自在资金、行业开发经验和技术、政策方面的优势,组建以化学矿为主体的矿产资源勘查、开发合作平台,实现双方互利共赢,为化工矿业发展和经济社会进步做出积极贡献。

实施矿业权的区划制度,引导矿业权的合理设置,通过划定重点开发、限制开发和禁止开发的区域,从宏观上对化工矿山区域布局进行调整优化,以摒弃传统粗放式开采模式,向集约化和资源利用高效化进行转变。此外,还需加快矿产资源开发利用相应法律修订和完善工作,通过法律法规体系加强监督力度,促进化工矿业经营管理体制改革,推进产业集约化水平全面提升。

3. 积极实施"走出去"战略

在进一步完善国内市场的同时,要抓住进一步对外开放的机遇,在更宽领域、更深层次上开展国际国内矿业合作交流,建立开放型矿业体系。发展区域矿业经济,要在现有海外矿业勘查开发基础上做实做强海外矿业企业。一方面,充分利用矿产品国际贸易,秉承资源全球化,矿业经济国际化战略,扩宽区内稀缺化学矿产资源多元化供给来源渠道,为矿业经济

健康可持续发展提供保障。另一方面,积极实施"走出去"战略也是生态经济区发展生态矿业的需要。因此,可通过与其他国家合作在境外建立矿业基地,既避免了国内环境资源的污染破坏,也降低了钾资源等稀缺化学矿资源的对外依赖程度,为我国化工矿业区域布局优化和高质量发展提供良好的储备资源保障。

第七章 中国绿色矿山建设

在经济的快速发展下,作为非再生且储量有限的矿产资源的需求量日益扩大。我国矿产资源开发为实现中国工业化发展及实现中国梦提供了强有力的资源保障,资源开发过程中的高效利用资源模式转变、控制产业生产水平、采用高新技术采矿等成为了开发和利用矿产资源必需的方式。因此,在绿色环境的生态要求、科学开采的方式创新、高效资源的利用手段、数字信息的管理模式和和谐矿区的社区建设的矿山建设要求下,"绿色矿山"理念随之出现并且发挥其重要指导性作用。在传统矿山建设过程中,往往会造成矿山废水污染、矿山固体废物污染、矿山大气污染和矿山噪声,而"绿色矿山"建设就是中国政府应对严峻的可持续危机提出的国家战略。

本章主要从中国绿色矿山建设现状、中国绿色矿山建设政策机理、中国绿色矿山建设的主要障碍和促进中国绿色矿山建设的政策建议四个方面对中国绿色矿山目前的发展情况进行分析并对以后的建设发展提出政策建议,以推进中国矿业可持续发展并加快绿色矿山建设。

第一节 中国绿色矿山建设现状

绿色矿山建设是指在依法办矿的前提下,综合集约利用矿产资源,以实现经济、社会、资源、文化等多重收益为目标,建设资源节约型、环境友好型的新型矿山建设模式。绿色矿山建设是整合了清洁生产、企业社会责任、资源节约利用、数字化矿山等要素的综合概念。下文从中国绿色矿山建设的制度沿革、内涵与标准、典型建设模式和建设成效四个方面来阐述中国绿色矿山建设现状。

一、中国绿色矿山建设的制度沿革

下文简要概述为推进中国绿色矿山建设,中央政府在近十几年内密集出台了多项政策以及政府规范文件。

1. 2007 年"绿色矿山"概念的正式提出

2007 年 11 月 13 日,国土资源部部长徐绍史在北京召开的以"落实科学发展,推进绿色矿业"为主题的中国国际矿业大会上针对我国目前矿业开发利用模式粗犷等问题,提出了

"发展绿色矿山"的倡议,大力转变目前矿业发展方式和矿产资源开发经营模式,实现矿产资源合理开发利用以及环境保护协调发展的新格局①。

2. 2008 年至今的"绿色矿山"发展政策指示

2008 年 11 月,中国矿业联合会在中国矿业循环经济论坛会议上倡导开展绿色矿山建设,与 11 家大型矿山企业发起公约规定,并签订了《绿色矿山公约》,于 2009 年 1 月通过了《中国矿业联合会绿色矿业公约》。该公约的目的是规范企业行为并且加强行业自律,要求从企业矿山实际建设中促进矿产资源合理开发与矿区环境保护协调发展②。

2009 年 1 月,我国国土资源部发布《全国矿产资源规划(2008—2015)》,首次在政府官方文件中提出要发展绿色矿业的要求,并提出了"2020 年基本建立绿色矿山格局"的战略目标③。

2010 年 8 月,我国国土资源部发布第一份官方主要针对"绿色矿山"建设提出具体明确要求的文件:《国土资源部关于贯彻落实全国矿产资源规划发展绿色矿业建设绿色矿山工作的指导意见》,规定了国家级绿色矿山建设的 9 个基本条件标准,即依法办矿、规范管理、综合利用、技术创新、节能减排、环境保护、土地复垦、社区和谐以及企业文化④,并在其标准上提出了对应细则规范。

2011 年 11 月,以"资源可持续利用促进经济社会的可持续发展"为主题的第五次中国矿业联合会会员代表大会授牌首批"绿色矿山"企业⑤。

2012 年 10 月,我国国土资源部根据建设成果进一步发布《矿产资源规划编制实施办法》。该办法是分析了我国矿产资源规划管理现状,对矿产资源的地质勘查、开发利用和保护等做出了总量、结构、布局和时序上的具体安排⑥。

2016 年 11 月,由我国国土资源部等发布、国务院批复的《全国矿产资源规划(2016—2020 年)》正式出台,丰富了《全国矿产资源规划(2008—2015)》的建设目标,进一步指出"2020 年基本建立安全、稳定、经济的资源保障体系,基本形成节约高效、环境友好、矿地和谐的绿色矿业发展模式"⑦。

2017 年 12 月,我国首个具体矿种绿色矿山建设全国标准文件——《固体矿产绿色矿山建设指南(试行)》(T/CMAS)在绿色矿业发展战略联盟成立大会上正式发布。该标准由中国矿业联合会和中国国土资源经济研究院联合起草,该标准针对具体的矿种提出针对性更加突出绿色、环保、高效、和谐的理念⑧。

2018 年 6 月,我国自然资源部发布《非金属矿行业绿色矿山建设规范》等九项具体矿种

---

① 资料来源:中华人民共和国中央人民政府(http://www.gov.cn/gzdt/2009-01/07/content_1198508.htm)。
② 资料来源:中国矿业网(http://www.chinamining.org.cn/index.php? m=special&c=index&a=show&id=487)。
③ 资料来源:中华人民共和国中央人民政府(http://www.gov.cn/gzdt/2009-01/07/content_1198508.htm)。
④ 资料来源:中华人民共和国中央人民政府(http://www.gov.cn/zwgk/2010-03/23/content_1686388.htm)。
⑤ 资料来源:中华人民共和国自然资源部(http://www.mnr.gov.cn/dt/zb/2011/kl/)。
⑥ 资料来源:中华人民共和国中央人民政府(http://www.gov.cn/gzdt/2012-10/31/content_2255029.htm)。
⑦ 资料来源:中华人民共和国自然资源部(http://g.mnr.gov.cn/201701/t20170123_1430456.html)。
⑧ 资料来源:中华人民共和国中央人民政府(http://www.gov.cn/xinwen/2017-12/26/content_5250323.htm)。

行业标准,这九项文件对九种绿色矿山矿种类型的规范建设给出了指导意见,这九种矿山分别是非金属矿、化工、黄金、煤炭、砂石、陆上石油天然气开采业、水泥灰岩、冶金和有色金属[①]。

2020年6月,我国自然资源部印发了《绿色矿山评价指标》和《绿色矿山遴选第三方评估工作要求》两份文件,不仅统一了绿色矿山评价指标标准,而且规范了绿色矿山遴选第三方评估工作,填补了之前对绿色矿山评估工作的空白点,极大地推进了绿色矿山建设制度进步[②]。

二、中国绿色矿山建设的内涵与标准

下文从内涵与标准两个方面来解读绿色矿山建设要求。

1. 绿色矿山内涵

随着绿色矿山的不断研究与发展,其内涵也不断丰富。

从国内学者对绿色矿山理论研究看,乔繁盛[137]认为绿色矿山的建设是在建设中高效合理开发矿产资源,实现资源效能最佳化、经济效益最大化和环境保护最优化,是一种矿产资源开发及矿业发展的全新思维;刘丽萍等[138]认为绿色矿山是以生态文明为战略统领,采取以科技和管理创新为保障,协调统一资源效益、生态效益、经济效益和社会效益的全新矿山建设和经营模式;孙映祥[133]认为绿色矿山是坚持绿色发展理念,通过科技创新,借助信息化、数字化、智能化技术来提升矿山生产营运自动化、现代化、智慧化水平,实现经济效益、生态效益、社会效益协调发展及"绿水青山其外,金山银山其内"。

从政府部门根据近年绿色矿山建设实践的情况看,在2018年自然资源部发布的《非金属矿行业绿色矿山建设规范》中提出绿色矿山基本内涵应包括"五化":绿色矿山是实现矿区环境生态化、开采方式科学化、资源利用高效化、企业管理规范化和矿区社区和谐化的矿山。

国家部门和矿山企业给予绿色矿山高度重视,使得绿色矿山不仅从理论上不断被完善其内涵,而且在执行中被赋予了实践内涵。同时,不断改进、丰富和突破的内涵成为政策完善与实践活动的中介,提供理论指导。

2. 绿色矿山建设标准

绿色矿山建设标准体系建立的目的是强化管理绿色矿山、规范我国矿产资源开采与建设,同时,体系的建立也是政府制定财税政策的重要基础。2009年国家发展改革委员会和国土资源部制定了"到2025年全部矿山达到绿色矿山建设标准"的目标,为绿色矿山建设提供了标准。

2018年6月,自然资源部为了系统规范非金属矿行业、化工行业、黄金行业、煤炭行业、砂石行业、陆上石油天然气开采业、水泥灰岩、冶金行业及有色金属九个行业的建设规范,正式发布《非金属行业绿色矿山建设规范》(DZ/T 0312—2018)等九项行业标准[139]。

---

① 资料来源:中华人民共和国中央人民政府(http://www.gov.cn/xinwen/2018-07/02/content_5302727.htm)。
② 资料来源:中华人民共和国自然资源部(http://gi.mnr.gov.cn/202006/t20200601_2521979.html)。

不同行业的绿色矿山建设规范文件重点不同,九项行业标准从矿区环境、资源开发方式、资源综合利用、节能减排、科技创新与数字化矿山以及企业管理与企业形象和企地和谐六个一级指标和矿区总体布局、矿容矿貌、矿区绿化、资源开采、装运、矿区生态环境保护与恢复、资源节约与开发利用、固体废弃物利用、表土和渣土利用、综合荒料率、节能降耗、污染物排放、科技创新、数字化矿山、企业文化、企业管理、企业诚信、社会责任、职工满意度19个二级指标制定了不同的矿山核查评分表[140],对绿色矿山建设是否达标提供了科学的评判标准。

三、中国绿色矿山建设的典型建设模式

在建设国家级绿色矿山试点的过程中,我国相关部门进行了各方位多层次的探索实践,总结建设中的实践经验及建设模式,推出了典型绿色矿山建设模式以起到了引导和示范作用①。

1. 矿山绿色开采模式

矿山绿色开采模式是一种以最小的环境代价来实现矿产资源最大效益的建设模式。绿色开采从广义上是认识和对待一切资源,在矿山开采中追根溯源,从源头来治理环境污染。绿色开采主要是通过控制和利用采动岩层破断运动,在实现经济效益的同时实现资源开发与环境效益、社会效益的协调。绿色开采模式主要适用于煤炭开采,其开采技术包括保水开采、充填开采、煤与瓦斯开采、减沉开采、矸石减排、地下气化开采。绿色开采模式可以有效治理传统开采方式造成的地表塌陷、水土流失、沙漠化严重、大气污染[141]。

2. 矿山复垦模式

矿山土地复垦模式是指对矿山开发全过程受到人为破坏或自然灾害的土地采取治理措施,实现"病树前头万木春"的建设模式。根据自然资源部2019年8月《矿山地质环境保护规定》中提出的,因矿产资源勘查开采等活动造成矿区地面塌陷等环境破坏的预防和治理恢复或者开采矿山资源涉及土地复垦的,均需要依照国家土地复垦的法律法规执行。矿山复垦模式应以"预防为主、防治结合、谁开发谁保护、谁破坏谁治理、谁投资谁受益"为原则,综合考虑复垦后土地利用的社会效益、经济效益和生态效益[142]。

3. 矿山科技创新模式

矿山科技创新模式是指通过核心技术、关键技术、共性技术的更新换代推动矿山企业产业结果升级。科技发展规划是企业提高竞争力、发展自身优势,其中技术创新主要是实现通过产学研的形式实现技术与经济的有机结合,贯穿绿色矿山建设的始终,实现节能减排降本增效的企业生产目标。国土资源部等在2017年3月发布《加快建设绿色矿山的实施意见》提出

---

①资料来源:中华人民共和国自然资源部. 国土资源部财政部生态环境部国家质量监督检验检疫总局中国银行业监督管理委员会中国证券监督管理委员会关于加快建设绿色矿山的实施意见:国土资规〔2017〕4号.(2017-02-23)[2020-11-02]. http://g.mnr.gov.cn/201705/t20170510_1507255.html.

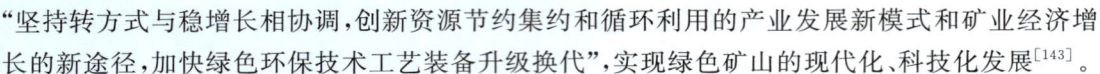

"坚持转方式与稳增长相协调,创新资源节约集约和循环利用的产业发展新模式和矿业经济增长的新途径,加快绿色环保技术工艺装备升级换代",实现绿色矿山的现代化、科技化发展[143]。

4. 矿地和谐模式

矿地关系是指采矿主体与地方政府、矿区居民的关系。矿地和谐模式是指兼顾三方利益,通过强化矿产资源管理机制使得三者高度配合、相互协作,实现耕地资源占有率少、环境污染率低以及矿产资源利用率高的矿山建设模式[144]。国土资源部 2005 年 7 月同意《关于广西平果铝土矿采矿用地方式改革试点方案有关问题的批复》,其方案突破传统的"征收"耕地,提出"采矿临时用地",最大限度保障农民的根本利益,边采矿边复垦还民,有效缓解了收益分配不合理造成的矿地矛盾[145]。

四、中国绿色矿山的建设成效

至 2019 年,中国绿色矿山建设成效显著,在《自然资源部办公厅关于做好 2019 年度绿色矿山遴选工作的通知》(自然资办函〔2019〕965 号)规定要求参与遴选的 1024 家矿山中,经过一系列程序之后共有 953 家矿山企业被纳入全国绿色矿山名录。其中,398 家为原国家级绿色矿山试点单位,555 家为新遴绿色矿山单位[146]。

1. 中国绿色矿山建设的主要措施

(1)绿色矿山管理制度的完善。由国务院批复国土资源部等共同组织编制的《全国矿产资源规划(2016—2020 年)》中明确安全、稳定、经济的资源保障体系建立,节约高效、环境友好、矿地和谐的绿色矿业发展模式引导全国绿色矿山发展方向。

(2)绿色矿山建设规范标准的完善。2018 年 6 月自然资源部正式发布的《非金属行业绿色矿山建设规范》(DZ/T 0312—2018)等九项行业标准,量化不同种类的绿色矿山建设评估指标,使得绿色矿山评分细则更加规范合理、明确清晰。

(3)绿色矿山技术创新推进可持续发展。《全国矿产资源规划(2016—2020 年)》提出创新、协调、绿色、开放、共享的发展理念,推动矿山企业不断地进行自主创新,开发科学的绿色开采新方法和资源循环新技术提高资源利用率,节能减排降本增效。

2. 中国绿色矿山建设主要进展

近些年,在自然资源部的高度重视下,绿色矿山的建设为全国矿山建立了新的标准,成为了全国矿业的行动纲领。自然资源部矿产资源保护监督司副司长张启元在第 20 届绿色矿山发展论坛上表示:"绿色矿山已成为我国转变矿业发展方式、提升矿业整体形象、促进矿业健康持续发展的重要平台和抓手。"

在绿色矿山建设政策上,财政部、自然资源部采取了资金倾斜和奖励支持的财政资助以及减免税收的税收激励。在进行地质矿产项目申请审批时,给予符合绿色矿山条件的项目资金倾斜;并优先支持符合绿色矿山建设条件的项目,给予其财政资金、建立奖励制度;经认定为高新技术企业的绿色矿山建设企业减 15% 税率征收企业所得税,并在技术创新、综合利用和节能减排等方面依法减税。

绿色矿山试点工作的成功开展以及遴选绿色矿山名录极大地鼓舞了矿业企业的建设绿色矿山积极性。根据自然资源部发布,至2020年1月,自然资源部在原国家级绿色矿山试点单位工作基础上,经遴选将953家纳入全国绿色矿山名录。其中,大型矿山573家,占60.1%;中型矿山292家,占30.6%。

第二节 中国绿色矿山建设政策机理

自2007年11月提出"发展绿色倡议"到2019年12月间,政府出台的绿色矿山建设政策为各省各地绿色矿山建设起到了统领性作用,同时绿色矿山建设的规范依赖于政策发展。本节首先确定绿色矿山建设的政策工具,其次从各省的范围来研究绿色矿山建设的政策强度指数,最后基于系统动力学模型分析绿色矿山建设政策机理。

一、绿色矿山建设的政策工具

下文先解读政策工具的内涵,然后再从绿色矿山建设方面分析其建设过程中的政策工具。

1. 政策工具的内涵及分类

随着政策工具定义的完善和发展,不同时期对政策工具的定义也不尽相同。1983年,英国学者C. Hood在《政策工具》中认为政策工具是政府要充分利用治理工具来满足人们的生活;1993年,加拿大学者M. Howlett和M. Ramesh在《公共政策研究——政策循环与政策子系统》中认为政策工具是反映政策执行方式及反映其过程中对待政策议题方式的多种技术形式,并将政策工具分为自愿性工具、强制性工具和混合型工具;1998年,美国学者B. Guy Peters和荷兰学者Frans K. M. Nispen在《公共政策工具》中提出:公共政策工具是多元的,是解决社会问题或者实现正常的目标采用的具体手段和方式,并将政策工具分为工具主义、过程主义、权变主义和建构主义;2001年,胡明勇等[147]认为政策工具在技术创新方面只关注激励作用而忽视了相互影响作用,政府工具应注重资助的结构和质量;2004年,陈振明[148]认为政府工具是政府治理的手段和途径,是目标和结果之间的桥梁,并将政策工具分为市场化工具、工商管理技术、社会化手段三类;2008年,沈小波[149]认为有效率的政策工具要使收益与成本之间正的差额最大化,并将政策工具分为市场化工具和命令-控制型工具两类,同时环境政策工具也可以分为利用市场、创建市场和环境管制三类。

从政策工具的发展范围来看,政策工具的研究涉及各个专业,但是都体现了相同的基本属性:政府所采取的行为举措。结合上述学者们的研究来看,笔者认为政策工具是政府部门解决社会问题或实现其政府治理目标所采用的执行手段与方式,政策工具的选择及评价标准极大影响了政府的治理效果。

2. 绿色矿山建设政策工具

根据上文政策工具的内涵,笔者将绿色矿山建设政策工具定义为我国政府部门为实现绿色矿山的全新矿山发展目标,贯彻党的十八大和十八届三中、四中、五中、六中全会精神,按照"五位一体"总体布局和"四个全面"战略布局,树立创新、协调、绿色、开放、共享的发展理念而采用的政府具体措施与手段[150]。

绿色矿山建设的主体不是单一的,而是包含企业、政府以及社会。因此,本节将绿色矿山建设政策工具分为市场化工具、环境规制工具以及社会化工具。绿色矿山政策工具主要通过企业规模扩张、政府环境保护、企业社区和谐三个方面发挥作用。

二、各省绿色矿山建设的政策强度指数

自 2007 年绿色矿山的概念首次提出以来,各省积极响应中央发展绿色矿山,推进绿色矿业的倡议,在考虑省内矿业发展基础的情况下,因地制宜地研制和发布了相关政策。本小节分别从各省绿色矿山建设的政策以及其政策强度进行编写。

1. 各省绿色矿山建设政策

除天津和上海外,全国 29 个省(市区)制定了绿色矿山建设的方案和规划,明确了当地绿色矿山建设的目标任务、时间表和路线图。河北、山东、安徽等 15 个省(市区)印发了绿色矿山建设管理办法,确定了绿色矿山建设的重点任务、建设标准和监督考核等相关要求。安徽、江西、河南等八个省(市区)研制和发布了地方标准。四川、青海、宁夏等五个省(市区)提出了绿色矿山建设指标及考评标准①,绿色矿山建设逐步由行政要求向标准引领转变(表 7-1)。

表 7-1 各省绿色矿山建设政策文件及内容

省(市区)	政策文件数量/份	政策内容
河北	3	构建矿产资源开发利用秩序的长效机制,规范绿色矿山评审办法
江苏	2	大中型矿山达到绿色矿山标准,小型矿山基本符合绿色矿山建设要求
浙江	3	制定绿色矿山建设、认定、复核与监督管理机制,2020 年底全部纳入全国绿色矿山名录库
福建	1	建立政府引导、部门协作、企业主建、第三方评估和社会监督相结合的绿色矿山建设工作体系
山东	4	2020 年底全省绿色矿山格局基本形成,大、中、小型绿色矿山建成率分别为 90%、80%、50% 左右
广东	1	构建科技含量高、资源消耗低,环境污染少的绿色矿业发展模式,加强和规范绿色矿山专项资金管理及使用

① 资料来源:各省自然资源厅的官方网站。

续表 7-1

省(市区)	政策文件数量/份	政策内容
海南	1	2020年实现所有矿山均达到绿色矿山建设目标要求
山西	1	出台市级绿色矿山创建标准,细化标准,统一依据,加快矿业转型与绿色发展
安徽	5	制定建设规划,完成四项绿色矿山地方标准编制,科学有效指导全省绿色矿山建设
江西	2	建立全省绿色矿山标准体系,涵盖矿山主要行业,规范绿色矿山创建工作
河南	8	发布实施我国首个省级绿色矿山建设系列地方标准,规范绿色矿山评估入库管理工作,推进全省绿色矿山建设
湖北	1	全面推进落实全省绿色矿山建设,2020年全省80%的大中型矿山达到绿色矿山标准
湖南	4	制定绿色矿山标准、管理办法和行动方案,促进全省矿业绿色转型发展
内蒙古	4	2020年基本建成节约高效、环境美丽、矿地和谐的绿色矿业发展新模式
广西	2	确保2021—2022年分别完成应建绿色矿山30%、50%、20%的创建比例,至2022年底全面完成绿色矿山创建总体目标
重庆	3	完善绿色矿山评价指标体系,编制绿色矿山建设实施方案,推进绿色矿山建设
四川	1	国家级、省级和市县级绿色矿山比例不低于1%、10%和50%
贵州	8	明确绿色矿山建设工作任务,分解落实建设指标,健全绿色矿山建设标准制度和长效机制
云南	1	建立绿色矿山建设评估专家库,充分发挥专家的技术支撑和咨询服务作用
陕西	3	出台绿色矿山建设量化评估体系,将绿色矿山建设写入法规,实现绿色矿山入库率达到20%的目标
甘肃	2	建立健全企业自评、第三方核查评估、达标入库等绿色矿山建设新机制,分年度、分批次明确绿色矿山建设任务
青海	2	提出省级绿色矿山建设八项要求,2020年全省绿色矿山比例达到15%
宁夏	5	发布四项地方标准体系,贯穿矿产资源保护开发利用的全生命周期,为绿色矿山建设提供科学依据
新疆	1	建立绿色矿山发展工作新机制,落实配套激励政策,2020年,全区建成400个以上绿色矿山,6个绿色矿业发展示范区
辽宁	2	明确建设目标和重点任务,要求新建矿山100%达到绿色矿山建设要求,生产矿山加快升级改造,推进全省绿色矿山建设
黑龙江	2	确立建设100家绿色矿山,基本形成全省绿色矿山格局,构建矿业发展方式转变新途径
吉林	1	形成生态文明建设要求的矿业发展新模式,2030年全省绿色矿山企业全部达到绿色矿山建设标准

2020年1月,自然资源部印发了《自然资源部关于将中国石油天然气股份有限公司大港油田分公司等矿山纳入全国绿色矿山名录的公告》(2020年第3号),经遴选将953家纳入全国绿色矿山名录。其中,大型矿山企业573家,占60.1%;中型矿山企业292家,占30.6%。

2. 各省绿色矿山政策强度指数

绿色矿山政策强度是指政府制定的影响绿色矿山格局的政策变量值的强度大小。政策强度指数的影响因素可分为政策自身内容和政策背景属性等,在此基础上提出绿色矿山政策强度定量化指标[151],据此考察绿色矿山政策强度大小(表7-2、表7-3)。

表7-2 各省(市区)绿色矿山政策强度评判及打分标准

评判标准	分值
省(市区)自然资源厅颁布的建设方案、规划	5
省(市区)自然资源厅颁布的地方标准	4
省(市区)自然资源厅颁布的工作指南、行动方案	3
省(市区)自然资源厅颁布的通知、意见	2
省(市区)自然资源厅颁布的试行政策	1

表7-3 各省(市区)绿色矿山政策强度得分情况

省(市区)	得分	省(市区)	得分
河北	9	广西	15
江苏	8	重庆	10
浙江	8	四川	7
福建	3	贵州	11
山东	10	云南	1
广东	14	陕西	6
海南	7	甘肃	7
山西	1	青海	9
安徽	9	宁夏	5
江西	7	新疆	1
河南	6	辽宁	13
湖北	5	黑龙江	9
湖南	13	吉林	5
内蒙古	13		

由表7-2和表7-3可知,广西、广东、辽宁、湖南等省(市区)在绿色矿山政策强度上具有较好的表现。这些省(市区)自然资源厅不仅颁布了绿色矿山建设工作方案和规划,而且出台了各行业绿色矿山的地方标准,例如:辽宁省自然资源厅出台《辽宁省绿色矿山建设实施方案》,科学有效地指导当地绿色矿山建设。此外,某些市级自然资源局也下发了相关文件,指导本市绿色矿山建设工作,例如:广西南宁市发布《南宁市绿色和谐矿山建设实施方案》,内蒙古呼和浩特市发布《呼和浩特市绿色矿山建设方案》,因地制宜发展绿色矿山。此外,针对绿色矿山建设工作中的一些具体问题,各省(市区)也出台了相关试行政策,例如:内蒙古自治区发布《内蒙古自治区绿色矿山名录管理办法(试行)》,广东省发布《广东省绿色矿山建设项目专项资金管理实施细则(试行)》,逐项扫清绿色矿山建设过程中的障碍。

总体来看,山西、云南、新疆等省(市区)在绿色矿山政策强度上得分较低。山西省未出台省级绿色矿山建设方案或地方标准,只有下辖的忻州市出台了《绿色矿山创建标准(试行)》,云南省出台了相关通知。在进行国家级绿色矿山遴选时,这些省(市区)大多参照自然资源部下发的《绿色矿山评价指标》《绿色矿山遴选第三方评估工作要求》等政策文件安排本省(市区)绿色矿山建设工作,政策强度有待进一步提高。

三、基于系统动力学模型的绿色矿山建设政策机理

我国大型矿山企业通常是国有企业,其经营策略受到政府的显著影响。绿色矿山建设试点的应用更多的是政治考虑,建设者试图赢得上级政治赞赏的管理者将积极促进绿色矿山建设,而其他人则采取观望态度,因为这些人认为绿色矿山建设会影响短期表现。因此,如果环境规制政策能够使绿色矿山企业在经济、环境和社会方面取得同步优势,那么更多的企业将加入绿色矿山建设。系统动力学模型旨在通过模拟和比较符合(或者不符合)的典型煤矿公司的绩效来检验绿色矿山建设政策效应的可持续性。

1. 系统动力学模型假设

采矿业是一个非常复杂的系统[152]。为了简化分析,突出主题,本节分析仅限于煤矿区,没有考虑区域间或工业间的交易。企业营运决策包括许多概念,在这个模型中,我们专注于收入的再投资。企业的再投资决定是相当有利润动机的,其他可能影响它的非经济因素在本研究中没有考虑。通过上文政策工具的定义及分类,绿色矿山建设鼓励矿业企业在以下三个方面进行改进:规模扩张;环境保护;企业—社区和谐。基于这些政策目标,本节假设矿业企业有三个可选再投资战略:投资于规模扩张,投资于技术创新和投资于污染控制。投资规模扩张可以导致更大的生产,但它不符合绿色矿山建设,因此它将面临更高的环境税和更少的环境补贴。投资于技术,则生态创新和环境保护投资符合绿色矿山建设,因此,企业将受益于税收和补贴。然而,绿色矿山建设政策的重点是环境行政管理,因此投资于环境保护有更高的补贴率和更低的税率。当然,在现实中公司更有可能采用组合战略。企业-社区和谐是绿色矿山建设政策所必需的,但它不直接影响企业政策,因此,本书在社会子系统中引入了一个和谐的综合指标,考察了不同策略对该指标的影响。

2. 系统动力学模型结构

本书建立了一个由经济、环境和社会三个子系统组成的综合系统，考察了居民、企业、政府三个主体之间的关系。其理论模型如图 7-1 所示。

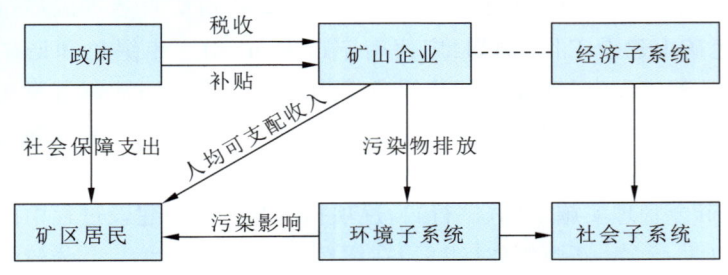

图 7-1 综合体系的理论模型

1）因果回路图

因果关系图反映了模型中主要代理的基本反馈关系。模型中的正反馈关系是建构流程图的重要基础。经济社会子系统中的因果关系图（图 7-2）主要展示了关注税后收入和环境污染的五个反馈回路。

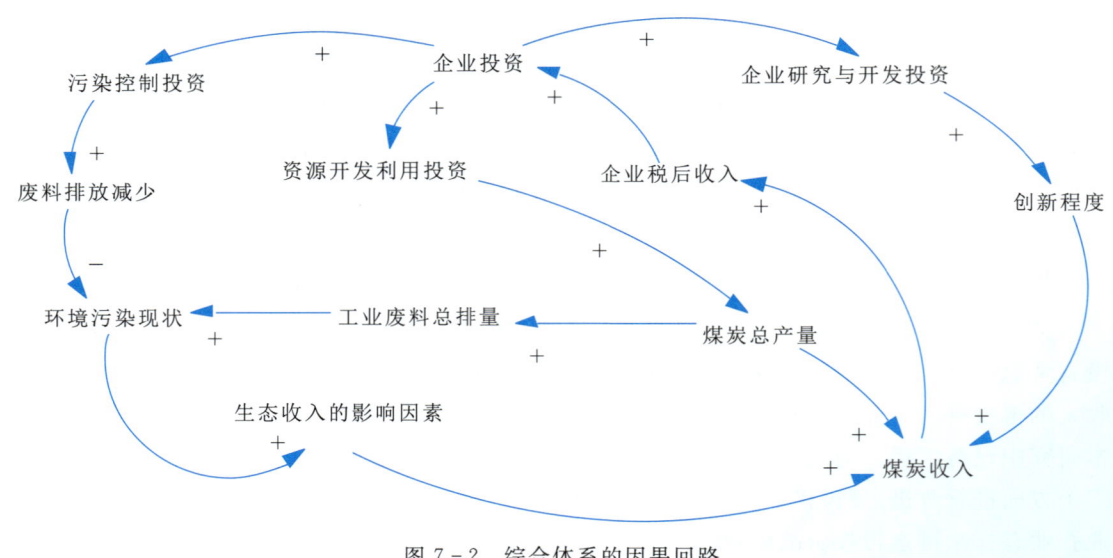

图 7-2 综合体系的因果回路
+. 正反馈；-. 负反馈

综合 SD 模型利用三个反馈回路来说明税后收入的自我增强机制：

（1）企业税后收入→企业再投资→企业研发投资→技术水平、煤炭收入→企业税后收入（正）。

(2)企业税后收入→企业再投资→资源开发投资、煤炭生产→煤炭收入→企业税后收入(正)。

(3)企业税后收入→企业再投资→污染治理投资→环境污染状况→生态收入、煤炭收入→企业税后收入(正)。

SD模型利用两个反馈回路来说明环境污染的形成机制：

(1)环境污染状况→生态收入→煤炭收入的影响因素→企业税后收入→企业再投资、资源开发→煤炭生产→工业废物总排放量→环境污染状况(正)。

(2)环境污染状况→生态收入→煤炭收入的影响因素→企业税后收入→企业再投资、污染治理投资→减排工业废物→环境污染状况(负)。

2)库存和流动图

基于上述因果关系图，通过变量细化和函数建立来指定相应的流程图，之后给出了流程图和各子系统的功能解释(图7-3)。

3)子系统建模

矿区经济子系统(图7-4)是矿区总体体系的核心部分。该子系统主要通过分析税后收入的主要组成部分和企业的经营行为探索矿业企业的经济发展模式。企业税后收入影响矿区人均可支配收入，矿区的污染对居民的福祉有负面影响。政府通过相关的环境经济政策影响企业的具体决策。矿区的经济子系统与其他两个子系统相互作用，影响整个系统的可持续性。

社会子系统(图7-5)模拟采矿业对社区的有益和有害影响。中国大多数大型矿业企业都是国有企业，这意味着它们拥有社会责任。近几十年来，采矿企业和社区之间的冲突迅速增加，主要是由环境污染和沉降问题引起的[153]。企业与社区的和谐已成为一个重要的政治问题。

在2011年由中国国土资源部资助的研究中，引入了一个综合指标来评价企业与社区关系的潜在和谐，这些指标的基本思想是有用的影响，如就业和收入的改善将增加和谐，而沉降和污染等有害影响将减少和谐。在该模型中，我们引入了和谐复合指标作为评价企业社会绩效的关键标准，采用层次分析法对综合指标进行加权和汇总。

环境子系统(图7-6)反映了矿业经济子系统的潜在外部性。采矿造成严重的环境污染，而企业的环境投资及政府的环境补贴至少在一定程度上会减少污染。在这个子系统中，关键指标是最终的污染水平，这将进一步影响企业的最终收入和企业与社区的和谐，使子系统的互动更加重要，更接近现实。

3. 系统动力学模型资料来源

以安徽淮南矿区为例，验证了所建立的SD模型的应用。在中国东南部，淮南煤田是我国黄河以南地区最好、最大的煤田，拥有444亿t长期储备和153亿t探明储量，约占安徽省71%，华东地区32%。研究主要依托淮南矿业(集团)有限公司，中国企业集团500强企业之一(2016年排名第304位)，安徽省17家重点企业、国内1400万t级煤炭生产基地和六个大型煤电基地。

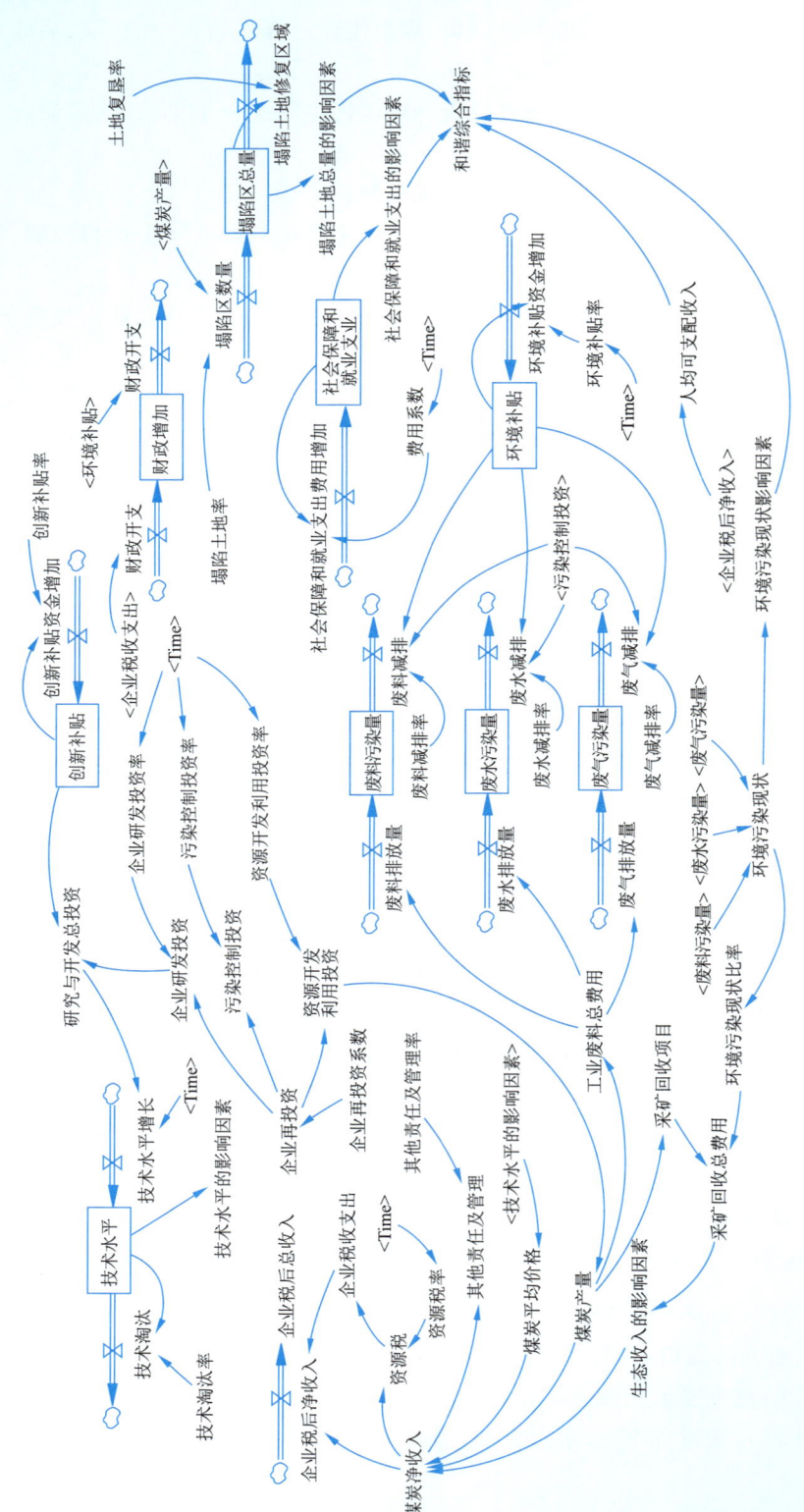

图 7-3 矿区股流图

第七章　中国绿色矿山建设

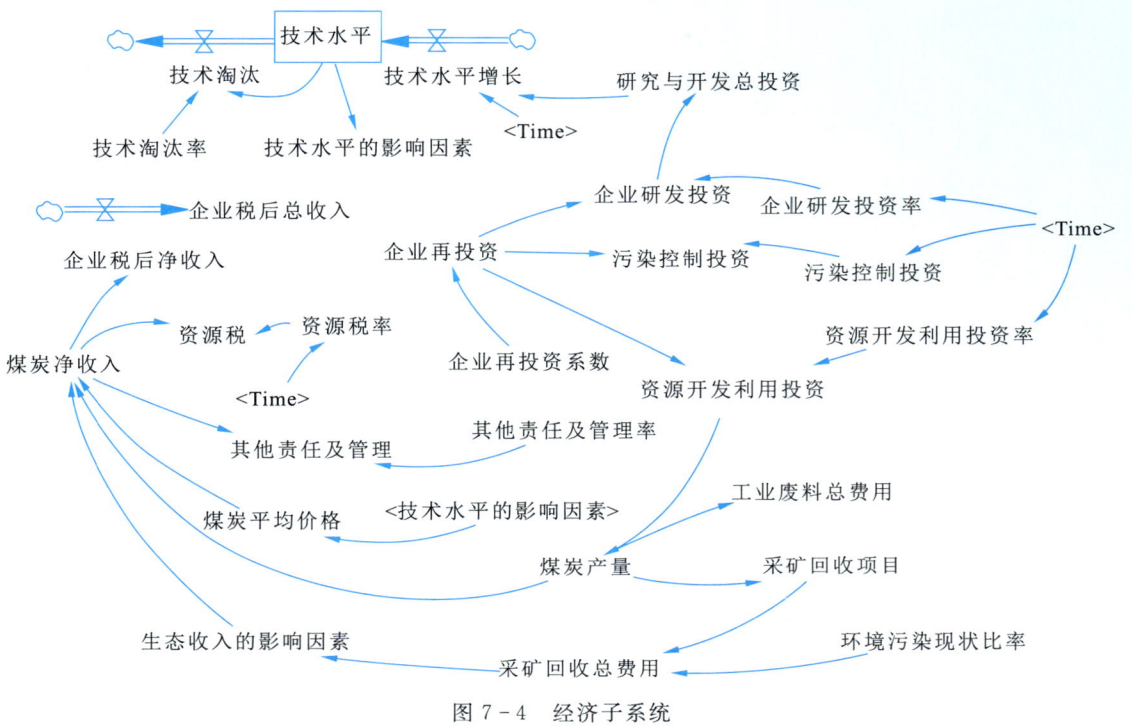

图7-4　经济子系统

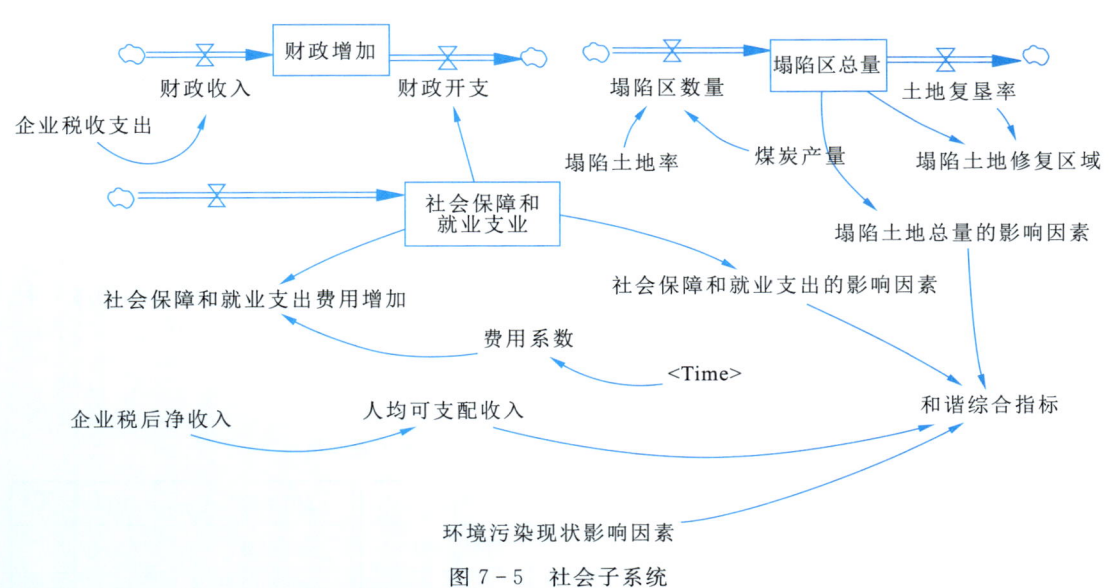

图7-5　社会子系统

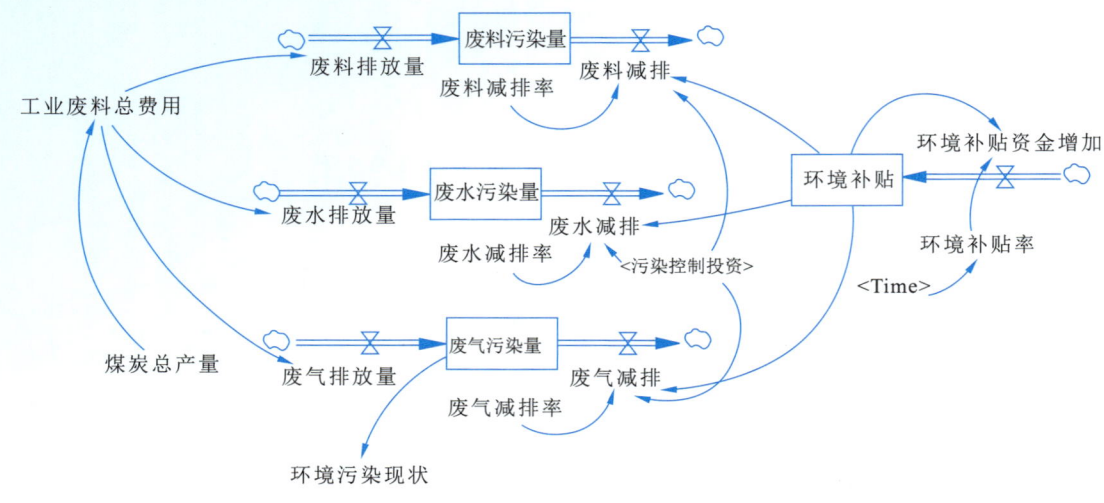

图 7-6 环境子系统

这些数据来自国家绿色矿山建设计划、明确生产的审计报告、年度污染物减排计划和实施措施。主要工作在淮南矿业集团 11 个主要矿山中利润最高的位于岳张集镇的张集矿区进行。张集矿作为安徽省第一座 1000 万 t 的现代化矿山，具有良好的绿色矿山建设，在节能减排和环境保护方面取得了显著成绩，这是研究企业遵守绿色矿山建设政策的理想案例。

4. 建立系统动力学模型

该模型选择了十个国家变量，包括企业税后利润、固体废物排放总量、补贴土地统计、16 个费率变量、税后年收入、产生的固体废物量、增加的技术人员数量以及许多辅助变量和常数。模型中的参数是通过企业的经济数据和相关文献确定的，部分参数采用算术平均法、层次分析法、回归分析等方法。

5. 系统动力学模型验证

模型验证是测试模型行为准确性的过程。本小节首先通过 Vensim PLE 的验证函数验证了结构测试和维度的一致性，然后对主要历史数据和极值检验进行了模拟。

1）主要历史数据测试

本节对企业税后收入、经济子系统的煤炭收入、环境子系统的"三废"总量和 2011—2014 年社会子系统的地面沉降总面积四个主要变量进行了测试，结果见表 7-4。误差均在 5% 以内，表明系统模型对模拟现实具有较强的稳健性。

表 7-4 2011—2014 年历史检验的主要历史变量

主要历史变量		2011 年	2012 年	2013 年	2014 年
企业税后收入	模拟值/亿元	41.423	42.441	42.378	42.678
	实际值/亿元	43.070	43.615	44.421	42.441
	误差/%	-3.82	-2.69	-4.60	0.56

续表 7-4

主要历史变量		2011 年	2012 年	2013 年	2014 年
煤炭收入	模拟值/亿元	49.102	50.309	50.235	50.590
	实际值/亿元	51.113	50.597	52.322	50.247
	误差/%	-3.93	-0.57	-3.99	0.68
"三废"总量	模拟值/万 t	295.65	290.67	321.95	309.03
	实际值/万 t	283.37	279.77	337.22	298.84
	误差/%	4.33	3.9	-4.53	3.41
地面沉降总面积	模拟值/km²	12.59	13.97	15.14	16.21
	实际值/km²	12.23	13.86	14.65	15.78
	误差/%	2.94	0.79	3.34	2.72

2)极值检验

极值检验是在取极值的情况下,检测模型中的变量是否能准确反映现实的一种方法。通常我们通过取"0"或"无穷大"来观察模型,以检验它是否与现实不匹配。本节通过对固体废物、液体废物和废气的减排系数取"0",观察了企业税后收入、生态收益影响因子、环境污染现状、和谐综合指标是系统的主要变量。

当这三个系数都重置为 0,这意味着企业和政府的环境投资是无效的,实际的曲线和极值测试的结果之间的比较可以验证,所有四个变量的模拟结果如图 7-7 所示。在经济子系统中,企业税后收入[(图 7-7(a)]和生态收益影响因子[(图 7-7(b)]低于实际价值。与实际污染模式相比,污染水平迅速提高[(图 7-7(c)]。由于社会子系统污染的恶化,居民和谐综合指标下降[(图 7-7(d)]。在整个极值检验中,所有子系统的变量值都符合实际,没有任何非理性现象产生负值,所以模型是稳健的。

6. 系统动力学模型对于绿色矿山建设的仿真结果

1)按不同应对战略对企业进行分类

在自由市场经济中,企业可以独立应对环境规制。它们可以自由选择遵守(或不遵守)绿色矿山建设政策。企业营运战略是一个复杂的问题,该模型侧重于再投资策略,分为以下三类:规模扩张、技术创新和环境保护。企业选择这些策略分别称为规模矿业企业、技术矿业企业和环境矿业企业。

(1)规模矿业企业(SME)。这类企业的大部分再投资用于规模扩张。相应地,研发和技术创新投入和环保投入均较低。这些企业将承担较高的环境税收负担,并享受较低的政府补贴,它们是由政府推动转变为后两种风格。

(2)技术矿业企业(TME)。这些企业符合绿色矿山建设提高资源利用效率的要求。他们的投资重点是技术创新和提高生产效率,通过投资于技术推广,它们也增强了整体竞争力的内部潜力,但环保投资仍存在不足。

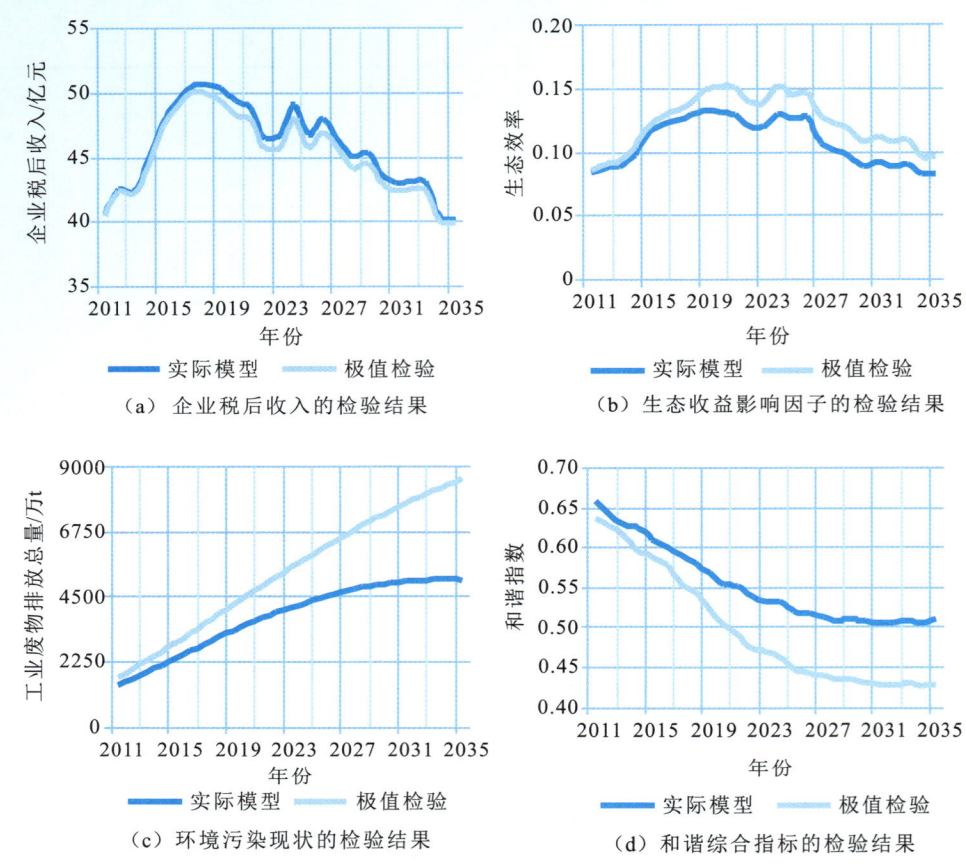

图7-7 四个变量的检验结果

(3)环境矿业企业(EME)。这些企业符合绿色矿山建设的环境保护要求。它们的投资重点是环境保护,获得较低的税收负担和更高的环境保护。通过减少污染排放,进一步实现经济效益和环境效益的统一。

为了简化模型,不允许不同类别之间的转换。考虑到矿山企业的生活方式长,规模大,这一假设是合理的。

表7-5显示了特定企业决策变量和策略变量的设置。以张集矿实际投入数据计算规模矿业企业投入系数。通过重复仿真测试,减少膨胀投资,增加另外两种投资,计算TME和EME的系数。本节就这些数据的合理性,向淮南矿业(集团)有限公司的专家进行了咨询。

2) SD模型的单一政策下的结果

考虑到采矿企业的长生命周期,总营运周期设定为25年。起始年份是2015年,与中国矿业税的实际实施时间点一致。选择三个观测变量——经济子系统中的"企业税后收入"、环境子系统中的"环境污染地状况"和社会子系统中的"和谐综合指标"在不同环境政策下分析和比较企业和矿区的发展情况。

表 7-5 矿山企业投资决策和环境政策效益的设定

企业类型	投资率(on)			环境政策效益	
	扩张	研发	环境治理	税率	补贴率
SME	0.68	0.16	0.16	0.06	0.02
TME	0.60	0.22	0.18	0.04	0.04
EME	0.60	0.18	0.22	0.02	0.06

(1)企业税后收入。这一临界值可以直观地反映不同的环境政策对企业经济绩效的影响。在图7-8(a)中显示,在税收政策下,SEM的税后收入在最初比其他两种类型增长得更快,在2017年达到顶峰,之后TME和EME的税后收入将超过SEM。图7-8(b)表明,TME和EME在大约2018年的补贴政策下获得同样的优势,这表明政策影响和税收滞后比补贴更有效。在2027年之前,TME的税后收入高于EME,这反映了转型过程中的机会成本。在2027年之后,EME将排名第一,这反映了对EME更强的滞后政策影响。

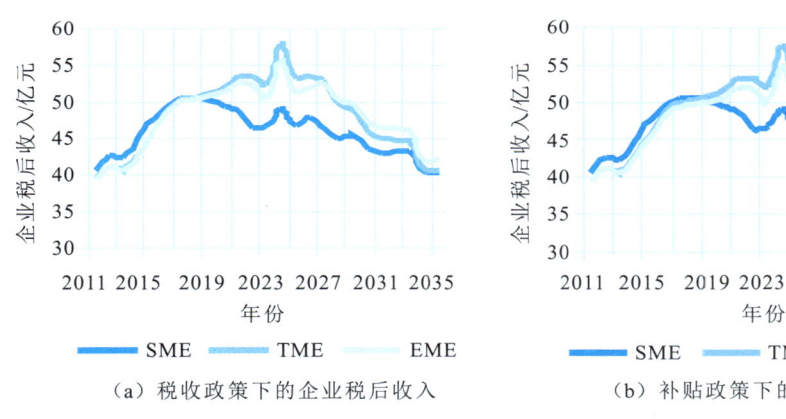

(a)税收政策下的企业税后收入　　(b)补贴政策下的企业税后收入

图7-8　单一政策下企业税后收入

(2)环境污染状况。环境污染程度是评价绿色矿山建设政策的重要指标。在图7-9中,SME和TME的环境污染状况显示出快速增长的初步趋势,中间逐渐减缓,最后下降。TME的最终污染程度略低于SME,这两种企业都有两种政策,反映了减少扩张投资的效果。EME环境污染状况的增长率将在2021年左右逐渐下降,表明环境政策的影响更为显著;后期补贴政策下污染状况较低,说明污染程度对补贴工具较为敏感;因为多元传播,税收政策的影响不显著。

(3)和谐综合指标。在图7-10中,三种不同企业风格的和谐综合指标都经历了下降、平滑和最终缓慢上升的过程。下降的主要原因:在矿区所有居民直接和间接地从企业家那里受益后,企业税后收入的减少和环境污染的增加。税收或补贴政策下EME的和谐指标曲线在2023年左右都发生了变化。此外,补贴下的EME曲线将在2027年左右回升,而税收

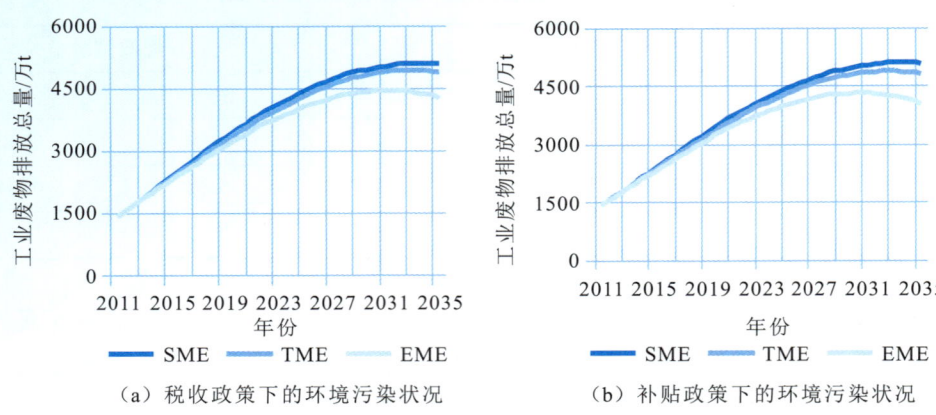

(a) 税收政策下的环境污染状况　　(b) 补贴政策下的环境污染状况

图 7-9　单一政策下的环境污染

效应有一定的滞后性,表明补贴政策对和谐指标有较好的影响。在税收和补贴下,EME 的总体和谐水平明显高于 SME 和 TME。这表明环境投资增量的矿业企业可以在经济效益和社会效益之间取得更好的平衡。

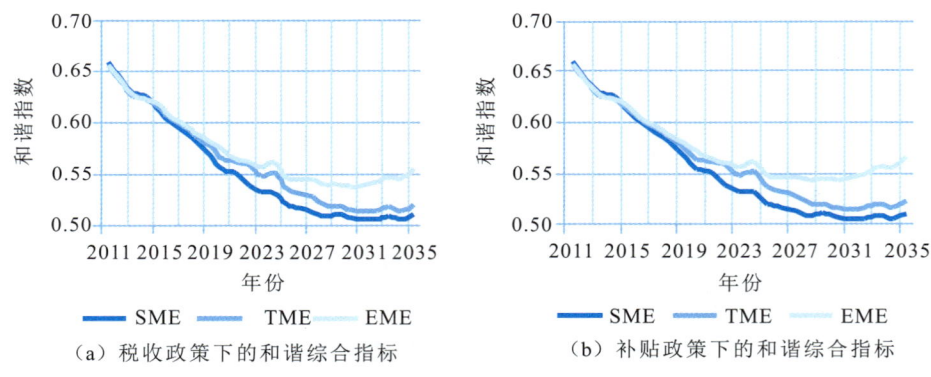

(a) 税收政策下的和谐综合指标　　(b) 补贴政策下的和谐综合指标

图 7-10　单一政策下的和谐综合指标

3) 投资组合政策下的结果

现实中,税收和补贴的组合总是被政府使用。因此,本节激发了投资组合政策的影响,图 7-11 中投资组合策略下的仿真结果,12 项政策的结果显示出类似的趋势。

7. 系统动力学模型仿真结果讨论

本节利用 SD 模型对环境税、补贴和不同税率组合对符合(或不符合)绿色矿山政策的矿业企业绩效的影响进行了建模,并以淮南地区典型的煤矿企业为例进行了实证研究。仿真结果证实,环境规制工具的滞后能够帮助企业在经济、环境和社会绩效方面符合政策所赋予的优势。这些结果表明绿色矿山政策对矿山企业具有持续的影响。即使企业实施绿色矿山

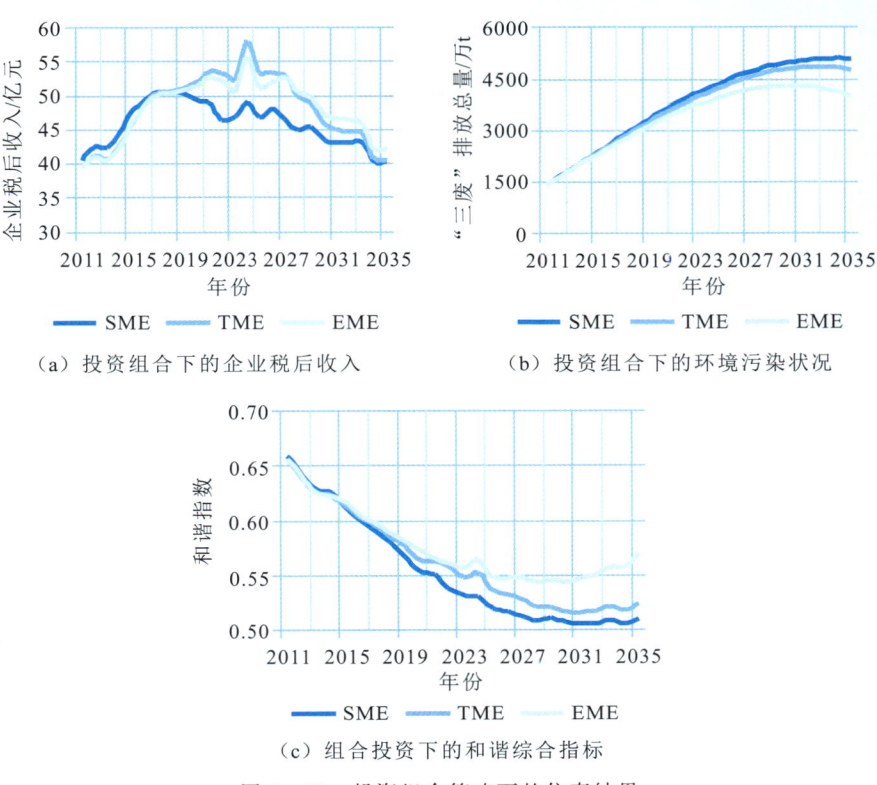

图 7-11 投资组合策略下的仿真结果

试点的初衷是为了获得政治声誉,这些经济政策也会使这种选择有利可图,即符合市场规律。但是,不能推断这些政策能够保证中国实现其 2020 年绿色矿山建设目标。

首先,中国国有企业经营信息披露不规范、不透明。这些试点企业的优势难以被其他企业所了解,这将降低政策的激励效果。所以,应该向整个矿业行业提供更详细、准确的关于绿色矿山建设矿山企业的经济、环境和社会绩效的信息。

其次,这些政策效应在我们的模型中有一个大约五年的滞后期,这意味着在实施的前五年,决定遵循绿色矿山建设的企业管理者将在评价体系中处于劣势。中国国有企业的管理者是行政干部,由党通过职务、考核、晋升和轮换等机构对其进行管理。转型初期企业收入的劣势可能会降低企业在以 GDP 为导向的评价体系中的评价结果,减少企业里的晋升机会,这种特殊的管理体系可能会阻碍管理者对绿色矿山策略的选择。

投资组合的效果并不比单纯的税收或补贴好多少,至少投资组合的效果是双倍努力的一半。政府更喜欢利用税收和补贴的组合来促进政策的实施,现在他们这样做是为了促进绿色矿山建设。中国的政策执行更加注重效率。然而,基于模拟结果,笔者不建议同时使用税收和补贴。一些研究在技术创新领域得出了类似的结论[154],而另一些研究在减排和研发投入方面得出了相反的结论。造成这一现象的根本原因超出了本节的研究范围。

第三节 中国绿色矿山建设的主要障碍

为了进一步说明中国绿色矿山建设中的主要障碍,我们以煤矿的绿色矿山建设为例进行分析。

一、煤矿绿色矿山建设主要障碍的识别

我们识别了很多阻碍国有矿山采纳建设绿色矿山的因素,这些影响因素被分为了五类:财务因素、规制因素、组织因素、社会因素和技术因素。

1. 财务因素

采访和资料都显示,矿山企业在推进绿色矿山建设时,需要慎重考虑财务因素。《煤炭行业绿色矿山建议规范》(DZ/T 0315—2018)中五条严苛标准的实现,都需要矿山企业投入巨额资金、时间和劳力。煤炭矿山向自然资源部门提交的绿色矿山建设规划将重点投资分为四类:资源综合利用投资、环境治理投资、研究与开发投资和和谐社区投资。其中,资源综合利用主要包括瓦斯综合利用、废水循环利用,提高回采率和精煤洗选回收率等;环境治理包括土地复垦、塌陷修复、矿区绿化、锅炉改造等。

采矿业通常并不是一个研究与开发投资高投入强度的行业,尤其是煤炭业。资料表明,2009—2017年中国煤炭开采的研究与开发投资投入强度(行业研究与开发投资支出/行业GDP)在0.5~0.6之间徘徊(图7-12)。如果不考虑研究与开发投资投入强度与研发和技改投入指标定义上的差异,煤炭行业全面实现绿色矿山意味着每年需增加超过200亿元的研究与开发投入。

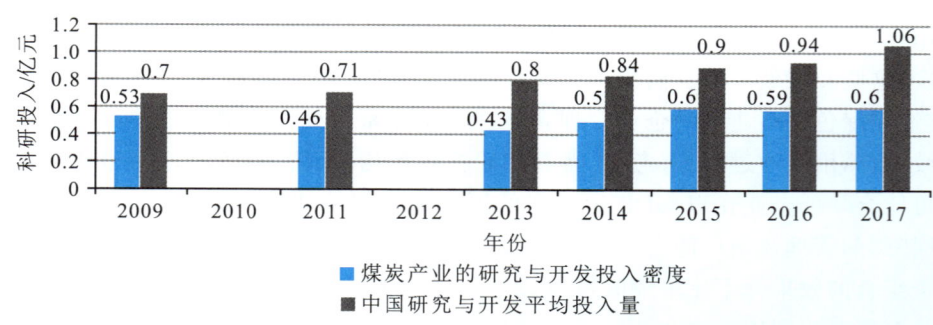

图7-12 煤炭行业的研究与开发投入强度和平均水平

和谐社区投资主要是用于受塌陷影响的村庄的整体搬迁和居民安置。沉陷是煤炭开采的最主要负外部性之一,沉陷对矿区居民影响较大,住房受损严重,很多社区需整体搬迁,以

避免人员伤亡和社会矛盾。六个绿色矿山建设规划都投资巨大,平均在 12 亿元左右,而其中和谐社区投资的支出都超过了 70%。

一些投入可以取得较为丰厚的财务回报,比如科技攻关和瓦斯治理,一些在财务上并不能达到收支平衡,比如废水循环利用,还有一些则毫无财务回报,比如用于受影响村庄搬迁的巨额支出。虽然根据矿山规模和开采方式不同,绿色矿山建设的成本并不一样,但绝大多数矿山都需要投入巨额资金才能基本达到 GMC 标准。2015 年,国土资源部曾测算过 11 000 个环境破坏严重的矿山的植树造林的总成本约为 600 亿①。表 7-6 表明植树造林只是煤矿绿色矿山建设投资的很小一部分,由此可推断绿色矿山建设投资总量之巨。

表 7-6 绿色矿山建设计划的 6 个投资预算 （单位:万元）

煤矿	ZJ	WG	GQ	XQ	XJA	XJB
资源综合利用投资	3050	35 722	17 136	49 960	22 145	29 680
环境治理投资	17 510	1 445.3	6 572.2	3751	31 012	2287
研究与开发投资	4 626.1	1 275.6	3862	3211	2 789.8	2910
和谐社区投资	87 271	103 000	97 320	75 800	131 600	93 380
合计	112 457.1	141 442.9	124 890.2	132 722	187 546.8	128 257

巨额绿色矿山建设投资来源却渠道较为单一,主要是企业自筹以及矿山地质环境治理基金和探矿权、采矿权价款的政府返还。其中,治理基金来自矿山企业缴纳的地质环境治理保证金。2018 年自然资源部为解决保证金长期闲置同时绿色矿山建设又资金匮乏的问题,将保证金制度改革为治理基金制度。企业的治理基金与矿区面积、开采方式、开采年限、坑道口或采场数目有关。探矿权、采矿权价款也与矿区面积有关。虽然每个矿山地质环境治理基金和探矿权、采矿权价款的政府返还部分资金额度有所差异,但总体上来看,都远不足以支撑绿色矿山建设的顺利开展。绿色矿山建设投资非常依赖企业自筹,而这又与企业的盈利能力有关。

煤炭企业的盈利能力主要取决于销售价格和生产成本。

销售价格的第一个主要影响因素是宏观经济风险。2002—2011 年,受宏观经济高速发展的拉动,中国煤炭产量、价格和利润飞速增长,全国综合煤价从 200 元/t 上涨至 800 元/t。2012 年后,亚洲金融危机期间中国基础建设投资导致的产能过剩问题凸显,煤价一路下跌,从 800 元/t 跌至 330 元/t,全国 90% 以上煤企亏损,裁员和拖欠工资现象普遍。2016 年以后随着"去产能"政策见效,煤价开始反弹,大多数煤企又进入盈利状态[155]。经历了过去 20 年内煤价的暴涨暴跌的大幅波动,煤企管理者进行企业大额投资都需要慎重考虑宏观市场风险。

销售价格的第二个关键因素是煤炭质量,不同质量的煤炭价格差距悬殊。中国煤炭分

---

① 资料来源:中国报告网,2018—2023 年中国煤炭产业市场规模现状分析与未来发展前景。

布广泛,但不同地区煤炭质量差异较大,价格差距很大,大体上呈现华东(山东、安徽)>华北、华中、西南、东北(河北、贵州>河南、东北)>三西地区(晋北>蒙东>陕北、蒙西)>新疆地区的趋势[156]。

煤企成本两个关键因素则是开采成本和运输成本。山西、内蒙古、陕西等地埋藏浅,煤层厚,开采成本低,但运输成本较高。中东部地区煤层结构复杂,开采成本高,但运输成本低。具体到各个矿山,煤炭质量、价格,尤其是开采成本可能差距较大。

对企业而言,绿色矿山建设的投资也需要综合考虑成本收益问题。绿色矿山建设对产量和成本都可能产生影响。绿色矿山建设包括了资源综合利用能力的提升,这可能会带来产量的增长,有时候这种投资是经济的,比如WG矿计划在瓦斯综合治理上投资1.07亿元,会多回采煤炭324万t,利润6.38亿元,同时回收1亿m^3的瓦斯,相当于减少CO_2排放1500万t;有时候,经济上并不可行,比如重大工程矸石充填开采,提高资源利用效率,预计投资2.5亿元,建成后能多回采65万t煤炭,但这一技术也会带来开采成本的增长,每吨成本将增加130元,因此最终收益仅增加1.28亿元,无法弥补成本。绿色矿山的建设也可能会使一些局部矿区短期或长期地降低产量,比如设备的更新升级和开采工序的复杂化。绿色矿山建设会增加企业的不变成本,尤其是矿区和周边社区的环境保护部分;可能会降低一些可变成本(比如锅炉和设备的节能改造)同时增高另一些成本(比如防尘和矿井水的处理)。

2. 规制因素

大多数行业实现清洁生产都需要强有力的政府的环境规制的推动行业。很多研究认为规制力度不足是产业清洁生产的主要影响因素。中国最近十年采取了一系列有力的环境规治手段,用以推动污染治理、新能源利用[157]、绿色技术创新等。

资源税和环境税是最重要的环境规制政策。资源税被认为能有效推动资源的可持续利用①,中国资源税在一些方面产生了积极效果[158],煤炭资源税缓解了"资源诅咒",缩小区域经济差异,鼓励资源替代[159],但也存在质疑的声音,认为更大效果是增加政府财政,而非资源保护[160]。中国1984年就开始实施资源税,2016年全面推进资源税改革,将之前的从量征收改为从价征收。煤炭资源税是地方税种,各省(市区)税率不一,资源税法规定波动区间为2%~10%。目前各省(市区)标准为2%~9%不等。环境税能降低能耗和排放[161],促进其循环经济和能源结构转型[162],中国环境税也被期待着能产生积极效果[163]。中国环境税于2018年1月1日起征,对大气、水、固体和噪声污染,其中固体废物包括煤矸石(5元/t)、尾矿(25元/t)等四类,水污染物每污染当量1.4~14元,大气污染物每污染当量1.2~12元,各省(市区)根据实际经济发展水平确定税额。资源税和环境税的全面落实是中国环境规制的一大进步,但也有专家质疑资源税[164]和环境税率严重过低[165]。环境税和资源税不能设置得过高,否则会对企业造成过重负担,影响经济发展,但如果门槛设置过低,则不会对企业环保行为产生显著的激励作用。

政府财税支持被认为能促进企业绿色创新[166]、推动清洁能源产业发展[167]等。很多中国研究者认为应提供更多的补贴来激励企业绿色矿山建设。中国中央政府和省级政府也提

---

①资料来源:中国报告网,2018—2023年中国煤炭产业市场规模现状分析与未来发展前景。

供了很多绿色矿山建设补贴。其一是加大对绿色矿山建设的财政专项资金支持力度,包括资源勘查、生态环境治理、重金属污染防治、土地复垦等财政专项;其二是直接奖励,各省都对纳入全国绿色矿山名录的矿山企业给予 50 万～100 万元的奖励;其三是税收减免,给予绿色矿山资源税和环境税的优惠,企业增值税和所得税也有较大优惠,与绿色矿山建设有关的高新科技企业可以减免 15% 的企业所得税。除此以外,绿色矿山还将享有一系列政策奖励,包括矿业权的优先出让,开采指标的倾斜;在土地利用年度计划中优先保障绿色矿山建设用地,土地供给合同可以更加灵活,支持绿色矿山企业及时复垦盘活存量用地。通过以上的财税和土地、矿产政策的支持,共同激励着矿山企业的绿色转型,但尽管支持正在增强,企业仍然在呼吁更多支持。

环境规制的另一个大类是对环境违法行为的惩罚。理论上和实践证据都表明严格的惩罚[168]能促进企业环境绩效。中国环境执法常备受诟病,包括缺少标准、执法能力不足、选择性执法[169]等。在煤矿环境方面,有关部门 2006 年就出台了《煤炭工业污染物排放标准》(GB 20426—2006),还有大量关于绿化率、土地复垦的相关规定。除了明确的环境标准,环境违法查处概率和惩罚强度也非常重要。查处概率一方面与环境部门执法能力有关,缺乏足够的技术和人员一直困扰着中国环境部门,但近年来随着信息化的发展,这一情况持续得到好转;另一方面则与执法态度有关,环境执法领域的腐败、共谋有所好转,但出于经济增长压力而选择性执法[170]的问题依然时有发生。惩罚标准也偏低,最高人民法院环资庭副庭长王旭光承认目前中国环境保护领域存在"守法成本高、违法成本低"的问题。尤其对于那些大型国有企业,具有充分的政治资源可以与地方政府和环境执法部门进行非正式的谈判,以避免很多惩罚。

国有企业的环境行为必须要考虑政治压力[171],尤其是地方政府的环境态度。在环境威权主义和支离破碎的威权主义者主题的文献中,中国地方政府常常被诟病对环境政策选择性执行。地方干部考核存在"GDP 至上"的隐性规则,分税制改革又导致了基层政府事权和财权的不对称,使得地方政府在环境监管方面存在困境,容易与污染企业共谋[172]。一些研究则进一步指出地方干部推进清洁生产的积极性是存在个体差异的,比如教育背景能影响个人对资源环境保护重要性的理解,进而影响地区环境政策的执行[173]。地方政府在新能源、碳排放等环境政策执行上都表现出明显的差异性,GMC 也不例外。

3. 组织因素

与很多企业清洁生产行为的文献中内部因素相似[174],我们也认为企业组织方面的一些特征影响着绿色矿山建设。由于我们所研究的是中国国有矿山企业,我们不能忽视企业管理者在企业家之外的政治官员身份。SOE 管理者具有干部身份和行政级别,他们的任免和晋升是由中共组织部决定的。经济管理能力只是晋升决策的一个重要方面,政治忠诚也是重要衡量指标,主要表现为对政策的执行情况[175],这改变了国企管理者的决策模型,也影响了国企的社会责任绩效[176]。绿色矿山建设是以矿山为单位进行建设的,但在煤炭行业,多个国有矿山通常会隶属一个煤炭集团,集团的管理者行政级别更高,具有很大的评价和晋升矿山管理者的权力。因此,上级(集团)管理者的态度理论上会对矿山绿色矿山建设有重要影响,这和管制因素中的地方政府政治态度相似。

尽管政府和上级管理者对绿色矿山建设决策影响很大，但绿色矿山建设决策权仍属于矿山管理者，因此如其他类似研究中提及的，管理者的环境意识和实施能力是影响企业环境责任履行的重要因素[177,178]。同样，员工的环境意识也会影响企业环境管理效果，强大的环保文化可以促进清洁生产[179]。

4. 社会因素

社会压力，是企业履行社会环境主体责任，采取清洁生产创新的一个主要压力[180]，压力不足就会减缓企业环境管理改进速度。对于矿山企业，几种主要的社会压力包括：矿山所在的社区的压力，社会对企业社会责任延伸的压力，附近同行矿山环境绩效的对比。矿山开发会对周围社区造成更为集中的环境和生态影响，比如污染和沉降，常常引发周边社区居民的投诉、信访，甚至抗议、冲突。社会稳定是地方官员考核的重要指标，矛盾突出时官员们会约谈、警告矿山管理者，强硬地要求管理者采取措施改善环境绩效。在更广泛的社会环境中，企业也面临着更大的压力去履行环境责任，媒体和非政府组织强有力的监督能有效推动行业污染的治理。同行矿山的环保绩效会对国有煤矿产生激励效果。这是因为类似规模的矿山的管理者会被放在一组进行比较，以便选拔培养集团的后备干部，环保绩效是一项比较重要的政绩，管理者可能像地方政府一样既不会逐顶竞争，也不会逐底竞争，而普遍采取跟随策略[181]。

5. 技术因素

大多数关于行业清洁生产影响因素的研究都指出技术障碍普遍存在。GMC涉及很多的绿色创新，以及上、下游环保产业的共同发展。政府鼓励其他企业为绿色矿山建设服务，尤其鼓励环保、机械等行业进行绿色创新。相关企业可以申报高新科技企业，并享受较高的企业所得税优惠。尽管如此，绿色矿山建设仍面临着不少环保和开采技术难题，因此在绿色矿山建设规划中都包括了很大规模的研究与开发投入。这些投入主要用于企业自身和外部机构的技术创新。国有大型矿山有自己的技术团队，也会频繁地与周边的高校和研究机构共同进行技术研发。除了资金，内部和外部的创新能力也可能制约着绿色矿山建设的技术进步。另外，在我们对矿山环境专家和矿山管理者的采访中，不少采访者指出，国家对绿色矿山建设内容的相关规定是否明确，绿色矿山建设的复杂程度都可能影响矿山是否采纳绿色矿山建设（表7-7）。

表7-7　绿色矿山建设计划的6个投资预算

母因子	子因子
财务因素（F）	总成本（F_1）
	宏观市场风险（F_2）
	企业盈利能力（F_3）
	融资难度（F_4）
	绿色矿山建设对生产的影响（F_5）
	绿色矿山建设对单位成本的影响（F_6）

续表 7-7

母因子	子因子
规制因素(R)	资源税和环境税(R_1)
	政府补贴和减税攻策(R_2)
	政策奖励(R_3)
	环境违法罚款(R_4)
	地方政府的政治压力(R_5)
组织因素(O)	企业高层的政治压力(O_1)
	矿山管理人员的环境意识(O_2)
	矿山管理人员的执行能力(O_3)
	矿山员工的环境意识(O_4)
社会因素(S)	社区居民压力(S_1)
	企业社会责任(S_2)
	同行建设水平(S_3)
技术因素(T)	环境技术成熟度(T_1)
	绿色矿山建设标准细则(T_2)
	绿色矿山建设的复杂性(T_3)
	企业创新能力(T_4)
	外部人员创新能力(T_5)

二、基于两阶段模糊 DEMATEL 方法的障碍因素评价

虽然解决这些影响因素可以推动绿色矿山建设,但行政资源是有限的,有关部门可能很难同时尽快地解决所有这些影响因素,而且不同因素对绿色矿山建设的阻碍程度是不同的,甚至不同影响因素之间可能会相互影响,因此,需要更进一步识别主要因素,这样才能把有限的行政资源集中起来从而更有效地解决那些优先度高的影响因素。借鉴类似的影响因素研究成果,我们采用了 DEMATEL 方法来探索:不同影响因素间如何影响? 哪一些影响因素更为关键?

1. 两阶段模糊 DEMATEL 模型

决策试验与评价实验室(DEMATEL)出现于 20 世纪 70 年代。由于可以收集群体知识形成一个结构模型,并能将因果关系中的复杂结构用矩阵或图表表示出来[182],它被广泛用于识别许多领域的因素或障碍,如智能城市[183]、可持续供应链采用[184],发展新能源产业[185]和绿色采购[186,187]。

两阶段模糊 DEMATEL 是将传统 DEMATEL 与模糊理论结合应用,改进了传统 DEMATEL 两个缺陷:一是问卷不再要求被调查者对所有因素进行成对的比较,而是分别对母因素以及子因素分别进行成对的比较,这样每一轮专家只需要对六个因素进行比较。二是专家判断存在模糊性,将 DEMATEL 与模糊理论相结合可以更好地处理这些复杂的系统问题中的不确定性[188]。在对复杂系统中的不同标准进行评价时,专家更倾向于使用语言表达,而非基于经验和专业知识的清晰价值观[189]。所以两步模糊 DEMATEL 需要将专家的语言表达(表 7-8)转化为统一序号$(a、b、c)$,其中,a 表示最小可能值,b 是最可能的值,c 是任何模糊时间的最大可能值。

表 7-8 专家语言表达分值

语言表达	三元模糊数
Very high(4)	(0.75,1.0,1.0)
High(3)	(0.5,0.75,1.0)
Average(2)	(0.25,0.5,0.75)
Low(1)	(0,0.25,0.5)
No influence(0)	(0,0,0.25)

我们首先获得:

(1)初始关系模糊矩阵:

$$\boldsymbol{Y}_p = [y_{ij}^p]$$
$$[y_{ij}^p] = (a_{ij}^p b_{ij}^p c_{ij}^p)$$

式中:p——第 p 个专家的判断。

(2)标准化:

$$xa_{ij}^p = (a_{ij}^p - \min_{1 \leqslant p \leqslant p} a_{ij}^p)/\Delta_{\min}^{\max}$$
$$xb_{ij}^p = (b_{ij}^p - \min_{1 \leqslant p \leqslant p} a_{ij}^p)/\Delta_{\min}^{\max}$$
$$xc_{ij}^p = (c_{ij}^p - \min_{1 \leqslant p \leqslant p} a_{ij}^p)/\Delta_{\min}^{\max}$$
$$\Delta_{\min}^{\max} = \max c_{ij}^p - \max a_{ij}^p$$

(3)计算左(xls)、右(xrs)标准化值:

$$\begin{cases} xls_{ij}^p = xb_{ij}^p/(1 + xb_{ij}^p - xa_{ij}^p) \\ xrs_{ij}^p = xc_{ij}^p/(1 + xc_{ij}^p - xb_{ij}^p) \end{cases}$$

(4)计算总标准化精确值:

$$x_{ij}^p = [xls_{ij}^p(1 - xls_{ij}^p) + xls_{ij}^p \times xrs_{ij}^p]/(1 + xrs_{ij}^p - xls_{ij}^p)$$

(5)计算所有项总标准化精确值:

$$y_{ij}^p = \min a_{ij}^p + x_{ij}^p \Delta_{\min}^{\max}$$

(6) 计算平均值：

$$z_{ij} = \frac{1}{p} \sum_{1 \leqslant p \leqslant p}^{p} y_{ij}^{p}$$

(7) 综合关系矩阵 **Z**：与传统 DEMATEL 的关系矩阵 **M** 的计算相似，我们从语言信息中获得了一个综合关系矩阵 $\boldsymbol{Z}(\boldsymbol{Z}=[z_{ij}])$，然后将 **Z** 代入到 DEMATEL 计算之中：

$$\boldsymbol{K} = \max_{i}(\sum_{i}^{n} z_{ij})$$

$$\boldsymbol{X} = \frac{\boldsymbol{Z}}{\boldsymbol{K}}$$

$$\boldsymbol{T} = \boldsymbol{X}(1-\boldsymbol{X})^{-1}$$

反过来计算一级指标 $\boldsymbol{D}_i^u$、$\boldsymbol{R}_i^u$ 以及较低级别的指标 $\boldsymbol{D}_i^l$、$\boldsymbol{R}_i^l$：

$$\boldsymbol{D}_i^u = \left[\sum_{i=1}^{n} m_{ij}^u\right]$$

$$\boldsymbol{R}_i^u = \left[\sum_{i=1}^{n} m_{ji}^u\right]$$

$$\boldsymbol{D}_i^l = \left[\sum_{i=1}^{n} m_{ij}^l\right]$$

$$\boldsymbol{R}_i^l = \left[\sum_{i=1}^{n} m_{ji}^l\right]$$

进一步对上下两级指标的计算结果进行聚合。在两步模糊模型中只对影响指数进行聚合，将上下级的值直接相乘，而对原因指数未做处理。这种聚合存在一定的缺陷，我们进一步改进了聚合方式，使得上一级的影响指数和原因指数都能以相同的方式影响下一级的指数。

$$K_d = D_i^l / \frac{1}{n}(\sum_{i=1}^{n} D_i^u)$$

$$K_r = R_i^l / \frac{1}{n}(\sum_{i=1}^{n} R_i^u)$$

$$D_i + R_i = K_d(D_i^l + R_i^l)$$

$$D_i - R_i = K_r(D_i^l - R_i^l)$$

然后用"影响"或者 (D_i+R_i) 代表横轴以及用"关系"或者 (D_i-R_i) 代表纵轴，绘制全局因果图。

2. 模型数据及结果

DEMATEL 方法对影响因素的识别效果，除了受模型技术层面的影响，更受参与调查的专家的主观影响。为提高识别效果，我们做了两点改进：一是更为合理地选择专家：利用依托淮南、淮北煤炭集团的中层管理干部培训班募集评价专家，首先募集了 30 名愿意参与调研的专家，然后根据专家的工作岗位和年限筛选了 10 名深度参与了绿色矿山建设的专家；二是对专家进行了充分的方法培训，并给予专家较为充足的评价时间：10 名专家都参加了 1 个小时的问卷填写说明会，并有 1 周时间仔细考虑、回答相关问题（表 7-9）。

表 7-9 专家的描述性统计

专家	性别	年龄	矿产地	部门	行政级别	工龄/a	学历
A	男	55	ZJ	生产部门	司级	38	专科
B	男	41	Group	全面(经营)管理部门	副师级	19	本科
C	男	45	GB	环境保护部门	副师级	23	本科
D	男	39	XQ	管理部门	副师级	13	硕士
E	男	42	XZ	地下生产部门	副师级	25	本科
F	男	36	P1	技术研究部门	副师级	6	博士
G	男	39	GQ	市场部门	科级	17	本科
H	男	44	LJ	地下生产部门	科级	26	专科
I	男	37	P3	地下生产部门	科级	11	本科
J	男	49	DJ	财务部门	科级	31	专科

使用 MATLAB 进行编程,计算结果如表 7-10 所示。影响指数($D+R$)和关系指数($D-R$)是 DEMATEL 分析的核心指标。前者表示因素影响系统的能力,数值越大,表示该因素越有潜力影响整个系统的改进。后者存在正负值,正值表示该因素属于原因组,即该指标对其他指标的影响超过了其他指标对它的影响。因为原因组理论上会影响结果组中的因素,所以它们是系统识别出来需要首先加以改进的因素(表 7-10)。

表 7-10 两步模糊 DEMATEL 的结果

范畴	因素	影响指数	相关指数	范畴	因素	影响因素	相关指数
财务因素	F_1	33.08	−0.42	组织因素	O_1	37.22	1.24
	F_2	31.26	0.39		O_2	37.26	0.70
	F_3	33.07	−1.48		O_3	36.31	0.33
	F_4	30.68	−0.90		O_4	36.25	−2.27
	F_5	28.55	1.03	社会因素	S_1	27.58	−1.83
	F_6	32.15	1.37		S_2	27.93	0.95
规制因素	R_1	57.51	−0.98		S_3	28.51	0.89
	R_2	59.87	−2.47	技术因素	T_1	36.63	−1.31
	R_3	55.36	0.38		T_2	34.37	−0.61
	R_4	54.67	−0.85		T_3	33.98	0.54
	R_5	53.89	1.13		T_4	31.80	1.07
	R_6	51.84	2.79		T_5	31.66	0.30

根据表 7-10,我们建立全局影响和关系图(图 7-13),可以更清晰地看到,在所有原因组中,R_3、R_5 和 R_6 的影响力处于第一集团,是最优先需要解决的因素。根据表 7-7,R_3 是政府政策奖励的吸引力,R_5 是环境违法罚款的力度,R_6 则是地方政府的政治压力。随后是 O_1、O_2、O_3,分别表示上级企业(集团公司)给矿山的环境治理压力、矿山核心管理者的环境意识和管理能力。规制和运行因素在影响指数上普遍较好,说明矿山企业的绿色矿山建设行为,更多来自政府和企业自身的推动。还有另外 8 个因素被识别为原因型因素,需要较为优先地解决。社会因素,包括 S_1 社区压力、S_2 企业本身的环境责任压力,以及 S_3 同类企业的环境行为,都具有相对较小的影响指数,说明在参与调查的专家们看来,社会压力并非矿山企业推进绿色矿山建设的主要原因。这个结果与其他国家不少研究的结果并不一致,但我们认为这个结果与中国的背景更为符合,这也证明了在中国背景下讨论矿山环境保护影响因素的必要性。

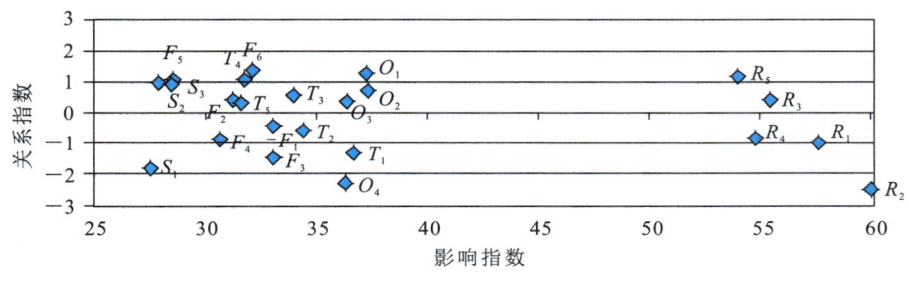

图 7-13　全局影响及关系图

三、煤矿绿色矿山建设障碍因素分析

DEMATEL 方法可以将不同专家对于因素之间的关系的判断转化成综合的专家知识。在图 7-14 中,在影响指数上表现最为显眼的是规制因素,这并不出乎意料。大多数研究企业环境责任的文献都指出需要有强有力的政府规制来推动清洁生产,但进一步结合关系指数的值,我们能看到中国的不同情况:首先,补贴和税收通常被认为是政府环境规制的最重要的两个工具,都未能进入原因组,即其被其他因素影响的程度超过了影响其他因素的程度,尤其 R_2(政府补贴和减税政策)是关系指数中的最后一位,这意味着对于中国绿色矿山建设的推进,它们并不是最先要解决的问题。目前矿业的资源税、环境税率和税收优惠都由各省政府制定,补贴力度则由市县政府制定,政府如果缺乏足够推动绿色矿山建设的动机,就会制定偏低的税率和优惠强度,也缺乏足够动力和财力来增加补贴。R_3(其他政策奖励)和 R_5(环境违法罚款)是政府对矿业环境进行规制的最优的"胡萝卜加大棒"组合。其他政策奖励比低补贴的吸引力更大,这些政策包括用地指标、矿业权指标等。中国对耕地占用和转变成建设用地的指标严格控制,很多矿企面临着用地难的问题,它们无法直接购买这些指标,但是可以通过花钱建绿色矿山来间接地"购买"。R_6(地方政府的政治压力)在所有因素中拥有最高的关系指数,意味着它是最影响整个系统的指标。这主要是因为中国对国有矿企有较为严格的政治控制,企业管理者的决策是经济、政治等多重导向的。在图7-14中,环境规制的市场工具R_1、R_2的表现乏力和行政工具R_3、R_5,尤其R_6的表现强势,暗示着绿色矿山建设依然是一场政治主导,而非市场主导的环境运动。

与规制因素形成鲜明对比的是社会因素。3个指标S_1、S_2和S_3的影响指数在所有因素中位居最后3位,而且社区压力S_1也不是关键因素,这意味着虽然环境问题引发日益严重的矿企与周边群众的矛盾,尤其是开采引发了大面积、严重的地面沉降导致了流离失所,这些矛盾也并未严重到成为企业推进绿色矿山建设的重要动力。这可能是因为中国的公民运动并不发达,尤其矿山大多处于农村地区,居民即使因为矿山开采遭受到严重的环境损失,也大多采取个人抗议,争取更多的补偿,很少能形成强有力的社会力量迫使企业采取重大决策改变。S_2企业环境责任压力和S_3同行绿色矿山建设情况,属于关键因素。S_2更主要来自媒体的曝光,负面的媒体消息会影响企业的融资成本,而且会引起有关部门更深入的调查和更严厉的处罚,以平息社会舆论。S_3的原因指数也达到了0.89,表明绿色矿山建设存在示范效应,附近其他同行如果积极进行GMC建设,本企业会面临较大压力。

组织因素的影响指数总体上处于第二位,其中,O_1(上级企业政治压力)、O_2(本企业管理者的环境意识)和O_3(本企业管理者的实施能力)都是关键因素。O_1的关系指数为1.24,位居所有因素的第三位。这也与R_6的关键性相互印证,表明绿色矿山建设主要来自政治推动。国有矿山管理者处于双层行政等级制度中,一方面是地方政府会通过行政层级来施压,另一方面,矿山管理者的升职还是主要来自上级管理者,尤其是集团主要领导的赏识。如果集团领导希望通过绿色矿山建设在国家的一些部门树立集团良好的环境形象,其压力就会传到给下级矿山。O_2和O_3的重要性则共同表明,矿山直接管理者(通常是矿长和矿党委书记)对于国有矿山的环境绩效的重要性,这与一些文献关于企业管理者对企业环境绩效重要性的判断相吻合。O_4(企业员工的环境意识)并不是关键因素,或者说并不是影响绿色矿山建设的关键,这种表明,与一些研究不同,中国矿业的绿色矿山建设可能不受员工素质和意识的显著影响。

财政因素中,F_6(绿色矿山建设对单位成本的影响)、F_5(绿色矿山建设对产量的影响)和F_2(宏观市场风险)拥有正的关系指数值。前两个因素表明,矿山管理者对绿色矿山建设对企业生产可能产生的负面影响表示担忧,更严苛的环境标准意味着更高的成本,以及更繁琐的生产程序和产量的降低,如果一旦出现宏观市场风险(F_2),如2011—2015年煤炭价格连续47个月的下跌,企业将面临较大的经营困难。单个的企业盈利能力(F_3)并不重要,是因为短期内煤炭质量和企业经营管理水平难以得到质的飞跃,与宏观因素相比,对企业的经营风险影响较小。出乎我们意料的是,总成本(F_1)、和融资难度(F_4)也不是关键因素。我们进一步询问了多名专家(A、C、D和J),一个可能的解释是,尽管绿色矿山建设看上去成本很高,但其中很多是企业必须要投入并且已经安排好预算的资金,比如用于"社会和谐"的社区搬迁安置成本,之所以列入GMC规划,是为了让规划显得更有决心、更大规模。在周雪光关于中国基层治理逻辑的论述中,提到过基层干部在应对环保任务时有一种"挤过去"的逻辑,部分解释了绿色矿山建设的问题。

技术因素中，T_4（企业自身创新能力）、T_3（绿色矿山建设的复杂程度）和 T_5（外部创新能力）是关键因素。T_1（环保技术成熟度）、T_2（绿色矿山建设内容的明确性）不是原因说明目前的绿色矿山建设要求对于矿山企业而言是容易理解、可以做到，从整体产业角度来看，不存在巨大技术障碍的。但绿色矿山建设的实施会给企业生产增加很多烦琐的工作，增加大量的工作量，在具体实施过程中还存在很多技术难题，煤矿企业的自主研发能力不足，周边也缺乏科研机构给予高水平或者说，成本合理的技术支持。

第四节　促进中国绿色矿山建设的政策建议

我国绿色矿山建设探索实践已经取得了显著成效，但是，绿色矿山建设是一项长期工程。只有在发展绿色矿山的同时还要不断改革创新、不断加强管理，才能实现 2020 年基本建立安全、稳定、经济的资源保障体系，基本形成节约高效、环境友好、矿地和谐的绿色矿业发展模式。本节从绿色矿山建设制度、建设政策工具和克服建设障碍的途径三个方面对绿色矿山建设提出政策建议[190]。

一、进一步完善绿色矿山建设制度

虽然我国绿色矿山建设快速发展，但是绿色矿山建设仍处于起步阶段，建设制度还存在不足的地方。正如"实践是检验真理的唯一标准"，近十年的绿色矿山实践过程中，政府和企业都得到了不少的成果和经验，只有在实践中择善而从，不断地将绿色矿山建设制度进行完善和发展，才能指导我国绿色矿山继续可持续绿色发展。

1. 不同矿山的规范标准应突出特点，体现差异性

有些企业并不是只管理一座或者一类矿山，因此不同矿山的评价标准并没有太大差异性，无法突出不同种类矿山的特殊性。因此，在企业文化相同时，涉及资源开发方式及综合利用、矿区环境、节能减排、矿地和谐和科技创新及数字化这些方面的规范及评价的差异性，应当反映出不同绿色矿山建设的差异性及特殊性。

2. 矿山的规划理念应多元化，提高理论与实践的贴合度

"实践是理论发展的根本动力，是理论的最终目的，同时理论产生的最终目的是更好地指导实践。"在绿色矿山建设过程中，不同地质、不同开采方式、不同生产阶段等的矿山面临的问题及解决方案均不相同。在制定规划理念的时候，应该因地制宜地从技术因素、经济因素、社会因素等多方面的综合考虑其实施规划，贴合矿山发展的实际情况。

3. 矿山的积极推动离不开长期有效的激励机制

自然资源部对于绿色矿山建设还未出台针对性文件以及激励政策，未能从政策上体现绿色矿山建设与一般矿山建设所得到的特殊财政支持。通过加强激励机制的建立一方面鼓

励地方积极增加绿色矿山试点,带动其他矿山企业;另一方面激发矿山企业的内在动力,自愿主动地长期推进绿色矿山建设。

二、进一步改进绿色矿山建设政策工具

在上文中,我们已经对绿色矿山建设政策工具做出了定义与分类。在绿色矿山建设和发展中,政策工具发挥着重要作用,绿色矿山建设的政策工具主要分为市场化工具、环境规制工具以及社会化工具。然而在目前的发展中,政策工具的实施仍然显示出了不足之处,下文对政策工具提出改进建议:

1. 政策工具仍需要加强其具体实施方式

对于市场化工具,企业应继续加大对技术创新的资金支持力度,提高企业在矿山建设全过程中资源利用效率。同时,企业还应该根据矿山发展的不同规模、不同阶段采取有针对性的技术与策略,使得企业的人力、资金等投入更具有针对性,以切实提高绿色矿山建设的效率。

对于环境规制工具,首先,政府应加强目标规划,随着绿色矿山建设的推进,建设目标与制度需要不断的完善,需要前瞻性的战略规划。其次,政府应加强关联部门间的协调发展,绿色矿山建设是以自然资源部门为主体部门,同时也受到生态、财政、证监等相关部门的影响,不同部门的政策也相互影响,只有形成政策合力才能进一步推进绿色矿山建设。最后,政府应加强绿色矿山评估与考核,制定详细规范的评估制度和具体可行的考核办法有助于确定绿色矿山建设方向以及策略,也有助于政府对绿色矿山的管理和监管。

对于社会化工具,政府与企业应加强绿色矿山建设的观念输出,行业协会应加强其在绿色矿山建设中的作用,积极参与矿地和谐工作,有利于减少矿区与附近居民的矛盾,使得居民从强制性配合转变为自愿配合矿山建设。

2. 应增强政策工具种类的多样性

我国绿色矿山处于快速发展期,还欠缺政策工具的多样性。有一些政策工具并未被很好利用甚至没有采取。

(1)强制性工具。市场化工具、环境规制工具以及社会化工具均为建议性工具,并不具有强制性,我国应采取立法工具,不仅对绿色矿山建设形成直接的规制作用还能通过对其他工具运用提供法律保障来推进绿色矿山发展。

(2)管理性工具。绿色矿山建设的可持续发展离不开社会责任的管理,通过社会责任管理工具将外部性因素内部化并明确奖惩制度,有利于加强企业对社会责任的承担能力、治理逃避社会责任的矿山企业,同时有利于整个矿山企业行业的绿色持续发展。

3. 应适当选择政策工具组合并且使用贴合绿色矿山建设阶段的政策工具

在上文系统动力学中,对于单一政策与组合政策进行了模型分析,环境规制下的矿山企业在税后收入、环境规制及社区和谐方面均略好于单一政策,且不同的政策工具对绿色矿山建设产生的作用也不尽相同。

首先，应加强政策工具组合使用，绿色矿山建设不是一蹴而就的，而是多方面、多层次地贯穿矿山发展全过程的建设战略。只有将不同的政策工具的优劣互补，加强政策工具之间的整体性、系统性和协调性。但是，有时政策工具组合使用并不能达到预料的效果。比如基于模拟结果，税收和补贴政策组合的效果并不比其单一政策有明显优势，一些研究在技术创新领域得出了类似的结论，而另一些研究在减排和研发投入方面得出了相反的结论。所以，在使用政策工具组合时，应考虑其效果是否有优势。

其次，应使用贴合绿色矿山建设阶段的政策工具，在市场化工具、环境规制工具以及社会化工具中，往往容易偏好某一政策工具而忽视其他政策工具。在绿色矿山建设初期，以政府为主体的规制性的政策工具处于绝对主导地位，统领规划绿色矿山建设全局，但在绿色矿山建设快速发展阶段，不仅仅只依赖于规制工具，而是需要充分发挥企业、政府以及社会三大主体共同的作用，实现全面推进绿色矿山建设。

三、多途径克服绿色矿山建设障碍

前文基于大量文献的研究，采用并改进了两阶段模糊 DEMATEL 模型，整合了专家们的意见识别出了中国国有煤炭矿山绿色矿山建设财务因素、规制因素、组织因素、社会因素和技术因素 5 个主要因素，并对影响因素之间的关系进行分析，这对于中国这个矿业大国的政策制定非常重要。这些研究从一定程度上表明，中国绿色矿山建设目前仍是政治因素占主导地位的运动式治理，本段从 3 个方面来提出绿色矿山建设建议。

1. 地方政府和矿业集团的积极性是关键因素

地方政府和矿业集团的积极性是绿色矿山建设推进的关键。与国外企业环境管理中，企业管理者起到关键作用不同，中国大型矿山都是国有企业，矿山管理者虽然是绿色矿山建设的最终决策者和实施者，但他们决策时需要考虑多方面因素，社会因素、财政因素等虽然比较重要，但管理者更看重上级干部的政治偏好。因此，绿色矿山建设的税收和补贴政策并不一定能起到预期的效果，更重要地是通过政治层级内部的管理手段，如政绩考核，来显著地影响地方政府和集团领导的政治偏好。

2. 社会因素对绿色矿山建设有推动作用

要增强社会压力对绿色矿山建设的推动效果，充分调动社区居民的积极性，加大绿色建设的理念宣传力度，配合绿色矿山建设工作。矿区附近的社区居民是矿业开采环境问题的直接受害者，也是绿色矿山建设的直接受益者，但他们很难影响到矿山的管理决策，使得绿色矿山建设失去了一个重要的推动力。

3. 面对宏观风险必须充分做好应对预案

专家们认为宏观市场风险对绿色矿山建设很重要。中国矿产资源市场在过去 20 年间经历了巨大波动，对行业长期发展产生了不良的影响，影响了企业的技术升级和管理进步。因此，有关部门在大力推进绿色矿山建设时也应充分做好宏观风险的应对预案，同时还要具有超前性和创新性。

主要参考文献

[1]赵腊平.我国地质勘查工作或将发生重大转变[J].国土资源,2017(11):30-33.

[2]程宏伟,李想.我国矿产资源产业区域差异分析[J].资源与产业,2008(1):54-59.

[3]张维宸,刘建芬.产业布局及区域特点影响下的第三轮矿产资源规划[J].国土资源导刊,2014,11(10):13-18.

[4]易雪瑶.矿产资源产业可持续发展分析[J].西部资源,2015(5):125-126.

[5]王磊.矿产资源产业可持续发展分析[J].合作经济与科技,2017(1):18-19.

[6]彭浩,龚小晗,张腾飞.论矿产经济与我国产业发展现状[J].科技创新导报,2011(30):206-207.

[7]王磊.矿产资源开发利用对区域经济发展的影响分析[J].产业与科技论坛,2017,16(3):107-108.

[8]李拥军.对工业及钢铁产业均衡发展的认识[J].中国钢铁业,2017(8):24-28.

[9]冯聪,王均模.生态文明建设对我国矿政管理工作的启示[J].中国国土资源经济,2013,26(4):28-31.

[10]孟旭光,侯华丽,吴尚昆.矿业发展的"绿色"思维探讨[J].中国矿业,2018,27(8):85-87.

[11]鞠建华,王嫱,陈甲斌.新时代中国矿业高质量发展研究[J].中国矿业,2019,28(1):1-7.

[12]刘欣.中国矿业资本市场的发展与完善[J].中国矿业,2016,25(1):9-14.

[13]袁志刚,余宇新.经济全球化动力机制的演变、趋势与中国应对[J].学术月刊,2013,45(5):67-80.

[14]陈莲芳,黄伟泽.经济全球化对我国矿业发展的影响及对策[J].中国矿业,2017,26(4):21-27.

[15]蒙可.2019年中国铁矿石行业概览[R/OL].头豹研究院.[2020-09-20].www.leadleo.com/report/details?id=5d9e9143b4bo9a76co8fa0cf.

[16]蒙可.2020年中国锰矿石行业概览[R/OL].头豹研究院.(2020-02-29)[2020-06-20].https://www.leadleo.com/report/details?id=5ed4cbca6fbaae6f625e4465.

[17]庞凤娇.上市钢铁公司财务绩效的评价研究:基于因子和聚类分析方法[J].山西财政税务专科学校学报,2019,21(3):25-29.

[18]江晶鑫,王翠翠.基于因子分析模型的钢材行业上市公司财务绩效评价[J].科技经济导刊,2019,27(1):7-9.

[19]张雪梅,郑洁,赵恒勤.基于多种赋权TOPSIS方法的矿业上市公司业绩综合评价研究[J].商业会计,2018(10):42-48.

[20]张蕾,卢玉芳.基于DEA钢铁行业20家上市公司2013年—2016年绩效分析研究[J].劳动保障世界,2017(32):59-60.

[21]赵恒勤.基于多种赋权TOPSIS方法的矿业上市公司业绩综合评价研究[D].北京:中国地质大学(北京),2016.

[22]樊宏.中国钢铁、汽车、房地产行业运行效率研究(2000~2004):基于33家上市公司面板数据的DEA实证分析[J].数量经济技术经济研究,2007(2):54-63,81.

[23]张依.产业链视角下我国有色金属行业盈余持续性及其影响因素研究[D].赣州:江西理工大学,2019:16-17.

[24]前瞻产业研究院.2019年全国及各省市有色金属产业政策汇总 政策大力推进产业结构调整[EB/OL].(2019-11-21)[2020-09-27].https://www.qianzhan.com/analyst/detail/220/191120-83518d03.html.

[25]郭朝先,刘艳红.改革开放四十年我国有色金属工业发展回顾与未来高质量发展之路[J].经济研究参考,2018(49):3-13.

[26]王翔,邵毅,李东.中国有色金属产业布局特征及对江苏的启示[J].南京社会科学,2009(9):28-33.

[27]邓式阳,杜玉越,董云清.基于AHP的企业绩效网络考核系统设计[J].计算机工程与设计,2010,31(11):2667-2669,2674.

[28]田淑英,许文立.基于DEA模型的中国林业投入产出效率评价[J].资源科学,2012,34(10):1944-1950.

[29]徐巧玲.科技投入产出的相对效率评价研究:基于DEA的BCC模型与SE-CCR模型的分析[J].科技管理研究,2014(1):66-70.

[30]徐国祥.统计指数理论及应用[M].北京:中国统计出版社,2004.

[31]张雪花,许文博,李宝娟,等.我国环保产业发展指数构建与测评[J].环境保护,2018,46(2):35-41.

[32]魏后凯.中国制造业集中与市场结构分析[J].管理世界,2002(4):63-71.

[33]姚晓宏.大国博弈与产业战争[M].北京:新华出版社,2012.

[34]郭加朋.工业维生素稀土[M].济南:山东科学技术出版社,2016.

[35]龚小磊,王元.广东全面整合稀土资产 广晟有色前景微妙[N/OL].中国证券报,2012-02-28[2020-09-20].http://www.cs.com.cn/sylm/jsbd/201202/t20120228_3261521_1.html.

[36]郭瑞斌,莫尊理.新材料的宠儿:稀土[M].南京:中国国际广播出版社,2012.

[37]张垚,郭达清.中国稀土行业的这些痛点,令人叹息[N/OL].中国冶金报,2019-07-06[2020-09-28].https://www.sohu.com/a/325303955_754864.

[38]U.S.Government Accountability Office.Rare earth materials:developing a comprehensive approach could help do better manage national security risks in the supply Chain[R].Washington,DC:GAO,2016.

[39]中国稀土行业协会,包头稀土研究院,《稀土信息》杂志编辑部.中国稀土行业2018年度十件大事[J].稀土信息,2019(2):4-5.

[40]证券时报网.中美关系波澜再起 稀土配置价值或再受重视[EB/OL].(2020-06-04)[2020-08-20].http://stock.stcn.com/gsdt/202006/t20200604_1981849.html.

[41]王珺之.中国稀土保卫战[M].北京:中国经济出版社,2011.

[42]吴一丁,赖程.产业链视角下的稀土上市公司经营绩效分析[J].资源与产业,2015,17(1):128-133.

[43]邓旻,张静.山西省上市公司绩效评价的实证研究:基于因子分析和聚类分析方法[J].经济视角(上旬刊),2015(11):1-8.

[44]张晋红.财务共享服务中心内部绩效测评与改进:基于平衡计分卡的汉高中国区财务部门绩效分析[J].财会通讯,2014(1):51-53.

[45]张雪君,马越峰.基于DEA的我国稀土上市企业经营效率评价[J].价值工程,2017,36(27):60-62.

[46]唐德才,李智江.DEA方法在可持续发展评价中的应用综述[J].生态经济,2019,35(7):56-62.

[47]侯鹏飞,张理,丁绪杰.DEA方法在R&D投入产出效率分析中的应用[J].中国管理信息化,2017,20(5):120-124.

[48]马越峰,李建忠.稀土企业经营绩效评价[J].科技管理研究,2013,33(3):251-255.

[49]贾品,李晓斌,王金秀.几种典型综合评价方法的比较[J].中国医院统计,2008,15(4):351-353.

[50]汪丽,李九全.新型城镇化背景下的西北省会城市化质量评价及其动力机制[J].经济地理,2014,34(12):55-61.

[51]袁艳梅,沙晓军,刘煜晴,等.改进的模糊综合评价法在水资源承载力评价中的应用[J].水资源保护,2017,33(1):52-56.

[52]徐德顺,戴明锋.区域电子商务发展指数构建与测度方法研究[J].社会科学,2018(11):31-40.

[53]颜惠琴,牛万红,韩惠丽.基于主成分分析构建指标权重的客观赋权法[J].济南大学学报(自然科学版),2017,31(6):519-523.

[54]焦红,汪洋.基于PSR模型的佳木斯市土地生态安全综合评价[J].中国农业资源与区划,2016,37(11):29-36.

[55]贾宝山,尹彬,王翰钊,等.AHP耦合TOPSIS的煤矿安全评价模型及其应用[J].中国安全科学学报,2015,25(8):99-105.

[56]佚名.建材工业智能制造数字转型行动计划(2021—2023年)[J].中国建材,2020(10):29-32.

[57]齐宝库,张阳.装配式建筑发展瓶颈与对策研究[J].沈阳建筑大学学报(社会科学版),2015,17(2):156-159.

[58]姬亚芹.中国绿色建材发展研究[J].中国人口·资源与环境,2001(1):116-119.

[59]中国建筑材料联合会.2019年中国建材行业经济运行报[R/OL].[2020-08-20].http://lwzb.stats.gov.cn/pub/lwzb/zxqq/202005/w020200528770614189976 9pdf.

[60]冯帅,刘杨.新环境变量下的建材行业:2020年上半年建材行业经济运行形势分析[J].中国建材,2020(9):34-37.

[61]胡景山.都市建材产业可持续发展战略研究[D].天津:天津大学,2016.

[62]张文文.建筑绿色环保材料的发展方向探究[J].绿色环保建材,2019(7):18.

[63]全国华.中国建材产业经济预警研究[D].北京:中国政法大学,2010.

[64]国家统计局.中华人民共和国2019年国民经济和社会发展统计公报[EB/OL].(2020-02-28)[2020-10-15].http://www.yunfu.gov.cn/yftjj/gkmlpt/content/1/1299/post_1299760.html.

[65]古宏琦.材料发展和应用对建筑装饰设计的影响分析[J].建材与装饰,2017(11):88-89.

[66]薛孔宽.建材工业生态健康与循环经济[J].中国建材科技,2006(3):5-8.

[67]高洋洋.装配式建筑产业集群建设:产业协同融合发展成关键[N].中国建设报,2019-06-27(05).

[68]崔捷,徐品晶,李佼瑞,等.建材工业空间布局与区域协调发展研究:以"能源金三角"地区为例[J].硅酸盐通报,2015,34(S1):257-261.

[69]李罕勇.天津港可持续发展的战略布局:建设新兴建材产业基地的决策、实施和远景[J].经营与管理,2010(11):36-37.

[70]崔捷.建材工业空间布局与区域协调发展研究[D].西安:西安建筑科技大学,2016.

[71]车咚咚,高雪.浅析生命周期评价在建材行业的应用[J].中国水泥,2019(5):109-115.

[72]张艳峰.探讨绿色建筑材料在绿色城市建设发展中的应用[J].绿色环保建材,2019(6):1-2.

[73]卓玲,陈宝璠,朱海平,等.绿色建筑材料学科发展研究报告[J].海峡科学,2015(1):40-46.

[74]党楠茜.新型建筑材料的应用现状与发展前景[J].山西建筑,2019,45(13):70-71.

[75]谢振武,黄宏开.建筑陶瓷装饰技术的现状及发展趋势[J].建材与装饰,2019(21):62-63.

[76]杨国梁,刘文斌,郑海军.数据包络分析方法(DEA)综述[J].系统工程学报,2013,28(6):840-860.

[77]李美娟,陈国宏.数据包络分析法(DEA)的研究与应用[J].中国工程科学,2003(6):88-94.

[78]常凯,潘娴芝.煤炭与建材行业上市公司环境信息披露与市场价值相关性研究[J].统计科学与实践,2014(7):12-13,29.

[79]徐顽强,文炎卿.基于DEA模型的建材行业上市公司绩效评价研究[J].科技管理研究,2012,32(13):60-65.

[80]乔龙德,贺军,孙星寿,等.中国建材工业70年成就辉煌[N].中国建设报,2019-11-04(07).
[81]中国建筑材料工业新兴产业发展纲要[J].中国建材,2014(6):16-27.
[82]郭歌.新时期绿色建筑发展对策研究[J].四川建材,2019,45(10):38-39.
[83]区杰智.环保节能型建筑材料的应用与发展[J].江西建材,2020(8):203-204.
[84]方剑.绿色建筑节能材料的特性及应用进展[J].安徽建筑,2020,27(10):101-102.
[85]沈军.数字赋能,创新驱动,以绿色发展助推产业转型升级[J].水泥工程,2020(1):1-6,46.
[86]铭薇.科技创新引领高质量发展[N].中国建材报,2020-08-26(01).
[87]王惠卿,任锦朝,刘建辉.新型建筑材料与生态环境的可持续发展研究:评《新型建筑材及应用》[J].材料保护,2020,53(2):170.
[88]宣之强.中国化工通史:中国化工矿产史[C]//韦磊,邹世享.中国地质学会地质学史专业委员会第24届学术年会论文汇编.北京:中国地质学会地质学史专业委员会,2012:255-278.
[89]彭丽.化工矿业不负支农文化使命[J].中国石油和化工,2009(10):16-17.
[90]姜树叶,王炳铨.我国化工地质工作的回顾与展望[J].化工矿产地质,2003(1):3-6,42.
[91]陈元侃,王炳铨.化工地质及矿山工作之回顾与前瞻[J].化工矿产地质,2000(1):1-4.
[92]刘超.我国硫磷钾资源状况[J].硫酸工业,2018(11):1-4.
[93]张亚明,李文超,王海军.我国磷矿资源开发利用现状[J].化工矿物与加工,2020,49(6):43-46.
[94]鲍荣华,闫卫东,姜雅,等.我国钾盐供应风险分析[J].化肥工业,2018,45(6):58-62.
[95]李代荣.中国芒硝矿特征与成因简介[J].矿产勘查,2020,11(3):511-516.
[96]高远,袁俊宏.重要化工矿产资源储量及开发利用现状[J].化工矿物与加工,2020,49(4):48-53.
[97]黄新.化工矿业绘就硫磷矿产"十一五"发展蓝图[J].硫酸工业,2006(2):17.
[98]徐康平,王君.21世纪化工地质矿山展望[C]//中国化工学会,《中国石油和化工》杂志社.面向21世纪的中国化工:纪念中国化工学会成立80周年.北京:中国化工学会,2002:4.
[99]郑绵平,王炳铨,项仁杰.中国化工矿产资源的可供性及勘查开发战略[J].国土资源情报,2005(6):34-38,49.
[100]李平.我国化工矿产储采失衡[N].中国矿业报,2013-02-02(A06).
[101]唐万里,王炳铨,王君,等.我国化工矿业经济增长方式转变的思路[J].化工矿产地质,1998(2):3-5.
[102]张汉泉,周峰,许鑫,等.中国磷矿开发利用现状[J].武汉工程大学学报,2020(2):159-164.
[103]刘艳飞,张艳,于汶加,等.资源与环境约束下的中国磷矿资源需求形势[J].中国矿业,2014,23(9):1-4,8.
[104]袁俊宏.我国硫与硫铁矿产业现状及市场分析[J].硫酸工业,2016(5):10-17.
[105]李崇,廖康程.2016年我国硫酸行业生产情况及2017年展望[J].磷肥与复肥,2017,32(6):7-10.
[106]李春斌,侯元昌,应辉,等.西部钾矿资源分布特征与开发前景[J].世界有色金属,2019(1):97-99.
[107]魏成广.我国钾盐产业及市场需求运行情况[J].磷肥与复肥,2009,24(2):5-7,16.
[108]崔荣国,张艳飞,郭娟,等.资源全球配置下的中国磷矿发展策略[J].中国工程科学,2019,21(1):128-132.
[109]廖康程.我国硫酸工业改革开放40年发展纪实[J].磷肥与复肥,2018,33(12):6-8,112-113.
[110]杨占萍.我国矿业企业环境绩效评价指标构建研究[D].北京:中国地质大学(北京),2014.
[111]王超,周莎莎,蒋萍.工业行业环境绿色生产绩效测算研究:基于全局GML指数方法[J].山西广播电视大学学报,2018,23(4):89-95.
[112]朱莉华.煤炭企业高质量发展绩效评价研究[D].南昌:华东交通大学,2019.

[113]刘伯恩.中国矿业企业社会责任绩效体系与推进措施[J].中国人口·资源与环境,2017(S1):186-189.

[114]苗鹏,徐通.基于G1法和灰色评价的煤矿采掘绩效评价研究[J].煤炭经济研究,2019,39(3):68-72.

[115]孙柏茹.采矿业财务绩效综合评价体系的构建与应用研究[D].北京:华北电力大学(北京),2016.

[116]孙桥,孙雪梅.中国有色金属矿业上市公司的财务绩效评价[J].全国流通经济,2017(33):45-51.

[117]刘萍,于建鑫.环保理念下化工行业财务绩效评价指标体系构建[J].科技与管理,2020,22(1):58-64.

[118]周晓山,吕欣,吕广忠.矿区资源可持续发展评价指标体系的构建[J].矿产综合利用,2006(5):46-50.

[119]宋彧,田雪莲,王春梅,等.基于低碳经济的石墨产业可持续发展评价指标体系研究[J].中国矿业,2014,23(7):38-42.

[120]黄洁,侯华丽.我国矿业绿色发展指数体系构建[J].中国矿业,2018,27(12):1-5.

[121]苏美权.湖南矿业经济绿色发展指标体系构建研究[J].国土资源情报,2018(9):34-40.

[122]沙景华,欧玲.矿业循环经济评价指标体系研究[J].环境保护,2008(4):33-36.

[123]侯俊华,汤作华,侯嘉绮.基于循环经济铀矿业可持续发展能力评价指标体系研究[J].中国矿业,2011,20(11):25-28.

[124]刘琳琳,杨力.煤炭企业循环经济评价指标体系的构建[J].统计与决策,2013(17):172-175.

[125]李金禄.鄂尔多斯煤化工产业可持续发展指标评价体系的研究[D].杭州:浙江大学,2009.

[126]王筠.吉林省石油工业可持续发展与循环经济运行模式研究[D].长春:吉林大学,2007.

[127]苏小雪.陕北能源化工基地可持续发展评价及对策研究[D].西安:陕西师范大学,2016.

[128]吴洁.化工企业循环经济实践及评价指标体系研究[D].厦门:集美大学,2009.

[129]李俊杰,程婉静,梁媚,等.基于熵权-层次分析法的中国现代煤化工行业可持续发展综合评价[J].化工进展,2020,39(4):1329-1338.

[130]丁日佳,刘娜.基于层次分析法的煤矿可持续发展研究[J].煤炭技术,2014,33(9):331-333.

[131]佚名.化工矿业面临严峻形势[J].化工矿物与加工,2002,31(3):31-33.

[132]徐贻赣.鄱阳湖生态经济区矿业经济发展战略研究[D].北京:中国地质大学(北京),2013.

[133]孙映祥.我国绿色矿山建设研究现状综述与思考[J].中国国土资源经济,2020,33(9):35-40,85.

[134]佚名.中国矿产资源的优势与劣势[J].中国粉体工业,2005(5):46-48.

[135]周进生,韩沐野,金学强.绿色矿业发展示范区建设的经验与建议:以宁东能源化工基地为例[J].中国国土资源经济,2019,32(1):54-58.

[136]张福祥,赵莎,刘卓,等.全球硼矿资源现状与利用趋势[J].矿产保护与利用,2019,39(6):142-151.

[137]乔繁盛.建设绿色矿山 发展绿色矿业[J].中国矿业,2009,18(8):4-6,16.

[138]刘丽萍,侯华丽,刘建芬.对我国绿色矿山建设与发展的思考[J].中国国土资源经济,2015,28(7):18-21,25.

[139]于延棠.非金属绿色矿山建设的新航标[N].中国自然资源报,2018-08-11(05).

[140]谭金华.中国石材行业绿色矿山建设进入新时代:《石材行业绿色矿山建设规范》和"绿色矿山评价指标体系"工作汇报及指标解读[J].石材,2019(9):6-14.

[141]缪协兴,钱鸣高.中国煤炭资源绿色开采研究现状与展望[J].采矿与安全工程学报,2009,26(1):1-14.

[142]何芳,乔冈,刘瑞平,等.矿山土地复垦模式探讨[J].西北地质,2013,46(2):201-209.

[143]赵振华.谈矿山企业科技创新体系建设[J].矿冶工程,2014,34(1):115-117.

[144]赵奋梅.资源型地区和谐矿地关系的构建[J].品牌,2011(3):75-76.

[145]黄宝康.用好试点政策 实现矿地和谐[N].中国矿业报,2017-12-27(02).

[146]柳晓娟,侯华丽,郭冬艳.新时期我国绿色矿山建设的内涵与成效[N].中国矿业报,2020-03-04(02).

[147]胡明勇,周寄中.政府资助对技术创新的作用:理论分析与政策工具选择[J].科研管理,2001(1):31-36.

[148]陈振明.政府工具研究与政府管理方式改进:论作为公共管理学新分支的政府工具研究的兴起、主题和意义[J].中国行政管理,2004(6):43-48.

[149]沈小波.环境经济学的理论基础、政策工具及前景[J].厦门大学学报(哲学社会科学版),2008(6):19-25,41.

[150]刘可文,潘坤友.长江三角洲区域政策强度的定量化及其演变过程:以区域开放开发政策为例[J].人文地理,2015,30(4):87-94.

[151]陈升,顾娟,何增华."一带一路"相关文件政策强度与省域经济开放度关系的研究:基于"一带一路"沿线18个省份实证分析[J/OL].重庆大学学报(社会科学版),(2020-05-27)[2020-11-22].http://kns.cnki.net/kcms/detail/50.1023.C.20200527.1038.002.html.DOI:10.11835/j.issn.1008-5831.jg.2020.05.009.

[152]O'REGAN B,MOLES R.Using system dynamics to model the interaction between environmental and economic factors in the mining industry[J].Journal of cleaner production,2006,14(8):689-707.

[153]HO P,YANG X.Conflict over mining in rural China:a comprehensive survey of intentions and strategies for environmental activism[J].Sustainability,2018,10(5):1669.

[154]LIN Z Y,LIN H C,DENG X H.Corporate income tax reform and technological innovation of Chinese firms[J].China Industrial Economics,2013,3:111-123.

[155]武晓娟,何英.煤炭业须以转型求发展[N].中国能源报,2017-03-13(03).

[156]时乐乐,赵军.煤炭资源开采外部成本与应交税费比较分析:以新疆为例[J].自然资源学报,2015,30(12):2005-2017.

[157]经济网.国土部:我国超10万矿山累计毁损土地386.8万公顷[EB/OL].(2014-10-08)[2020-10-20].http://www.ceweekly.cn/2014/1008/93927.shtml.

[158]YUAN F,WEI Y H D,GAO J L,et al.Water crisis,environmental regulations and location dynamics of pollution-intensive industries in China:a study of the Taihu Lake watershed[J].Journal of Cleaner Production,2019,216:311-322.

[159]SHEN X,LYU S.Wind power development,government regulation structure,and vested interest groups:analysis based on panel data of province of China[J].Energy Policy,2019,128:487-494.

[160]ZHANG Y,WANG J R,XUE Y J,et al.,Impact of environmental regulations on green technological innovative behavior:an empirical study in China[J].Journal of Cleaner Production,2018,188:763-773.

[161]THAMPAPILLAI D J,HANSEN J,BOLAT A.Resource rent taxes and sustainable development:a Mongolian case study[J].Energy Policy,2014,71:169-179.

[162]ZHONG M R,LIU Q,ZENG A Q,et al.An effects analysis of China's metal mineral resource tax reform:a heterogeneous dynamic multi-regional CGE appraisal[J].Resources Policy,2018,58:303-313.

[163]Xu X X,Xu X F,Chen Q,et al.The impact on regional "resource curse" by coal resource tax reform in China:a dynamic CGE appraisal[J].Resources Policy,2015,45:277-289.

[164]ZHANG Z K,GUO J,QIAN D,et al.Effects and mechanism of influence of China's resource tax reform:a regional perspective[J].Energy Economics,2013,36:676-685.

[165]RODRÍGUEZ M,ROBAINA M,TEOTÓNIO C.Sectoral effects of a Green Tax Reform in Portugal[J].Renewable and Sustainable Energy Reviews,2019,104:408-418.

[166]FREIRE-GONZÁLEZ J,PUIG-VENTOSA I.Reformulating taxes for an energy transition[J].Energy Economics,2019,78:312-323.

[167]LI G,MASUI T.Assessing the impacts of China's environmental tax using a dynamic computable general equilibrium model[J].Journal of Cleaner Production,2019,208:316-324.

[168]黄有光.中国环保税税额严重偏低[EB/OL].(2018-05-17)[2020-10-15].https://www.baidu.com/link?url=jUg70euWu1epjhW9S2gskHCpUwftF7_PV9NgzrAw24LbE339wFYW7RK6J-upkkfSM3WulzIu8tK3D9DtkxZuOwxaVrRlneYica43_3YO7Ra&wd=&eqid=f4197316000c94a90000000660324c4b.

[169]LI Z H,LIAO G K,WANG Z Z,et al.Green loan and subsidy for promoting clean production innovation[J].Journal of Cleaner Production,2018,187:421-431.

[170]PENG H T,LIU Y.How government subsidies promote the growth of entrepreneurial companies in clean energy industry:an empirical study in China[J].Journal of Cleaner Production,2018,188:508-520.

[171]FANG L P,HIPEL K W,MARC K.How penalty affects enforcement of environmental regulations[J].Applied Mathematics and Computation,1997,83:281-301.

[172]JIA S W,YAN G L,SHEN A Z,et al.Dynamic simulation analysis of a construction and demolition waste management model under penalty and subsidy mechanisms[J].Journal of Cleaner Production,2017,147:531-545.

[173]王灿发.中国环境公益诉讼的主体及其争议[J].国家检察官学院学报,2010,18(3):3-6.

[174]LI X L,YANG X J,WEI Q,et al.Authoritarian environmentalism and environmental policy implementation in China[J].Resources,Conservation and Recycling,2019,145:86-93.

[175]LIN H,ZENG S X,MA H Y,et al.Can political capital drive corporate green innovation? Lessons from China[J].Journal of Cleaner Production,2014,64:63-72.

[176]张凌云,齐晔.地方环境监管困境解释:政治激励与财政约束假说[J].中国行政管理,2010(3):93-97.

[177]MENG H,HUANG X J,YANG H,et al.The influence of local officials' promotion incentives on carbon emission in Yangtze River Delta,China[J].Journal of Cleaner Production,2019,213:1337-1345.

[178]VIEIRA L C,AMARAL F G.Barriers and strategies applying Cleaner Production:a systematic review[J].Journal of Cleaner Production,2016,113:5-16.

[179]LIU F,ZHANG L.Executive turnover in China's state-owned enterprises:government-oriented or market-oriented?[J] China Journal of Accounting Research,2018,11:129-149.

[180]ZHU Q H,LIU J J,LAI K H.Corporate social responsibility practices and performance improvement among Chinese national state-owned enterprises[J].International Journal of Production Economics,2016,171:417-426.

[181]WANG F,CHENG Z H,KEUNG C,et al.Impact of manager characteristics on corporate environmental behavior at heavy-polluting firms in Shaanxi,China[J].Journal of Cleaner Production,2015,108:707-715.

[182]JANG Y J,ZHENG T S,BOSSELMAN R.Top managers' environmental values,leadership,and stakeholder engagement in promoting environmental sustainability in the restaurant industry[J].International Journal of Hospitality Management,2017,63:101-111.

[183]LI X H,HAMBLIN D.Factors impacting on cleaner production:case studies of Chinese pharmaceutical manufacturers in Tianjin,China[J].Journal of Cleaner Production,2016,131:121-132.

[184]MATHIYAZHAGAN K,DIABAT A,AL-REFAIE A,et al.Application of analytical hierarchy process to evaluate pressures to implement green supply chain management[J].Journal of Cleaner Production,2015,107:229-236.

[185]薄文广,徐玮,王军锋.地方政府竞争与环境规制异质性:逐底竞争还是逐顶竞争?[J].中国软科学,2018(11):76-93.

[186]ADDAE B A,ZHANG L,ZHOU P,et al.Analyzing barriers of Smart Energy City in Accra with two-step fuzzy DEMATEL[J].Cities,2019,89:218-227.

[187]ABDULLAH L,ZULKIFLI N.Integration of fuzzy AHP and interval type-2 fuzzy DEMATEL:an application to human resource management[J].Expert Systems with Applications,2015,42:4397-4409.

[188]ZHOU X G,LIAN H,ORTOLANO L,et al.A behavioral model of "muddling through" in the Chinese bureaucracy:the case of environmental protection[J].The China Journal,2013,70:120-147.

[189]王素萍.关于绿色矿山建设规划编制的探讨[J].中国国土资源经济,2012,25(2):32-34,55-56.

[190]苏美权.基于政策文本的绿色矿山建设政策工具研究[D].长沙:湖南大学,2019.